U0494084

集人文社科之思　刊专业学术之声

集 刊 名：德国哲学

主办单位：湖北大学哲学学院　湖北省哲学史学会

主　　编：邓晓芒　舒红跃

副 主 编：庄　威　杨宗伟

CHINESE JOURNAL OF GERMAN PHILOSOPHY (2023) Vol.43

2023年卷（上）　总第43期

集刊序列号：PIJ-2014-092

中国集刊网：www.jikan.com.cn/ 德国哲学

集刊投约稿平台：www.iedol.cn

中文社会科学引文索引（CSSCI）来源集刊
AMI（集刊）核心集刊
中国知网CNKI收录
集刊全文数据库（www.jikan.com.cn）收录

德国哲学

2023年卷（上）
总第43期

CHINESE JOURNAL OF
GERMAN PHILOSOPHY

(2023) Vol.43

主 编／邓晓芒　舒红跃

副主编／庄　威　杨宗伟

社会科学文献出版社
SOCIAL SCIENCES ACADEMIC PRESS (CHINA)

卷首语

　　编完这一辑《德国哲学》，发现新冠疫情在中国大地上已经猖獗了三个年头。三年来，我一直将自己封闭在书房里，几乎每天都过着同样的生活，除了按时按计划地进行室内锻炼外，就是写稿、看稿、改稿、发稿。而在编手头这本我所看重的集刊之余，这三年间我完成了自己一直在酝酿却迟迟没有动笔的最重要的一部著作，即三卷本共120余万字的《走向语言学之后——当代形而上学的重建》，该书目前正在等待出版。这本书回顾和反省了西方形而上学（"物理学之后"）和中国形而上学（"伦理学之后"）两千余年所走过的思想历程，探讨了中西哲学到了近现代为什么不约而同地开始自我解构形而上学，清理了这种解构在中西方思想家那里不同的内在逻辑线索，并将解构后的形而上学提升到双方共同依赖的语言表达方式上来考虑，最后以语言逻辑中的"自否定"这一辩证法概念，将人类起点上由（制造、使用和）携带工具所形成的本质属性（自我意识和自由），连同由这一本质而来的语言（手势语和口头语）的发生以及语言逻辑在隐喻中的诗性起源等一系列问题，全部贯通起来；同时吸收中西形而上学在语言学层面上所获得的对逻辑功能与非逻辑功能这两种偏向的互为参照和补充的宝贵经验，克服双方的片面性，建立起了一个基于语气的句法形式（陈述句、使动句、感叹句）之上的求真、求善、求美的"语言学之后"的形而上学体系。

　　这样一个看起来古今中外、天上地下、科学人文无所不包的庞大体系，里面贯穿的其实就是由德国古典哲学培育起来的"自否定"的辩证法概念，所以我有时称它为"自否定哲学"。但依据我多年来对辩证法的深入钻研，"自否定"既是一个历史本体论或实践本体论的概念，又是一个具有现象学维度的逻辑方法论概念，因而也是一个从哲学人类学中获得自己的实证的语言形而上学的概念。如此理解的辩证法，不再是教科书上那几条死板的"规律"，而是拥有强大穿透力的、浑身散发着灵气的、在体系中纵横驰骋无往而不利的一把生命之火。它就是赫拉克利特最早发现的燃烧一切的"活火"，也是灵魂在燃烧中所固有的"分寸"，即"逻各斯"或语言。该体系也可以看作我的哲学生涯中的一次决定性的"语言学转向"，而它的理论铺垫和学术积累，又主要是来自我长期对德国古典哲学和德国现代哲学的理解和吸收。这种理解和吸收并不是简单的人云亦云，而是借助于我的中国传统形而上学的知识背景，抓住了整个西方形而上学的软肋，从而能够将它们在现代哲学的"语言学转向"中从一种仅仅是用来克服本体形而上学的拯救之道建立为一种本身自足的新型形而上学，即"语言学之后"，或者语言的形而上学。我平生所学极为驳杂，但到了这里，可以说是终于有了一个归结点，仿佛冥冥中自有天意，让我以三年时间从容不迫地在75岁这一时间点上，完成了这样一项可以交代一生的大工程。

邓晓芒

2023 年 2 月 18 日于珞珈山

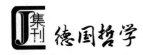德国哲学

2023年卷（上）总第43期

2023年10月出版

莱布尼茨论可能性、永恒真理与上帝存在的证明

——对罗素批评性解释的反驳

任梓远 *

内容提要 在《单子论》中，莱布尼茨声称他发现了一个新的有神论证明：倘若可能性和永恒真理中存在有实在性，那么这种实在性必然建立在某种现实性和存在上，并最终源自一个必然的存在者。罗素对此论证提出了质疑，他认为如果从矛盾律这种源初的永恒真理出发来推导上帝存在，我们就会陷入恶性循环。然而，这种判断建立在一个错误的原则之上，因此其结论也是不可靠的；罗素在阐释莱布尼茨哲学时，坚持以"同一性"为根本原则，而充足根据律从属于矛盾律。这种观点并不适用于莱布尼茨的模态理论，因为在应用于可能之物和永恒真理时，根据律并不是从属性原则，而是有其独立的地位。

关键词 模态 可能性 实在性 充足根据律 上帝存在

莱布尼茨在《单子论》①（M，43；M，44）中尝试从可能性和永恒真理出发证明上帝的存在。近年来，这个证明引起了广泛的关注，主要原因有二：其一，这个证明是莱布尼茨模态形而上学与自然神学的重要语境，莱布尼茨

---

* 任梓远，复旦大学哲学学院博士研究生，研究方向为德国哲学。

① 本文对《单子论》《神正论》中文献段落的引用直接标注在正文的括号里，按照国际流行的方式，《单子论》用缩写 M 加上章节号标识，《神正论》用缩写 T 加上章节号标识。《单子论》的中译本参见〔德〕莱布尼茨《莱布尼茨后期形而上学文集》，段德智编，段德智、陈修斋译，商务印书馆，2019；《神正论》的中译本参见〔德〕莱布尼茨《神正论》，段德智译，商务印书馆，2017。此外还参考全集本格哈特版《哲学著作集》（G. W. Leibniz, *Die Philosophischen Schriften von Leibniz*, C. I. Gerhardt ed., Weidemann, 1875–1890），该书用缩写 GP 加上卷号及页码标识。本文对莱布尼茨著作的引用主要参考段德智编的中译本以及 Roger Ariew、Daniel Garber 等编的英文本，根据其他版本略有改动。后文引用不再说明。

不仅试图构造一个新的更有说服力的有神论证明，他还希望借此为自在的可能性（per se possibilities）奠基，以此反对斯宾诺莎的必然主义；① 其二，这个证明是否有效在学者之间存在重大分歧。罗素在《对莱布尼茨哲学的批评性解释》（以下称《解释》）一书中，几乎全盘否定了莱布尼茨的有神论证明，至于从可能性和永恒真理出发的证明，罗素指责它陷入了循环论证。② 与之相反，罗伯特·亚当斯（Robert Adams）认为这个论证特别值得关注，比起莱布尼茨的任何一个本体论证明，它都更有说服力。③ 他并不认为这个证明存在循环论证。受亚当斯影响，较为晚近的研究者倾向于为莱氏辩护，如塞穆尔·纽兰兹（Samuel Newlands）④、塞巴斯蒂安·本德尔（Sebastian Bender）⑤。

笔者认为现有的辩护方案难以从根本上动摇罗素的批判。与上述学者不同，笔者选择从罗素对莱布尼茨哲学的整体解释原则入手。罗素之所以作出上述论断，根源在于他把"同一性"（包括同一律与矛盾律）视作莱布尼茨哲学的根本原则，因此，在应用于可能之物时，根据律从属于矛盾律。那么，这种解释原则是否符合莱布尼茨的本意？本文在全面考察莱布尼茨的论证以及可能性理论之后，将对这一核心问题作出回答。

一 对论证的重构

在《单子论》中，莱布尼茨明确指出他曾从永恒真理出发证明上帝存在（M，45），整个论证可以分为以下三个步骤。⑥

步骤一：可能性或者永恒真理具有实在性。

在莱布尼茨的术语系统里，"可能性"、"观念"、"本质"和"永恒真理"

---

① 参见 G. W. Leibniz, "Introduction", *Confessio Philosophi: Papers Concerning the Problem of Evil, 1671 – 1678*, Robert C. Sleigh Jr. trans., Yale University Press, 2005, pp. xxiv – xxvii.

② 〔英〕罗素：《对莱布尼茨哲学的批评性解释》，段德智、张传有、陈家琪译，商务印书馆，2010，第 222～227 页。

③ Robert Adams, *Leibniz: Determinist, Theist, Idealist*, Oxford University Press, 1994, p. 177.

④ Samuel Newlands, "Leibniz and the Ground of Possibility", *Philosophical Review*, Vol. 122, No. 2, 2013, pp. 155 – 187.

⑤ Sebastian Bender, *Leibniz' Metaphysik der Modalität*, De Gruyter, 2016, pp. 105 – 107.

⑥ 详细论述参见 M，43；M，44。

往往被用于表述同一领域内的事物，① 与之对应的是"现实性"、"实存"和"偶然真理"。自亚里士多德以来，本质与实存、潜能与现实的区分根深蒂固。② 与实存和现实性分立而成，本质和可能性往往指涉某一存在者的实事特性、何所性、理型、规定性、完善性等。③ 经院哲学为其注入了决定性的因素，即非受造的存在者与受造的存在者之间的区分，与之对应的一组区分是纯粹现实性的存在者与具有可能性的存在者。显然，莱布尼茨是在受造的存在者这一层面来考察本质、观念与可能性的。在这个主题上，莱布尼茨延续了司各脱与苏阿雷兹的传统，此传统极力主张一种非现实的可能性（nonactual possibilities），即完全不需要考虑这种可能性是否会成为现实。"事实上，这标志着可能性概念史上的一个关键转向。可能性不再被视为持存于上帝中的实体（entity），或某种神秘的实体。更确切地说，莱布尼茨不再视可能性为实体；而是视其为上帝理智中的单纯思想。"④ 这意味着，莱布尼茨把可能性和永恒真理置入可理解的观念领域，沿用柏拉图的术语，对之进行了深刻的改造。

初看起来，步骤一的主张与上述论断是有冲突的；对于莱布尼茨来说，只有单子与单子的聚合物才是实体，因而具有真正的实在性，⑤ 可能性和永

---

① 参见 Robert Adams, *Leibniz: Determinist, Theist, Idealist*, Oxford University Press, 1994, p. 178, 亚当斯总结道："它们是有层次的。对于莱布尼茨而言，本质是逻辑学最根本的对象。如第五章所论，可能性依赖于本质，永恒真理据说依赖于观念（M, 43），在我看来，观念意味着本质。本质可以等同于上帝心灵中的观念，诸可能个体的观念构成了这些个体的可能性，这些观念联结起来构成了诸可能性世界的观念和可能性。必然真理表达了本质及其关系的事实，或者说由它们产生。"莱布尼茨有时确实把本质、观念与可能性视作同义语，参见〔德〕莱布尼茨《莱布尼茨后期形而上学文集》，段德智编，段德智、陈修斋译，商务印书馆，2019，第334页；〔德〕莱布尼茨《人类理智新论》，陈修斋译，商务印书馆，2009，第82、315页。莱布尼茨有时也会认为，永恒真理的领域包含可能性的领域。参见〔德〕莱布尼茨《神正论》，段德智译，商务印书馆，2017，第375页。"在永恒真理领域能发现一切可能性。"（T, 189）

② 〔德〕海德格尔：《现象学之基本问题》，丁耘译，商务印书馆，2018，第106页。

③ 〔德〕海德格尔：《现象学之基本问题》，丁耘译，商务印书馆，2018，第119页。

④ Ohad Nachtomy, *Possibility, Agency, and Individuality in Leibniz's Metaphysics*, Springer, 2009, p. 14.

⑤ 参见〔德〕莱布尼茨《莱布尼茨早期形而上学文集》，段德智编，段德智、陈修斋、桑靖宇译，商务印书馆，2017，第244页："唯有不可分的实体及其不同的状态才是绝对实在的。" G. W. Leibniz, *Philosophical Papers and Letters*, Leroy E. Loemker trans. and ed., Reidel, 1969, p. 537："大概可以说，世界上除了简单的实体，以及它们之中的知觉和欲望之外，什么也没有。" Benson Mates, *The Philosophy of Leibniz: Metaphysics and Language*, Oxford University Press, 1986, p. 47: " 'What is real [res] is either immutable, i. e., God, or mutable, i. e., a created being [ens creation], A created being is either a substance, which can perdure through change in itself, or an accident, which cannot." 莱布尼茨在这里把实体的聚合或实体"堆"包括在实在（res）里。

恒真理中为何会有实在性？更加复杂的地方在于，莱布尼茨同样不加区分地使用"实在"（res）与"存在"（esse）。① 那么，可能性具有怎样的存在？根据本森·梅茨（Benson Mates），至少可以在莱布尼茨那里找到两种意义上的实在性：第一，就这个术语最基本的含义而言，它仅仅存在于个别实体中，也就是所谓的单子；第二，在更加宽泛的含义上，实在的及其同源词语，也可以用于观念领域，即实在的观念。② 这两种含义可以追溯到司各脱对存在的区分：单纯的存在（esse simpliciter）与次级的存在（esse secundum quid）。③ 前者是独立于、外在于心灵的存在（esse extra animam），后者则是依赖于、内在于心灵的（esse in anima）、表象性的存在。显然，莱布尼茨是在后一层意义上来规定可能性的实在性，也就是说，可能性自身并不具有实在性，但可以认为它是一种可理解的存在，一种次级意义上的实在性。它通过被心灵表象出来，而成为（being）心灵中的内在对象。④ 如此，虽然莱布尼茨不再视可能性为实体，但仍然坚持它具有某种本体论的地位（ontological status）。⑤ 如果这个主张能够得到认同，那么证明的下一步就是要寻找可能性中的实在性之根源，为其本体论地位奠基。

步骤二：可能性和永恒真理中的实在性源于某个现实的事物。

莱布尼茨曾在《神正论》中提到过一个更普遍的原则，即"所有的实在性都必定建立在某种存在的事物之上"（T，184），学者一般称之为"现实主义原则"。此时，莱布尼茨明确把它应用于模态事实："倘若在本质中或可能性中，或者其实是说在永恒真理中存在有实在性的话，则这种实在

---

① 欧哈德·纳克汤米（Ohad Nachtomy）指出，莱布尼茨使用两种存在的概念，其中一种是作为完善性或实在性，另一种则不是。参见 Ohad Nachtomy，"Leibniz and Kant on Possibility and Existence"，*British Journal for the History of Philosophy*，Vol. 20，No. 5，2012，p. 5。

② Benson Mates，*The Philosophy of Leibniz：Metaphysics and Language*，Oxford University Press，1986，pp. 47 – 48。

③ Fabrizio Mondadori，"Leibniz on the Reality and the Possibility of the Possible"，*Studia Leibnitiana*，Vol. 46，No. 2，2014，pp. 210 – 211。

④ 实在性的这种内涵非常接近笛卡尔的"客观实在性"概念。

⑤ Fabrizio Mondadori 与 Samuel Newlands 都持有这一观点，Benson Mates 与此相反，他试图抹去可能性的本体论地位。参见 Fabrizio Mondadori，"'Il ne faut point dire avec quelques Scotistes'：Leibniz on the Reality and the Possibility of the Possible"，*Studia Leibnitiana*，Vol. 46，No. 2，2014，pp. 206，218 – 222；Samuel Newlands，"Leibniz and the Ground of Possibility"，*Philosophical Review*，Vol. 122，No. 2，2013，p. 165；Benson Mates，*The Philosophy of Leibniz：Metaphysics and Language*，Oxford University Press，1986，p. 73。

性便必定是建立在某个存在的和现实的事物这一基础之上。"（M，44）也许有人会问：现实主义原则是否有其根据？一方面，它与莱布尼茨哲学总体的唯名论倾向密切相关，也就是说，现实性的根据总是某个具体的和实存的事物而非抽象的事物；另一方面，这一原则显然符合莱氏"解释性的理性主义"①，没有粗野的可能性——倘若承认可能性和永恒真理中存在实在性，那么这一模态事实必定是可以解释的，这种存在和现实的事物便是可能性和永恒真理中实在性的根据。由此可见，这里的推理过程非常依赖根据律。最直接的证据莫过于《单子论》中根据律的表达式："倘若没有一个为什么是这样而不是那样的充足根据，就没有任何一个事实能够是实在的或存在，也没有任何一个命题能够是真的。"（M，32）根据律的效力将在下一步更明显地凸显出来。

步骤三：论证某个现实的事物源于一个必然存在者的存在（上帝存在）。

罗素与亚当斯都注意到莱布尼茨曾把可能性与永恒真理的证明和宇宙论证明十分密切地联系在一起，② 这不外乎是因为两者都要依赖于根据律。莱布尼茨甚至说过："如果不借助根据律，无法证明上帝存在。"（T，44）实际上，只有借助根据律，莱布尼茨才能得到最终的结论："……从而也就必定是建立在必然存在者存在这一基础之上。而在这一必然存在者身上，本质即包含存在。"（M，44）

如上所示，整个证明似乎传达了莱布尼茨的两个意图：一是从可能性和永恒真理出发，演绎出上帝的存在；二是探寻可能性和永恒真理的本体论地位，这一进程最终可以追溯到一个必然存在者——神圣的心灵。问题是：莱布尼茨能否借助证明同时达成这两方面的意图？在阐述其基本立场之时，莱布尼茨几乎总是以笛卡尔作为批判的靶子，他极力主张可能性和永恒真理不像笛卡尔所说的那样依赖于上帝的意志，并声称其最大的弱点在于循环论证。然而，这一指责很可能引火上身，就如他对笛卡尔的反驳一样，后来的学者对他提出了同样的质疑，其中最值得关注的是罗素的批评性解释。

---

① 这个说法源自 Jonathan Bennett："我如此称呼'解释性的理性主义'（explanatory rationalism），它拒绝承认粗野的事实——那些仅仅如此存在，但没有根据的事实。"参见 Jonathan Bennett, *A Study of Spinoza's Ethics*, Hckett Publishing Company, 1984, p.29。

② 〔德〕莱布尼茨：《莱布尼茨早期形而上学文集》，段德智编，段德智、陈修斋、桑靖宇译，商务印书馆，2017，第361页。

二 罗素的批判

罗素在其大作《解释》中声称："我们现在进入到莱布尼茨哲学中最为薄弱的一部分，也是矛盾最多的一部分。"① 至于从可能性和永恒真理出发的证明，罗素指责它陷入了循环论证："上帝的存在是从矛盾律演绎而来，因此对矛盾律而言，他的存在是在后的。所以，如果我们要坚持认为这一规律只在于上帝知道它，就不能不陷入恶性循环。还有一点，如果没有矛盾律或同一律，事情就会如莱布尼茨所指出的那样，真理和谬误之间也就没有什么差别了。因此，倘若没有这一条规律，上帝的存在也就不可能为真，也就不可能为假了。由此，虽然上帝的存在可能依赖于矛盾律，但矛盾律却不能反过来依赖于上帝的存在。"②

批判的焦点对准了两条特别的永恒真理："上帝存在"与矛盾律。一方面，作为论证的出发点，像矛盾律这样的永恒真理应该是自明的和在先的，而证明的结论表明"上帝存在"是在先的；另一方面，矛盾律是原初的永恒真理，它是评判一切真理的根据，命题"上帝存在"的真值要通过矛盾律来确定，而非矛盾律依赖于"上帝存在"这一命题。

罗素的这种立场与它对莱布尼茨哲学的总体解释原则有关。在《解释》的第二版序言中，罗素就声明这本书的主要论题，即"莱布尼茨哲学差不多完全源于他的逻辑学"③。这种逻辑学可以进一步地被把握为"主词－谓词的逻辑学"，其根本原则是"同一性"。罗素解释莱布尼茨的模态理论时显然贯彻了这一原则："只要我们不去断言现实的存在，我们就依然滞留在永恒真理的领域里；并且，如我们将会看到的，尽管充足根据律也确实适用于可能的事物，但在这样的运用中，它依然不能同矛盾原则相提并论，

---

① 〔英〕罗素：《对莱布尼茨哲学的批评性解释》，段德智、张传有、陈家琪译，商务印书馆，2010，第 214 页。
② 〔英〕罗素：《对莱布尼茨哲学的批评性解释》，段德智、张传有、陈家琪译，商务印书馆，2010，第 223~224 页。
③ 〔英〕罗素：《对莱布尼茨哲学的批评性解释》，段德智、张传有、陈家琪译，商务印书馆，2010，第 xvii 页。

而只是那条原则的一个结论。"① 以矛盾律作为根本原则的后果就是，根据律被把握为一条单纯逻辑的原则，由此演绎而来的上帝只能是一种单纯逻辑上的必然性，并非存在上的必然性。② 如此，上帝的必然性只能借由矛盾律得到解释，命题"上帝存在"的真值也只有依据矛盾律才能确定。如果此时仍然坚持矛盾律源自上帝的心灵，就必然会产生恶性循环。

亚当斯等学者认为在上帝存在与永恒真理（包括矛盾律）之间存在一种交互蕴含关系，也就是说，上帝存在当且仅当他思考了所有的永恒真理，两者是共在的，以此来回应罗素的批评。③ 然而，所谓的交互蕴含无非是一种逻辑上的交互蕴含，这种解释和罗素的解释一样是以矛盾律为根本原则，其结果是抹平了上帝存在的优先性，同时消解了莱布尼茨试图在证明中建立的奠基关系，最终将不可避免地落入恶性循环的陷阱之中。

倘若要反驳罗素的主张，就必须从其源头入手。康德在其生涯的第一篇形而上学论文中就反对把根据律追溯到矛盾律，并且认识到矛盾律在规定可能性时的不足之处。④ 当他在晚期的一篇论文中再次提到根据律时，他依然强调根据律的独立地位，并坚称这是对莱布尼茨最忠实的解释。⑤ 海德格尔指出："莱布尼茨把矛盾律与根据律视为真理和知识的两条基本原理，但在莱布尼茨逻辑学与形而上学的核心学理部分，恰恰是最模糊的，他没有说清楚矛盾律与根据律处于一种怎样的关系。"⑥ 雷谢尔针对罗素的解释

---

① 〔英〕罗素：《对莱布尼茨哲学的批评性解释》，段德智、张传有、陈家琪译，商务印书馆，2010，第 31 页。

② 参见 Michael Griffin, *Leibniz, God and Necessity*, Cambridge University Press, 2013, pp. 47 - 48。Griffin 指出，对于"必然存在者"逻辑上的描述是它的对立面是不可能的，因此包含着矛盾，而莱布尼茨一般是在形而上学或本体论的意义上来描述"必然存在者"，他常常用的术语是"自在的存在者"（ens a se），莱布尼茨对这个词的理解是，存在的根据包含在它自身的本质之中，此处的"必然"并非单纯逻辑意义上的。

③ 参见 Robert Adams, *Leibniz: Determinist, Theist, Idealist*, Oxford University Press, 1994, p. 177; Samuel Newlands, "Leibniz and the Ground of Possibility", *Philosophical Review*, Vol. 122, No. 2, 2013, p. 171。

④ 〔德〕康德：《康德著作全集》（第 1 卷），李秋零主编，中国人民大学出版社，2004，第764 页。

⑤ 〔德〕康德：《康德著作全集》（第 8 卷），李秋零主编，中国人民大学出版社，2010，第251、254 页。

⑥ 〔德〕马丁·海德格尔：《从莱布尼茨出发的逻辑学的形而上学始基》，赵卫国译，西北大学出版社，2015，第 153 页。

进路提出了质疑："他（莱布尼茨）的主词 – 谓词论题不是逻辑的，关乎命题的普遍本性，而是一种特殊的形而上学的，关乎存在者的本性。"① 雷谢尔认为莱布尼茨那里存在三个逻辑上彼此独立的原则，即根据原则、矛盾原则与完善性原则，② 并非如罗素所言，一方可以归结到另一方。因此，我们需要重新思考：罗素的解释进路是否适用于莱氏的模态学说？可能性在何种意义上遵循矛盾律与根据律？要想弄清这些疑难，必须回到莱布尼茨对可能性的基本界定，从而引出可能性的根据问题。

三 可能性的双重规定：形式与质料

从形式和质料两个方面来规定可能性，这一思路可以追溯到莱布尼茨的概念组合主义，它表明思维本质上是概念的组合。③ 在《论组合术》中，莱布尼茨对此有过清晰的界定："凡存在的或能够予以思考的事物都必定是由各个部分组合而成的，这些部分如果不是实在的，就至少是概念的，则在种类上不同的事物必定是，或者就其具有其他部分是，从而组合的用处（Complexionum Usus）不同，或者是另一个的位置不同，从而配置不同。前者是依据质料（materiae）的差异予以判断，而后者则是依据形式（formae）的差异予以判断的。"④

尽管是莱布尼茨青年时代的思想，此时的概念组合思想却已经相当成熟，并且延续到其晚期著作中。这一理论包含两个向度：其一，概念包含诸部分（质料）与诸部分的安排（形式），诸部分的不同即组合成分的不同，诸部分的安排不同即位置和配置的不同；其二，除原始概念以外，所有的概念都是组合式的。"所有派生的概念来源于原始概念的组合，复合程度较高的概念来源于复合程度较低的概念的组合。"⑤ 由简单概念组合成复合概念，进一步组合成新的复合概念，从而形成无限多无限复合的概念，

---

① Nicholas Rescher, *The Philosophy of Leibniz*, Prentice-Hall, 1967, pp. 22 – 23.

② Nicholas Rescher, *The Philosophy of Leibniz*, Prentice-Hall, 1967, p. 34.

③ Nicholas Jolly, *The Cambridge Companion to Leibniz*, Cambridge University Press, 1996, pp. 227 – 228.

④ 〔德〕莱布尼茨：《莱布尼茨逻辑学与语言哲学文集》，段德智编译，商务印书馆，2020，第 62 页。

⑤ 〔德〕莱布尼茨：《莱布尼茨逻辑学与语言哲学文集》，段德智编译，商务印书馆，2020，第 285 页。

构成一个从简单到复杂的自然秩序。

概念组合的思想支配着莱布尼茨对模态概念的论述，这表现在他借助"可思考性"（conceivability）来描述可能性，或者干脆说，把可能性等同于可思考性。此举多见于莱布尼茨的早期著作。在 1672～1673 年的论文《哲学家的告白——论恶的问题》中，莱布尼茨写道："可能的事物就是那些能够被思考的东西，也就是说……那些被一个专注的心灵思考的东西"①，"因此如果事物的本质可以被思考（上帝有资格不依赖于存在去思考本质），假如它能够被清楚明白地思考，那么它必定可被视为可能的"②。这里提到的专注的心灵显然指的是上帝，他被描述为一个必然在思考的存在者。只有上帝才具有这样的能力，凡是能够被思考的东西都内在于他现实的思维中。

在此基础上，莱布尼茨对上帝的思维作了双重的限定。首先是形式方面的限定，可能的东西就是那些不含有矛盾、可以被清楚明白地思考的东西。也就是说，思维必须是自我一致的，神圣的心灵也不例外。此外，因为思维本质上是概念的组合，自我一致意味着被组合起来的概念或词项之间的关系，而不是实体之间的关系。③ 由此可知，就形式而言，可能性就是自我一致的概念。

其次，与组合或综合的方法相对，借助分析我们就能发现可能性概念中的质料规定。由于组合术蕴含的操作是从简单到复杂的复合过程，可以推测它预设了某种简单的因素，或者被组合起来的简单词项。倘若我们对复合概念进行无限的分析，必然会抵达无法继续分析下去的简单词项。莱布尼茨确实预设了这种简单的原素，他称之为"最初的可能事物（prima possibilia）或不可还原的概念（notion irresolubile）"④。那么，这种最初的可能性与不可还原的概念究竟是什么呢？这里存在一个至关重要的转向。莱布尼茨宣称，"把复合概念还原成最初的可能性，与还原成上帝的绝对属性

① G. W. Leibniz, *Confessio Philosophi：Papers Concerning the Problem of Evil, 1671 – 1678*, Robert C. Sleigh Jr. trans. and ed., Yale University Press, 2005, p. 55.

② G. W. Leibniz, *Confessio Philosophi：Papers Concerning the Problem of Evil, 1671 – 1678*, Robert C. Sleigh Jr. trans. and ed., Yale University Press, 2005, p. 57.

③ Ohad Nachtomy, *Possibility, Agency, and Individuality in Leibniz's Metaphysics*, Springer, 2009, p. 16.

④ 〔德〕莱布尼茨：《莱布尼茨认识论》，段德智编译，商务印书馆，2019，第 275 页。

本身，这是一回事"①。在其他文本中也不乏类似的表述，其中，最简单的概念因素、形式（formae）②、完善性等同于上帝的属性；"任何一个简单的形式都是上帝的属性"③，上帝被定义为"所有绝对的和肯定的完善性的主词"④，"上帝的属性是无限的，但它们之中没有一个能包含上帝的全部本质，因为上帝的本质构成了这样一个事实，他是所有兼容属性的主词"⑤。从这些文本提供的信息看，一个合理的推论就是：在莱布尼茨那里，正是上帝的属性提供了可能性的质料因素。

这个推论初看起来令人惊讶，逻辑推进并非严丝合缝。特别值得追问的是，莱布尼茨为何把最简单的可能性等同于上帝的属性？欧哈德·纳克汤米正确地指出："神圣的简单形式似乎可以视为质料的、现实的根基，在上帝的心灵中，凭借上帝内心中的组合与反思，可能性从这些质料的、现实的根基中产生。"⑥ 可能性在质料方面要求一个现实的着陆点，这恰好符合莱布尼茨一贯的神学与形而上学的取向。一方面，唯有上帝才具有最高的完满性、纯粹的现实性，他不具有任何潜能；另一方面，推论依赖的并非是单纯逻辑的同一性原则，而是形而上学的现实性原则。我们在分析证明的过程时已经指出，这里诉诸的原则归根结底是充足根据律。

由此可见，莱氏的组合主义对可能性施加了双重规定，可能性因此服从两个方面的基本原则：在形式方面，可能性遵循矛盾律和同一律；在质料方面，可能性遵循根据律，并且，可能性中的质料因素显然无法化归为形式因素。虽然罗素正确地意识到根据律也可以用于可能事物的领域，但他没有区分可能之物的形式原则和质料原则，而是把两者统一为矛盾律，这种阐释显然是对莱氏可能性理论的误解。至少对于可能性而言，莱布尼

---

① 〔德〕莱布尼茨：《莱布尼茨认识论》，段德智编译，商务印书馆，2019，第275页。

② 虽然此处的形式（formae）与上文形（formae）质论中的用词是一样的，但意义显然有别，前者与完善性同义。

③ G. W. Leibniz, *De Summa Rerum*, G. H. R. Parkinson trans., Yale University Press, 1992, p. 69.

④ G. W. Leibniz, *De Summa Rerum*, G. H. R. Parkinson trans., Yale University Press, 1992, p. 101.

⑤ G. W. Leibniz, *De Summa Rerum*, G. H. R. Parkinson trans., Yale University Press, 1992, p. 69.

⑥ Ohad Nachtomy, *Ossibility, Agency, and Individuality in Leibniz's Metaphysics*, Springer, 2009, p. 23.

茨并未明确交代两大原则的从属关系，根据律并非只是矛盾律的一个结论。假如这种原则的二元性在莱氏的模态论述中确实存在的话，罗素的判断就是武断的。

回到最初的证明，当莱布尼茨准备从可能性和永恒真理具有实在性这个前提推导出上帝存在时，他实际上是从可能性与永恒真理中的质料因素出发，借由根据律推导出一个现实的存在者，这种现实的存在者具有绝对的存在上的必然性，而非单纯逻辑的必然性。一切可能性只在形式上以矛盾律为根据，可能性中的实在性则要以上帝存在为根据；这种解释同样适用于永恒真理，也就是说，永恒真理在形式上，或者说在真值上以矛盾律为根据，同时，永恒真理中的实在性以上帝存在为根据。① 如此来理解莱布尼茨的证明，其就不存在罗素所谓的循环论证。

余　论

值得注意的是，这个证明的核心思想在康德哲学中得到了深度的回应。康德在其 1763 年的重要论文《证明上帝存在的唯一可能性证据》中关于上帝存在的论证在很大程度上是对莱布尼茨的继承和推进，并且与证明相关的根据问题始终处于康德哲学的视野之中。这意味着由罗素的责难激发出来的疑难还远远没有解决，这些疑难表现为：对于形而上学而言，这种原则的二元性是否是根本的，还是说，根据律才是根本性的原则？由此引发出另一个疑难：在应用于可能性时，如果不把根据律追溯到矛盾律，那么，究竟该如何证明根据律？这些论题包含的主导思想和相关疑难实际上已经构成了莱布尼茨及其后学——康德与德国观念论——持续争论的一条主线。②

---

① Mondadori 还使用了具有相同内涵的区分，即可能之物的可能性与实在性。参见 Robert Adams, *Leibniz: Determinist, Theist, Idealist*, Oxford University Press, 1994, p. 186; Mondadori Fabrizio, "'Il ne faut point dire avec quelques Scotistes': Leibniz on the Reality and the Possibility of the Possible", *Studia Leibnitiana*, Vol. 46, No. 2, 2014, p. 206.

② 参见 Peter Yong, "God, Totality, and Possibility in Kant's Only Possible Argument", *Kantian Review*, Vol. 19, No. 1, 2014, pp. 27～28；张柯、张荣《德国古典哲学的奠基之路——论海德格尔对莱布尼茨的"发现"与"定位"及其意义》,《哲学研究》2016 年第 8 期，第 73～82 页；陈修斋《黑格尔对莱布尼茨思想中矛盾律与充足理由律二元并列问题的解决》,《武汉大学学报》(哲学社会科学版) 1994 年第 1 期，第 35～42 页。

从康德伦理学出发回应《理想国》的正义之问

张　潇*

内容提要　柏拉图在《理想国》中提出"人为何要正义"及"哲学王悖论"。本文试图论证：从康德伦理学出发能更好地理解柏拉图的正义之问。康德首先否定了将道德建立于经验之上的做法，其次将逻辑原则运用到道德命题中，推出了普遍的道德命令，最后将道德奠基于自由之上，又引入因果性的考量，推出道德是无原因的自因，即自律，意味着道德是自在的目的，具有最高的价值。借此也为实践哲学划定了自由这条边界，"哲学王悖论"及类似的跨界问题无答案。康德对自由的证明常常被误解为因循环论证，本文从先验自由和实践自由出发进行了阐释：从道德到自由是"认识路径"的演绎，从自由到道德是"存在路径"的阐明。

关键词　正义　自由　道德　因果律　哲学王悖论

一　《理想国》的核心问题

在《理想国》中，柏拉图借色拉叙马库斯和格劳孔之口，道出了著名的问题：人为什么要正义，为什么要道德？在 359d – 360d① 的盖吉思之戒的故事里，牧羊人盖吉思无意之中获得了一枚戒指，将其转动则可以隐身，此后，他杀害了国王，引诱了王后，夺取了王位。格劳孔因而问：假如一个人具备了这种超越常人的能力，可以伤害别人并且能够免受惩罚，他为

---

*　张潇，上海大学新闻传播学专业硕士，研究方向为康德哲学和伦理学。

①　本文引用的柏拉图的原文均出自〔古希腊〕柏拉图《理想国》，顾寿观译，岳麓出版社，2010。文中标注斯特方码。

何要正义而不是用这种能力来为自己攫取最大的利益呢？而且，假如他有这种能力而不用，那么其他人反倒会骂他傻。

360e－361d 提到格劳孔的思想实验，假如一个人做尽坏事却从来没有受到过惩罚，而且拥有天下最道德的名声，另一个正义的人却被误解，背负最不道德的名声，没有能力帮助朋友，同时得到最坏的待遇，那么人们会选择成为哪一种人呢？假如道德的结果不利于自己，而且于己还有害，那么为什么要做道德的事呢？

柏拉图在一开头便提出，《理想国》要解决的是两个问题：正义是什么？正义的人是否幸福？（354b－354c）他并没有直接回答"为什么要正义"。

他在《理想国》中论述了两种正义，第一种是"短的路"，即城邦正义和个人正义，前者指向城邦中的理性阶层（哲学王）统领激情阶层（战士）和欲望阶层（平民），后者指向个人灵魂中的理性成分统领激情和欲望部分，二者在形成秩序的方面是同构的。第二种是"长的路"，即哲学家要去追求善的形式。

在论述了两种正义之后，他紧接着论证了为什么正义之人要比不正义之人幸福，回答"正义的人是否幸福"这一问题。首先，僭主这种最不正义的人，因为灵魂被欲望所统率，处于无序状态，所以总是贪婪、充满恐惧，他是被奴役的，是最不幸福的。其次，在灵魂的三部分中，理性追求带来的快乐比其他两部分即激情和欲望追求带来的快乐更高级。最后，因为智慧所追求的是代表真理和永恒的关于形式的知识，爱智慧的快乐比其他的快乐更真实、更纯粹。

在论述何为正义时，柏拉图一直保留着格劳孔的前提：正义的人却显得最不正义而且得到最坏的待遇。而在《理想国》最后一章，他取消了这种极端的假设，指出了正义之人能够获得奖励、报酬、馈赠。具体而言，在此生，神和众人会给予公正的人以报偿，就像跑步时正义之人会在终点取胜，也像人在年老时会得到应有的奖励。而在爱若神话中，正义的人在死后会到达天上接受奖励，不正义的人会被贬入地下经受折磨。甚至，柏拉图告诫我们，拥有理性和哲学知识的人，在转世时，能够更明智地选择自己的来世。柏拉图将正义之人能够获得的最大奖励归结于灵魂不朽（608c－608d），最和谐的灵魂将会是不朽的，也即正义的灵魂。

因此，柏拉图没有直接回答"为什么要正义"这个问题，其论述却似乎在暗示：之所以要正义是因为正义之人更幸福。正义的城邦和个人都能避免混乱，爱智慧的快乐是最高级的快乐，正义的人能获得各种今生来世的奖励：灵魂不朽、奖赏、馈赠、回报。

需要说明的是，柏拉图的"正义"，是一个很广泛的概念，其含义包括城邦的秩序，人的品质，即人的灵魂的秩序，在这种意义上，一个正义的人就是一个道德的人。

二　道德在于超越经验

柏拉图的理念论试图超越感性经验，但其对正义的论述仍然以人性为出发点。在论述个人正义和城邦正义时，他认为应该先从城邦开始考察，因为城邦是"大写的字母"和"更大的图景"，更利于辨认。一旦得出了城邦正义，个人正义也就一目了然了。

柏拉图从这个命题开始论述城邦的正义：城邦的起源在于无人是自足的。也就是说人依赖他人，分工是必须的，应该各尽其责。继而推演，提出城邦中需要有三个阶层，最后得出结论：城邦正义就是三个阶层的平衡和谐的状态。其后，通过类比推导出个人正义，即灵魂中的三个部分应该处于和谐的状态。

柏拉图的论述是从经验领域开始的，他把人的经济需求作为其形而上学的根基，[①] 在最后，他将"善的形式"作为正义的形而上学的根基，但是很难说二者谁是正义的必要条件。失去了人的经济需求，城邦正义是否会变为另一种样子？失去了"善的形式"，正义是否将会变得不正义？柏拉图的道德的根基在哪里呢？什么是柏拉图认为的道德不可或缺的前提条件呢？不管怎样，我们从这两个角度看看康德会如何回应。

康德在《道德形而上学奠基》中一开始就否定了将道德建基于经验和人性之上的做法。因为他认为，道德的原则要牢靠，要"拥有绝对的必然

---

① Frede, Dorothea, "Plato's Ethics: An Overview", in Edward N. Zalta ed., *The Stanford Encyclopedia of Philosophy* (Winter 2017 Edition), https://plato. stanford. edu/archives/win2017/entries/plato-ethics/.

性"（G 389①），要寻找"至上的标准"，那么其根据不能在人的本性和人的环境中去寻找，因为人性、生理、心理、功利、利益等是不稳定的，而要从纯粹理性中推出。

假如经验的标准成为道德的根基，那么"道德的纯粹性会被损害"（G 426）。比如说，一个商店老板遵循童叟无欺的买卖原则，但是之所以这么做，可能是他仔细地思考过了，这样做从长远来看更有利于挣更多的钱，那么只能说这是一种"明智"，而不是至高无上的道德。

假如把经验性的原则当作道德法则的基础，则可能会导致把恶行看作善的，败坏德性。（G 442）例如伊壁鸠鲁的幸福主义，认为道德即建立在本能之上的快乐、舒适和爱好的满足。将快乐作为道德法则的基础将会导致某些不道德行为（如有人以虐待动物为乐）成为合理的，道德中会混杂不道德的行为。

道德的根基不稳，人心就会动摇。通过理性订立的标准，对人心的影响远远大于经验性的理由，而混杂了情感与爱好的动机，内心会在各种动因之间摇摆。（G 411）

无条件的善的东西只有善良意志，其他如才能、气质、性格、幸福等，假如没有善良意志，都可能变为恶。柏拉图所说的节制并不具备绝对的善的价值，"在激情和情欲方面的适度、自治、冷静审慎……不要把它们无限制地宣称为善的……没有善良意志的诸原理，这些属性极有可能成为恶，一个恶棍的冷血会使其变得更加危险"（G 394）。

但康德并没有全然否定之前的道德，而是指出其有漏洞，需要进一步完善。

康德对柏拉图的"善的形式"有所评论。"无论它如何空洞、不确定，因而对于在可能的实在性之不可估量的领域中发现适合于我们的最大总和如何没有用处；并且，也无论它为了从每种其他的实在性中特别地区分出我们这里所谈的实在性如何具有一种不可避免的偏好，即纠缠于循环论证之中，如何不能避免把应由它来解释的德性暗中预设为前提。"（G 443）

事实上，柏拉图的"善的形式"是一个完善性的本体论概念。即一个

---

① 〔德〕康德：《道德形而上学奠基》，杨云飞译，邓晓芒校，人民出版社，2013。下引此书只标明 G + 页数。

整体性的"完善"，完备无缺、无所不包，圆满、完美，包含善的含义，那么"不善"就被排除在外，因而它不是无所不包的，这就发生了矛盾。[①]"善的形式"混淆了单一性和统一性的概念。善的理念本来是前者，具有单一性，因而是空洞的，完善却是无所不包的，想要同时包含"完善"和"善"于一个概念中，二者就会出现循环论证。因此，以"善的形式"为道德奠基的尝试就会变成无效的。

三　将道德建基于理性本身

道德命令的形式应是普遍的。康德首先将道德的根基建立在理性的基础上，[②] 他利用形式逻辑的不矛盾律来检验道德律，提出了至高的道德的判断标准应该是意志的普遍性。他的论证如下（G 395–400）。

人靠本能即可获得幸福，这是大自然的本来目的，理性常常扩大人的欲求而对于幸福的追求适得其反。故：理性的使命不是用作手段去寻求幸福，而是寻求自在的目的。

在实践中，理性是影响意志的实践能力，故：理性是为了产生一个本身就善的意志。即，判断善的标准在理性之中。

意志的质料是各种爱好，因为真正的道德要出于义务而不是出于爱好，因而质料不能作为标准，故：道德的标准是意志的形式。

各种意志要同时持存，则不能互相矛盾，故：意志的形式应该是普遍的。

个人的意志的准则能做到不矛盾，方可以成为普遍性的法则，个人意志一方面不能和他人的意志矛盾，另一方面不能和自己的意志冲突。假如自己的情感和爱好的多种意志互相冲突，自己也不能保持时间维度上的一贯性，有可能明天的意志会和今天的意志冲突，进而使人否定和抛弃今天的意志。个人同他人的意志的准则相冲突，则相互争斗，此消彼长，无法持存。

---

① 邓晓芒：《西方哲学探赜》，中国言实出版社，2021，第76页。
② 邓晓芒：《德国古典哲学讲演录》，湖南文艺出版社，2017，第189页。

四　道德在于自由

康德将道德奠基于自由之上。为了寻找道德的稳固的根基，使得道德能够具有真正意义上的纯粹性，和因此而来的崇高性，康德以"存在道德行为"这一事实为出发点，开启了一段分析、推演的"认识路径"①。他在论证"定言命令如何可能"时说，"普通人类理性的实践应用证实了这一演绎的正确性"（G 454）。胸怀正直、坚守善的准则、富有同情心、与人为善等道德行为被他视为一种现实的事实，对其进行分析可以得出其前提必定是自由的结论。这条路径也就是《道德形而上学奠基》中展现出来的层层递进的研究路径。

首先，他从普通的道德理性知识切入，从日常生活的道德行为中区分了"合乎义务"和"出于义务"。例如童叟无欺这条经商原则，在表面上难以区分是合乎义务还是出于义务，决定其是否道德的是行动者的动机，即"善良意志"，由此进入了道德哲学。

其次，康德进一步推演：合乎义务即动机是出于其他的目的而符合道德，那么出于义务就是不出于本身以外的目的，即义务本身就是目的，从形式逻辑看，前者是一个假言命题，后者是一个定言命题。由定言命令进一步推演，可得出：产生出定言命令的主体一定是一个自立法者、自律者，即这个理性存在者的目的是来自自身的。而通过这一步，就完成了从通俗的道德哲学到道德形而上学的转变。

最后，康德进一步推论，这样的一个自立法者、自律者，必定拥有自由。因为自立法者即自己命令自己的人，其命令来自自身，假如人遵循的法则来自他者，如领袖、宗教、自然规律，那么这就不再是自律，而变成了他律，无条件的定言命令也变成了有条件的假言命令。换言之，自律者的内涵中包括了自由。假如一个人在行动中只按照自己制定的准则行事的话，他一定是独立于外在规律的，这种独立于外在必然性的特性即自由。因此，一个自立法者，必定是拥有自由的，即真正的道德准则是以自由为

① 〔德〕康德：《实践理性批判》，邓晓芒译，杨祖陶校，人民出版社，2016，第 2 页。

前提的。

由此，康德通过一步步的演绎分析，从善良意志的概念，推论出真正拥有自由意志的人意味着可以自己立法的人，以及这一切都以自由为前提。但是如果继续追问，人为什么有自由呢？这无法再进一步解释了，这里就是所有的实践哲学的最终界限。他只是解释了定言命令是如何通过人的意志而变为现实的，展示了其运作的机制，并且表示：人的先验的自由可以变成实践的自由，即纯粹理性是实践的，即现实生活中存在道德行为，这是个事实。

康德对自由最后采取了一种低调的态度，即在理论上无法证明人为何会具有自由，但是同时却可以反驳"人没有自由"的论调。

把道德奠基于自由之上，其含义在于自由是道德的必要条件。假如没有自由，那么所有的道德都将不再是真道德。康德分析了哲学家提出的道德原则，将其划分为四种：自然情感、道德情感、完善的本体论概念、神学中的上帝。他们共同的问题是没有将道德建立于自律而是建立于他律之上，道德变成了对本能、对情感、对抽象概念、对上帝的服从，其结果要么是不道德的，要么是非道德的，要么是空洞的，对道德无所助益。

在柏拉图笔下，格劳孔认为"没有人是自愿正义的，追求正义都是出于被迫和无奈，是因为自己的能力不足"（366d）。康德则表示，外部强迫会取消道德。来自自然的强迫即人受动物性驱使，出于动物性的行为如追求幸福、哺育子女、出于同情心的善举并不是道德，来自习俗、权威、宗教的道德标准的强制，会导致虚伪以及争斗。真正的道德在于拥有力量而自愿不作恶，由于没有力量而没有作恶不是真道德。

五　道德是自在的目的

康德已经论证了为什么善良意志是一条自在的命令，不能作为其他事物的手段。他通过定言命令及其变体公式为我们提供了更多的解释，可以使我们更好地理解"道德是自在的目的"，以及回答"为何要道德""道德如何具有最高价值"。

变体公式一：你要这样行动，就像你行动的准则应当通过你的意志成为普遍的自然法则一样。（G 421）康德在后续的论述中指出了自由意志虽然是对自然法则的摆脱，但实质二者具有相似性。二者的英文都是"law"，同为原因性。因果性本是一种因果关系的链条，在先的事物 A，引发了其后的事物 B，这是自然规律的含义。自由意志的法则与此类似，在先的自由的法则是原因，其后的行为是结果。所不同的是，在自然法则中，仍然可以找出事物 A 的原因，其原因又可以继续追溯至另外的原因，可以无限追溯，但是自由的法则却是这个链条的开端，往前再没有其他原因了。

因此，对于个体而言，他的自由意志的法则，就是最高的了，道德法则不能往前追溯，继续寻找道德法则的原因的行为注定是徒劳。日常的思维方式是：对于一件事情总要询问为什么，任何事情的发生都有原因。在这里康德指出了，对于道德而言，这种追溯原因的思维是不适合的。

这也可以解释《理想国》中柏拉图的问题"人为什么要正义"，答案就是这个问题没有答案，或者说这个问法是错误的，问题本身就预设了"原因性"的链条在里面，预设了道德是有原因的，实际上道德才是原因本身而且只能是原因，道德是一条因果链条的起点。

阿德曼托斯曾经这样质疑正义：正义之路要历经艰难困苦，"劳筋骨，苦心志，横逆之来，触目惊心"（365 c），不正义的生活唾手可得，并且用不义之财贿赂神可免除惩罚，那么何苦要走艰难的路呢？解答同上，正义不问原因。有些人自愿去做对的事，根源就在于他们的决定本身，而不是因为结果的好坏或者做起来的难易程度。最高的道德行为是不考虑后果的，但是做这件事的难易程度，可以使我们更明晰地分辨出此种道德的行为是否出于义务的。

日常对于道德行为的责难常常是着眼于其动机只针对道德的后果和好处。出于义务的这种立场就是要尝试解决这个问题，但终归无法根除这种责难。将道德行为判定为"出于义务"以及由此推出的道德律，是将道德行为推向了一个彼岸的不可能实现的维度。因为康德自己也认为对行为"即便进行最严格的审查，我们也绝不可能完全走进背后隐藏的动机"（G 407），即动机无法完全被认识。因此，要求道德行为"出于义务"，这是一种理想的判断标准，也是一种"将自己看做知性世界一员"的立场（G 454），是一种思维方式，而不是可以真正实现的。

类似地，柏拉图在 445a－b 中也指出，为什么要正义这个问题是可笑的。因为他的比喻使我们看到，不正义就如同被自己身体中的野兽所奴役，因此，这个问题就如同在问：为什么不想被野兽奴役呢？为什么要健康而不是要疾病呢？

假如按照柏拉图的论述，在现实中，有道德之人实际上会获得种种快乐和幸福，当然，在其中哲学之乐是最高的，柏拉图也为来世许诺了灵魂不朽。但是，追问道德的原因或为了快乐和好处而道德，都将损害道德的崇高性和尊严，实为贬低了道德。将道德置于快乐之下，快乐成了目的，道德成了手段，这样会使道德失去其崇高性。

因为道德是最高的命题了，不再依赖其他的条件而存在，没有更进一步的目的了，是一个无原因的目的，因而具有了至高无上的崇高的价值，因此道德命题的发起者便拥有绝对的价值。康德表示，建立至高的价值是有必要的，否则任何价值都会变成偶然的而可以被取消。因为所有事物的价格是人赋予的，依赖于人而存在，但是人却能够不依赖任何外部事物无条件地成为自在的目的。

这也就是康德的第二个变体公式：你要这样行动，把不论是你的人格中的人性，还是任何其他人的人格中的人性，任何时候都同时用作目的，而不只是用作手段（G 429）。因为假如一个人把对方仅仅当成物，当作满足自己目的的工具，仿佛只有自己具有绝对价值，那么这也无法符合普遍法则公式的要求，因为他不会愿意其他人也采用这同一条准则把自己当成物。因此，人人都具有绝对的价值。

通过这样的方式，康德指明了道德的价值：自在的道德本身就是最高的价值，这种道德本质上是一种普遍性的建构。相比于柏拉图将其归结于道德的后果"灵魂不朽"，康德在根本上回答了阿德曼托斯的问题："人们称赞正义是因为它能带来好处，那么正义本身好在哪里？"

六　哲学王悖论和实践哲学的边界

1. 哲学王悖论

在《理想国》中，解决了正义是什么的问题之后，柏拉图碰到了另一个挑战：哲学王悖论。一方面，城邦不得不由哲学家统治，因为只有哲学家懂得最高的善的理念；另一方面，虽然从事哲学是最高的快乐，但是他又不得不去从事不那么美好的统治城邦的工作。（540b）哲学家领略了太阳的光芒之后，必须要回到洞穴中，去拯救那些处于黑暗中的人。也就是说，哲学家为什么要做城邦统治者？既然从事哲学是更好的生活，他们为什么要选择较低等的生活？哲学家是最适合统治城邦的人，但是统治城邦却显然不是最适合他的工作。

格劳孔最开始提出的观点是：正义是一件不得不做的事，而不是本身就是一件好的事。（358c）柏拉图本来不同意这点，但看起来在提出正义的第二条路径即长的路之后，他反而和自己的观点冲突了，因为柏拉图认为正义是本身就好而且结果也好的。因此，引来了格劳孔继续的质疑：这岂不是要对他们做不义的事，强迫他们？（519d）苏格拉底的回答是：为了城邦整体的幸福，这样的强制是合理的。第一个理由：城邦培养教育了哲学家，他们理应回报。第二个理由：这是最道德的，城邦由懂得善的理念的哲学家来执掌，将是最好最安定的，比被其他人统治好得多。

2. 萨克斯（Saches）的质疑

阿德曼托斯曾提出：为什么有权有势、能享受美食美色的人，要放弃财产、家庭和自我利益，这样的人为什么是幸福的？柏拉图说，原因在于这样一来，统治阶层不会遭受诉讼、争吵、冲突、暴力、富足的骄纵、贫穷的尴尬等负面情形。同理，对于个人而言，理性处于统治地位，控制了激情和欲望，灵魂可避免冲突与暴动，处于和谐之中。

萨克斯指出了其中的问题：柏拉图的心灵正义（理性应该统领其他部分）不包含日常正义（为什么在实践中要行正义之事）。[①] 虽然心灵正义意味着内心秩序井然没有冲突、不会做伤害他人之事，但是为什么心灵正义的人会去做有益于他人之事这一问题却没有得到解答。从康德对义务的划分来看，柏拉图的正义观解释了人能够履行消极义务，不作恶，他也能履行一部分积极义务——追求哲学、去发展自己的能力，但是为何要履行另一部分积极义务——去帮助他人，却没有答案。

---

① 〔美〕戴维·萨克斯：《柏拉图〈理想国〉中的一个谬误》，聂敏里译，《云南大学学报》2010年第1期。

3. 余纪元的解答

余纪元提出了自己的解释。他认为，《理想国》提出的两种正义和对应的两种幸福有内在的不可避免的冲突，这是出现哲学王悖论的原因，柏拉图的目的就是揭示人性中这种深藏的结构。①

在"短的路"中，为了能够实现城邦的利益最大化，统治阶层必须排除自己的私利，消灭私产，因为柏拉图认为这是自私的温床（415-416）。为了城邦整体的幸福，护卫者要牺牲个人的幸福。

在"长的路"中，哲学家要追求最高的道德即善的理念，一旦拥有关于形式的知识，观照到了形式之后，进入接近神的迷狂状态，就"已经居住在神所居住的福岛上了"，理性带来的快乐也高于其他部分带来的快乐。

"短的路"试图废除私人利益，但是"长的路"中的哲学知识成了自私的来源，两种正义发生了冲突。这又回到了色拉叙马库斯提出的问题：如果正义是他人之善，为什么要牺牲自己的利益为他人谋幸福呢？"自我利益"和"他人之善"二者之间始终存在张力。

余纪元认为，由此看来，《理想国》的中心主题是想要构建哲学王悖论并阐明其不可避免性，这种悖论也是灵魂中应有的结构，即在人性发展过程中，个人追求理智的优秀和社会责任之间会出现张力。

4. 实践哲学的边界

从康德的视角出发，我们可以更好地理解哲学王悖论。康德在《道德形而上学奠基》中指出：理性的本性就是不知疲倦地追寻无条件必然的东西。（G 463）柏拉图、阿德曼托斯、格劳孔、萨克斯、余纪元，他们的努力无不是在追寻更完美的解答，追寻必然性。事实上，康德的定言命令和三个变体公式，再加上知性世界和感性世界的区分，也可以引申出很多相似的问题：为何要按照可以成为普遍法则的行为准则去行事？为什么我们可以为所欲为，却要让自己的生活遵循形同自然规律的一成不变、刻板的规定？为何要将每个人都当作目的而不仅仅是手段？为何要服从自己的命令，要自律？为什么我们的感性行为要符合理性的命令？

哲学王为何要回到洞穴？自我利益和他人之善如何协调？心理正义如

---

① 余纪元：《〈理想国〉讲演录》，中国人民大学出版社，2011，第169~187页。

何能做到日常正义？这些问题都可以归结为：纯粹理性如何可能是实践的？康德的回答是：一切人类理性都没有能力做出解释，而试图进行解释的一切辛苦和劳作都是白费力气。（G 462）

这便是康德为实践哲学划出的界限，一旦到了这个边界，我们要停止追寻的脚步，因为自由所在的知性世界无法形成知识，试图为自由再找出理由的尝试都将会是徒劳的。

再回到原本的问题便能理解了：哲学家在追求到了善的形式之后，为什么要回到洞穴呢？这个问题可以说是无法回答的，因为问题实际上隐含了前提——纯粹实践理性是有原因的，因而这个问题是“不合法”的提问。我们可以这样来理解它：哲学家有自由，“哲学王”是符合普遍性的定言命令，因而某个哲学家会自己命令自己，抛开自己的利益，抛开喜好，只因为这样做是对的，并由此开端，付诸实践。这种可能性是存在的，因此它必定会变成现实。

探寻义务的原因的探索仍然在进行中。心理学家乔丹·彼得森（Jordan Peterson）在他的课程中曾指出，对大五人格的五个要素所做的相关分析研究中，尽责性这一要素找不到任何结果。开放性和智力是相关的，宜人性和性别相关。然而，“尽责性是一个谜，没有理论模型，没有神经心理学模型，没有心理学模型，没有药理学模型”①。尽责性即对义务履行的程度，是一个道德范畴，那么他的结论的意味便再明显不过：道德和任何事物都没有相关性。如果我们把相关性理解为因果性的概率大小，那么实质上这个研究结果展现出道德没有原因。自由相当于是一种纯然的随机性，这也即从侧面证实了康德对自由的论证。

七　道德如何可能：从先验自由到实践自由

1. 自由是怎么演变成必然的道德律的？

自由和道德虽然没有原因，但是我们仍然可以从康德推导出自由即自律的过程中去理解自由是怎么演变成道德的。

---

① Personality and Its Transformations, course by Jordan Peterson, episodes 21, conscientiousness.

康德常常将道德律、自律、自由意志等同于自由，这看起来似乎是从一种自由推出了另一种自由，是形式逻辑的循环论证，但是实质上其中包含的是两种自由和自由的两个层面，作为前提需要预设的自由是消极的自由，或先验自由，另一种等同于自律的是积极的自由，或实践自由。

因此，从消极自由推出积极自由的过程就可以这样理解：消极的自由意味着对自然因果性的束缚的摆脱。这是人的行为的前提，意味着人可以仅作为原因开始一段新的因果系列。这个原因即人对自己的命令。此时，人可以为自己下命令开始一段新的因果系列，也可以不这样做。两种可能性作为选择同时存在，这便是消极的自由的内涵，如康德所言，这是我们必须预设的，否则就会不存在真正的道德律。也就是说，必须有正反两方面的可能性同时存在，否则道德律将变成自然必然性。

不同于知性世界中的消极自由，积极的自由是就我们付诸的行动而言的，存在于感性世界中。假如我们的行动是受感性刺激而被迫的行动，康德称之为动物性的任意（B 562①），这便是我们通常所说的为所欲为，实际上并不是自由，而是依然受制于感性、受制于自然规律的行为。人超越动物性的任意的行为是自由的任意（B 830），人独立于感性冲动而自行规定自己，人可以利用理性，暂时超越感性、超出眼前的利害和欲求，为了满足更大的欲求而行动，这就是一个假言命令，目的是幸福，康德称之为"技术上实践的规则"。但假如完全超越感性而行动，便是受自由意志，也即道德律驱动。此时人在意识中为自己下了一个定言命令，它不再有利益、欲求等条件。形似于"我要做×"，没有任何条件，这个命令即是人的后续行为的因果链条上的第一个原因，以此为形式的行动是其结果。

先验的自由意在表明，对于所有人而言，"我要做×"是一种可能性，但是在实践自由中，对于自律者本人而言，"我要做×"则是一种必然性。这种必然性不同于自然必然性，而是"理性存在者就其本身而言的行动法则的绝对必然性"（G 463），是人自由的决定，为自己所下的普遍性的命令。

---

① 〔德〕康德：《纯粹理性批判》，邓晓芒译，杨祖陶校，人民出版社，2017。下引此书皆依此版本。

一条存在于意识中的法则，之所以能够变成实践中的行动，则是因为人有意志，可以连通感性世界和知性世界，可以命令自己的感性行为服从理性的命令。

以上是就存在而言，消极自由是如何可能发展出积极自由的路径的展示，即康德所言的"自由是道德律的存在理由"①。自从康德否认可以将道德的根基建基于经验之上开始，他先为道德的形式找到了普遍性的根据，还发现了自由必须作为道德的前提，这样由自由而演变为的道德实质就在于人自由建构普遍性的行动法则，这样的道德就是至高的、自在的目的，道德也就变成了必然性。

2. 哲学家如何返回洞穴？

柏拉图将正义定义为哲学和政治的结合，从先验的自由来看这首先是一种可能性；学习、接受了哲学知识和训练的哲学家从事统治城邦的工作，这是一种实践行动。哲学家如何放弃属于自身的最高的快乐，而去下降到洞穴，从事统治呢？从政治体制设计者的角度出发，强迫显然不是一种高明的方式，是不正义的。自从康德的道德律将此问题进行变换，问题便得到了解答：在众多哲学家当中，会不会有人自愿地承担这一行动的必然性？他命令自己接受这份差事，并且将之当作自己的使命，这时他的行为是高尚的，也没有受到任何外部强迫，强迫只是就他自己对自己而言的。做不做哲学王，全在个人抉择。这样哲学家就不再仅仅是为了城邦整体利益而被利用的手段，一旦有了个人意愿，两方面的目的便达到了统一。

从消极自由的角度来看道德，人拥有消极自由意味着人拥有行正义之事和不行正义之事的能力和可能性，只有当不行正义之事是被允许的而非被迫的，在此前提下从积极的自由中发展出的道德行为，才是有价值的。否则，如果人人都必须要做道德行为，不论是受到强迫还是遵从自然规律，则会取消道德。换言之，道德行为是在非道德和不道德行为皆为自由的衬托下，才体现出了它的价值。假如在一个世界中所有人的行为都必然是道德的，那么道德的价值也会消失。

康德在《道德形而上学奠基》第一章提出的三条原理，为理解"哲学

---

① 〔德〕康德：《实践理性批判》，邓晓芒译，杨祖陶校，人民出版社，2016，第 2 页。

王如何回到洞穴"提供了思路。首先，哲学家产生了出于义务行事的意愿；其次，他了解到返回洞穴是一种帮助他人的义务，符合普遍性，那么出于对普遍性法则的敬重，一个哲学家命令自己在今后的行动中遵守它，返回洞穴，这才是道德行为。

从道德教育走向民族教育

——论费希特对康德教育哲学的批判性继承与改造[*]

闻　骏^{**}

内容提要　作为近代德国唯心论哲学的两位重量级思想代表，康德与费希特都有关于教育哲学的深刻思考。从其内在思想关联上讲，费希特教育哲学继承康德教育哲学的同时又批判性地超越了康德的教育哲学。一方面，二者都将教育哲学作为其实践哲学体系的重要组成部分，并以发展人的道德禀赋与自由本性作为教育的根本主旨与理想目标。另一方面，费希特批判性改造了康德教育哲学，将其从纯粹道德教育与社会启蒙教育导向更富时代气息与实践价值的民族教育。这一批判性继承与改造既内在展现出费希特与康德所持世界观与哲学基础的根本差异，同时也深刻影响了近代德意志民族的教育发展与国家复兴。

关键词　德国唯心论　康德　费希特　道德教育　民族教育

约翰·哥特利布·费希特（Johann Gottlieb Fichte，1762 – 1814）是 18世纪末到 19 世纪初德国唯心论哲学的重要代表，在德国古典哲学发展进程中占据了极其重要的历史地位。在作为其哲学思想核心的"知识学"（Wissenschaftslehre）基础上，费希特建立起涵盖伦理学、法权哲学、历史哲学、宗教哲学等诸多领域的实践哲学体系。事实上，作为近代德国唯心论哲学发展进程中承前启后的重要环节，费希特哲学正是在对康德哲学的批判性继承与发展中形成的。实际上，不仅仅在形而上学领域，费希特哲学也在包括道德伦理、历史哲学、政治哲学、教育哲学等诸多领域对康德哲学进行了批判性继承与改造。不过，相比于对费希特知识学、伦理学与政治哲学等方面的深入研究而言，国内学界对于费希特教育哲学的研究目前还稍

＊　本文受中央高校基本科研业务费专项资金资助（项目编号：2021WKYXQN051）。

＊＊　闻骏，哲学博士，华中科技大学哲学学院副教授，研究方向为德国古典哲学和基督教哲学。

显单薄，尤其是对费希特与同时代其他德国唯心论哲学家（如康德、施莱尔马赫、谢林、黑格尔等人）教育哲学的比较研究，目前尚不多见。①

① 实际上，费希特有着宝贵而丰富的教育理论与教育实践。但其教育理论和实践长久以来被其哲学思想的光环所掩盖，而没有获得更深度关注与更系统研究。目前，国内学界对于费希特的研究主要集中于对其纯粹哲学思想的研究。其中尤以梁志学先生所主持的费希特著作翻译与研究为代表，包括5卷本的《费希特文集》（商务印书馆，2014）的翻译出版，以及有关费希特研究的相关论著，如《费希特青年时期的哲学创作》（中国社会科学出版社，1991）、《费希特耶拿时期的思想体系》（中国社会科学出版社，1995）、《费希特柏林时期的体系演变》（中国社会科学出版社，2003）、《费希特哲学思想体系简评》（《安徽大学学报》2005年第3期）等。而就费希特哲学的某个具体方面而言，学界则主要侧重于对其知识学、伦理学、法权哲学等方面的研究，如梁志学先生的《费希特晚期的知识学》［《云南大学学报》（社会科学版）2003年第6期］、谢地坤教授的《费希特知识学的演变及其内在逻辑》（《现代哲学》2020年第4期）、郭大为教授的《费希特伦理学思想研究》（中国社会科学出版社，2003）、邓安庆教授的《逻辑学还是伦理形而上学——费希特伦理学的"知识学原理"研究》（《湖南社会科学》2011年第5期）、张东辉教授的《费希特的法权哲学》（中国社会科学出版社，2010）等。在宗教哲学方面，主要以谢地坤教授的《费希特的宗教哲学》（中国社会科学出版社，1993）及《费希特的道德宗教观与人性尊严》［《云南大学学报》（社会科学版）2002年第3期］为代表。相比之下，国内学界有关费希特教育哲学的研究则较为薄弱，主要侧重于以下三个方面的研究。①有关费希特高等教育思想的研究。如曾宁波的《试论费希特的高等教育思想》（《比较教育研究》1993年第3期）、胡建华的《费希特的大学论及其对19世纪初期德国大学改革的影响》（《清华大学教育研究》2002年第5期）等。②有关费希特教育培养理论的研究。如曹汉斌的《费希特的学者观对我国学者的启示》（《比较教育研究》2005年第5期）、张琳琳的《费希特的学者使命思想及对当代教育学者的启示》（《教育探索》2012年第1期）、李先军的《论我国当代高校教师的责任——费希特职责伦理学思想的当代价值》（《湖南师范大学教育科学学报》2012年第4期）等。③有关费希特国家主义教育思想的研究。如张东辉的《论费希特〈对德意志民族的演讲〉中的教育思想》［《湖南科技大学学报》（社会科学版）2011年第4期］、张宝梅的《论费希特的民族教育思想》［《太原理工大学学报》（社会科学版）2013年第5期］。而在费希特与康德教育哲学的比较研究方面，目前国内学界的研究很少涉及。与之相对照，德语学界对于费希特教育思想给予了较多的理论关注。代表性成果如迈克尔·斯皮克（Michael Spieker）主编的《教育哲学》（Bildungsphilosophie，Nomos Verlagsgesellschaft，2017）收录的康斯坦丁诺斯·马斯马尼迪斯（Konstantinos Masmanidisd）的《费希特〈对德意志民族的演讲〉中的教育概念》（„Fichtes Bildungsbegriff in den Reden an die deutsche Nation"），保利·希尔扬德（Pauli Siljander）主编的《教育与成长理论：大陆教育思想与美国实用主义的关联与争论》（Theories of Bildung and Growth：Connections and Controversies Between Continental Educational Thinking and American Pragmatism，Sense Publishers，2012）收录的阿利·基韦拉（Ari Kivelä）的《从伊曼纽尔·康德到约翰·戈特利布·费希特——教育理念与德国唯心主义》（"From Immanuel Kant to Johann Gottlieb Fichte：Concept of Education and German Idealism"），于尔根·斯托尔岑伯格（Jürgen Stolzenberg）主编的《作为艺术的教育——费希特、席勒、洪堡、尼采》（Bildung als Kunst：Fichte，Schiller，Humboldt，Nietzsche，Walter de Gruyter，2010）收录的4篇有关费希特教育思想的文章：①特劳布（Hartmut Traub）的《传记根源和系统反思：费希特生命历程中构建全面教（转下页注）

基于此，本文立足于探讨费希特教育哲学的形成与发展，力图围绕费希特与康德教育哲学之间的内在关联与彼此差异进行深入考察，试图解决两个方面的基本问题：①费希特具体从哪些方面批判性继承与改造了康德教育哲学？②二者之间差异性的内在根源究竟何在？其产生了何种历史影响与理论效应？

一 思想继承：通向道德与自由的实践教育学

众所周知，费希特哲学继承并发扬了康德批判哲学。初入哲学领域，费希特早年正是作为康德批判哲学的忠实追随者而崭露头角。1792 年发表的《试评一切天启》立足于康德道德宗教考察天启宗教这一概念，曾一度被学界误认为是康德本人发表的新作。事实上，无论是作为费希特哲学体系基础的知识学，还是立足于知识学基本原则所发展出来的伦理学、法权

（接上页注①）育和教养哲学的基础》（„Biographische Wurzeln und systematische Reflexionen. Grundlegung einer Philosophie ganzheitlicher Bildung und Erziehung in Fichtes Wanderjahren"）；②布兰特（Andreas Brandt）的《费希特教育观中的世界主义与民族思想》（„Weltbürgertum und Nationalidee in Fichtes Bildungskonzept"）；③赞特维克（Temilo van Zantwijk）的《从费希特到黑格尔的教育理念路径》（„Wege des Bildungsbegriffs von Fichte zu Hegel"）；④乌尔里希斯（Lars-Thade Ulrichs）的《我们还是野蛮人吗？席勒、费希特和尼采的美学教育理念》（„Sind wir noch immer Barbaren? Ästhetische Bildungskonzepte bei Schiller, Fichte und Nietzsche"）。此外，少量的专题研究主要是基于德国唯心主义传统就国家和教育之间的关系论及费希特的国民教育。如艾琳娜·阿莱西亚托（Elena Alessiato）的《威廉帝国的费希特：理想化图景、爱国模范与国民教育》（„Fichte im Wilhelminischen Reich: Idealisiertes Bild, patriotische Vorbildhaftigkeit und nationale Bildung", *Fichte-Studien*, Vol. 48, 2020）。类似的还有特劳布（Hartmut Traub）的《国家与教育：费希特早期布道演讲精神中关于国家和教育的思想》（„Der Staat und die Erziehung. Die Entstehung von Fichtes staats-und erziehungsphilosophischem Denken aus dem Geist seiner frühen Predigten", in *Der Staat als Mittel zum Zweck*, Hrsg. Günter Zöller, Baden-Baden, 2011）。在英美学界，特恩布尔（G. H. Turnbull）在《费希特对国家干预教育的态度转变》（"The Changes in Fichte's Attitude Toward State Intervention in Education", *International Journal of Ethics*, 1937）中阐述了费希特早期主张限制甚至拒绝国家干预教育的原因，而在其另一篇文章《费希特论教育》（"Fichte on Education", *The Monist*, 1923）中则基于费希特的后期国家观阐述其教育思想，并围绕《对德意志民族的演讲》重构费希特教育计划的诸多原则。此外，马修·阿特曼（Matthew C. Altman）在《他者在道德教育中的意义：费希特论主体性的诞生》（"The Significance of the Other in Moral Education: Fichte on the Birth of Subjectivity", *History of Philosophy Quarterly*, 2008）中从阐释费希特的主体性这一概念出发考察费希特有关道德教育的基本观点。

哲学、历史哲学、宗教哲学，无不受到康德哲学的深刻影响，教育哲学也不例外。具体来说，费希特主要从两个方面继承和发扬了康德教育哲学。

（一）教育的本质与内涵：作为实践教育的教育学

康德有关教育的论述主要集中于《论教育学》（*Über Pädegogik*，1803）一书。该书由康德在哥尼斯堡大学于 1776/1777 年冬季班、1780 年暑期班、1783/1784 年与 1786/1787 年冬季班所作的四次有关教育学的讲演组成，[①]由学生林克（F. Th. Rink）所记笔记整理而成。从中可以明确看出，康德教育哲学立足于作为实践教育的教育学，而非"理论教育学"。主要体现在以下几个方面。①就其实际内容而言，康德在哥尼斯堡大学所讲授的"教育学"立足于如何教育这一实践性主题，而非追问教育是什么这一纯粹理论问题。在《教育学》开篇，康德明确指出："我们把教育理解为照管（供养、抚养）、训诫（管教）和连同塑造在内的教导。"[②] 这表明康德教育哲学的理论初衷是要从具体实践性的层面去探讨怎样去实施教育。②从其理论基础上看，康德教育哲学是基于实践哲学的"实践教育学"，同时也是其实践哲学的重要组成部分。一方面，康德教育哲学植根于《实践理性批判》（*Kritik der Praktischen Vernunft*，1788）和《道德形而上学的奠基》（*Grundlegung zur Metaphysik der Sitten*，1785）所构建的道德哲学。另一方面，它同时也是《实践理性批判》的"纯粹实践理性的方法论"与《道德形而上学》（*Die Metaphysik der Sitten*，1798）的"伦理方法论"的自然延伸。它们所共同关注的话题是如何在方法论层面上让普遍的道德法则能够真正具体落实在实践领域。因此，康德教育哲学从根本上讲是一门研究并提供教育规范与教育方法的实践教育学，而不是一门描述和分析教育事实与教育理念的纯粹理论科学。[③]

与之相对照，费希特在其多部论著中都曾系统深入考察过教育哲学。在《对德意志民族的演讲》中，费希特严厉抨击了德意志旧的教育制度，

---

① 不过，福尔伦德认为康德在 18 世纪 80 年代所预告的要重复两次的教育学课程后来并未开展。（参见〔德〕福尔伦德《康德传——康德的生平与事业》，曹俊峰译，天津教育出版社，2015，第 216～217 页。）

② 〔德〕康德：《康德教育哲学文集》，李秋零译注，中国人民大学出版社，2016，第 7 页。

③ 参见李长伟《康德：实践哲学与教育学》，中国社会科学出版社，2021，第 82～83 页。

系统阐发了自己有关教育的基本立场，描绘出新时代教育的理想蓝图。植根于其知识学体系所具有的实践性特征，费希特主张新教育的本质不仅仅或主要不在于提升学生的理论学习能力，更重要的是培养学生面向现实生活的实践能力与实践品格。在《对德意志民族的演讲》第二讲"概论新教育的本质"中，费希特明确提出："以往的教育充其量说，也仅仅是告诫人们遵守良好的秩序与道德，但这些告诫却对现实生活不曾有任何效果，因为现实生活是按照全然不同的、这种教育根本不能理解的缘由形成的；与这种教育相反，新的教育则必定能够按照规则，确实可靠和毫无差错地塑造和规定其学子的现实生活活动。"① 由此可见，费希特所谓新教育的实践性品格充分展现为着力培养受教育者去追求善良意志，以及作为纯粹精神实践性维度的实践能力与实践创造性，塑造能够将理论与概念层面的可能性创造并实现出来的坚强意志，从而将先天道德理念和纯粹伦理生活真正实现出来。也正是为此目的，费希特主张将接受新教育的学子们与业已败坏的旧社会甚至与其父母强制性隔离开来，通过实施强制性义务教育塑造其坚定意志与坚毅品格，从而构建出新的人类共同体与社会秩序。由此可见，费希特继承并发扬了康德实践教育学的本质与内涵，一方面突出强调了教育的实践性内涵与目标，另一方面也将这种实践性朝向从康德教育哲学所强调的纯粹道德实践延伸并拓展为更宽泛意义上的社会改造与社会实践。

（二）教育的理想与目标：以道德价值为取向全面发展人的自由禀赋

康德在其《伦理学讲义》中曾明确指出："人类的终极命运是道德的完善，……如何寻求这种完善，以及这种完善究竟于何处能够被期待获得呢？只能通过教育。"② 由此可见，康德主张只有通过教育，才能真正达到道德完善性的理想。

一方面基于批判哲学关于自然与自由的严格区分，另一方面也植根于

---

① 〔德〕费希特：《对德意志民族的演讲》，梁志学、沈真、李理译，商务印书馆，2010，第24页。

② Kant, *Lectures on Ethics*, Cambridge：Cambridge University Press，1997，pp. 220 – 221.

对人的原初自然禀赋的层次划分，① 在其《教育学》中，康德明确地将教育分成自然的教育和实践的或道德的教育。"教育学或者教育的学说要么是自然的，要么是实践的。自然的教育是人与动物共有的教育，或者是养育。实践的或者道德的教育是人受到塑造的教育，为的是他能够像一个自由行动的存在者那样生活（人们把所有与自由相关的东西都称为实践的）。"② 自然的教育服务于人的自然性生存，而实践的教育则立足于人所具有的自由性与人格性，致力于培育和发展人的道德禀赋和自由本性。

具体来说，实践的教育包含三个部分：①培养和造就人的技能，使人具有实现某些目的的能力；②文明化的培养，使人善于处世，在群体生活中讨人喜欢，懂得并擅长利用他人达到自己的目的；③致力于培养人的道德性并实施作为实践教育的最终目的的道德教育，其目的是要使人成为一个真正自由的人。康德在《教育学》中详细勾勒出从个体的自然教育通向道德启蒙教育所包含的内容与阶段（见图1）。

宽泛的实践性教育既包含有纯粹的道德教育，也涵盖技能的训练（技术性实践）和明智的塑造（实用性实践）。不过，就以道德价值为取向全面

---

① 在《纯然理性界限内的宗教》（*Die Religion Innerhalb der Grenzen der bloßen Vernunft*，1793）一书中，康德引入禀赋（Anlage）和倾向（Hange）两个概念来就人的本性加以解释说明。就向善的原初禀赋而言，康德认为具体表现为三种形式。"我们有理由把这种原初禀赋与其目的相联系分为以下三类，来作为人的规定性的要素：1. 作为一种有生命的存在者，人具有动物性的禀赋；2. 作为一种有生命同时又有理性的存在者，人具有人性的禀赋；3. 作为一种有理性同时又能够负责任的存在者，人具有人格性的禀赋。"〔〔德〕康德：《纯然理性界限内的宗教》（注释本），李秋零译注，中国人民大学出版社，2012，第11页。〕康德所指出的这三种向善的原初禀赋体现了人类从动物的本能到自由的任意最终到自由的实现的由低到高的三个层次。动物性禀赋是动物性本能，人性的禀赋即自由的任意，而只有人格性的禀赋是以人的道德实践理性为其根源。动物性的禀赋依靠动物性本能，并不能把人类与其他动物区别开来。人性的禀赋虽然是实践性的，却时常会把经验性的欲望、幸福当作行动准则，从而忽视道德法则的影响。只有人格性的禀赋才是完全基于人的道德实践理性和自由本性。从总体上看，向善的原初禀赋的这三种形式本身是一个统一体，彼此之间无法完全分离。在康德看来，它们并不是人的善恶的原因，而只是人性的可能性。所有有限的理性的自然存在者的行为动机中都包含有道德的动机和感性偏好的动机。它们之间的根本区别在于："第一种禀赋不以理性为根源；第二种禀赋以虽然是实践的，但却只是隶属于其他动机的理性为根源；第三种禀赋则以自身就是实践的，即无条件地立法的理性为根源。"〔〔德〕康德：《纯然理性界限内的宗教》（注释本），李秋零译注，中国人民大学出版社，2012，第13页。〕

② 〔德〕康德：《康德教育哲学文集》，李秋零译注，中国人民大学出版社，2016，第23页。

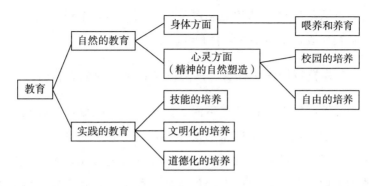

图1　康德《论教育学》中阐释的从个体的自然教育通向道德教育所包含的内容与阶段

发展人的自由禀赋的实践性教育的基本内涵与根本理想①而言，唯有作为道德性实践的道德教育才具有真正实现人作为自由存在者的内在价值，也才称得上真正意义上的实践性教育。

与康德将德性教育作为教育的核心主旨与理想目标一脉相承，费希特在《对德意志民族的演讲》中也将教育的理想及目标定位于道德伦理的教化和精神品格的陶冶。在第三讲"再论新教育"中，他明确指出，新教育的本质就是培养纯粹伦理生活的技艺。"我们所倡议的新教育的真正本质……在于它是培养学子们去过纯粹伦理生活的一种经过深思熟虑的、确实可靠的技艺。"②不仅如此，费希特教育哲学也同样是以塑造并促进人的自由发展为其最终目标。这一终极目标导向与康德以道德价值为取向全面发展人的自由禀赋的实践性教育的基本内涵与根本理想完全吻合。

二　批判性改造：从道德教育走向民族教育

费希特一方面深受康德教育哲学的影响，另一方面立足于其知识学体系，植根于所处时代背景，对康德教育哲学进行了批判性改造，将其从纯粹道德教育与社会启蒙教育导向更富时代气息与实践价值的民族教育，以

---

① 参见袁辉《无用论抑或决定论——康德道德教育理论中的个人教育与社会启蒙教育》，《教育研究》2020年第9期。
② 〔德〕费希特：《对德意志民族的演讲》，梁志学、沈真、李理译，商务印书馆，2010，第39~40页。

期通过这种所谓新教育推动德意志民族的复兴。具体来说，费希特主要从两个方面批判性改造了康德的教育哲学。

（一）实践教育的根本任务：从道德教育走向民族教育

与康德强调纯粹的道德教育不同，费希特不仅一般性地探讨纯粹教育问题，而且特别关注德意志国家的民族教育。与康德相区别的是，费希特的理解不仅仅局限于纯粹道德领域，他认为更为重要和根本的是要培养德意志民族的爱国主义和民族精神，并通过这种民族教育激发民族自豪感和爱国主义情感，以此推动德意志民族的复兴。

首先，费希特对民族教育和民众教育做出了严格区分。他认为，作为公共教育的民众教育，其目的是向普通民众传授有关阅读和写作等方面的文化知识，教授给他们一些基本信仰知识。这种教育在费希特看来明显是不够的，它必然会导致社会阶层分化，并大大削弱民族素养。因此，费希特主张大力推进全体德意志人的民族性教育，并将其视为一种新教育。在他看来，能够真正担负起拯救民族危亡、激励整个德意志民族昂扬奋进的不是传统的民众教育，德意志民族的复兴亟须实施这种培养全新自我并以德意志民族复兴为己任的国民的崭新的民族教育。

其次，费希特认为，民族教育的核心内容是一种"爱"的教育。民族教育所培养的这种爱包含两方面内容。①对智慧和知识的爱。它将个体自我与外部世界、精神世界与自然世界紧密联结起来。②对民族和祖国的爱。正是它将一个民族和社会中的所有个体联合成具有共同意志的理性共同体。在费希特看来，"爱"的教育所包含的这两方面内容在民族教育中相互联结、彼此结合、密不可分，尤其是对民族和祖国的爱使得民族教育保持其特有的民族性，从而塑造并形成爱国主义。而这正是民族教育的基本内涵与本质特征。

再次，费希特主张通过国民教育来有效实施与推动道德教育。费希特主张旧的教育仅仅在极少数人中实施，而新教育则需要普及给德意志全体国民，它是一种在德意志全体国民中实施的民族性教育。因此，费希特主张应该由国家整体制定规划，强制性贯彻实施他所提倡的全民教育战略。就个体而言，费希特倡导进行一种全面教育，即每一个人都应接受德、智、体、美、劳等全方位的培养。

最后，费希特主张实施民族性教育必须要以复兴整个民族为根本目标。通过崭新的民族教育，培养每一个德意志人具有德意志民族认同感、优越感和自豪感，从而实现复兴德意志民族的伟大目标，这正是德意志真正通向人类理性的"自由王国"的必经之路。

（二）实践教育的主体性原则：从主体性走向主体间性

依于"人为自然立法"的精神，康德批判哲学继承并发扬了近代笛卡尔哲学以来所高扬的主体性原则。费希特将其哲学称作知识学，主张知识学要为一切科学奠定基础，所坚持的仍然是主体性原则。不过，费希特批判性改造了近代以来基于主客、物我、身心二元分立和二元对立所造成的对主体性原则的片面理解。

首先，在费希特看来，作为理性主体的自我与他我彼此之间相互作用、密切关联，自由最终是在自我和他我的相互关系中真正确立起来的。正是通过自我与他我之间关系的演绎，在费希特哲学中自我通过作为客体而存在的他我而被认知与把握，恰恰是在自我与他我之间相互要求、相互给予、相互设定、相互限制、相互确证的关联中先验构成的。

其次，与过往哲学所强调的纯粹思维与认识的主体性原则相区别，费希特刻意构造出一种理论与实践相融合、主体与客体相同一的主体性原则。在其知识学体系中，费希特把自我的纯粹意识活动称作"本原行动"（Thathandlung）。它不仅仅是一种纯粹的思维活动，而且还是意志的实践活动。"自我由自己所作的设定，是自我的纯粹活动。——自我设定自己，而且凭着这个由自己所作的单纯设定而存在的；反过来，自我存在着，而且凭着它的单纯存在，它设定它的存在。——它同时既是行动者，又是行动的产物；既是活动着的东西，又是由活动制造出来的东西；行动与事实两者是一个东西，而且完全是同一个东西。"[1] 自我通过理智直观而设定其自身存在的本原行动为整个人类知识寻找到牢不可破的基点。"自我原初就直截了当地设定它自己的存在。"[2] 因此，费希特所构造的绝对自我的主体性原则不仅是对近代笛卡尔哲学以来所确立的主体性原则的继承与发扬，同

---

① 〔德〕费希特：《费希特文集》（第1卷），梁志学编译，商务印书馆，2014，第505页。
② 〔德〕费希特：《费希特文集》（第1卷），梁志学编译，商务印书馆，2014，第507～508页。

时也是一种改造、深化与拓展。这一改造、深化与拓展使得费希特不再将主体性简单等同于单纯的我思或纯粹自我意识。而具有现实能动性的主体性概念也必然使其突破与客体相对立的单纯思维主体概念，从而将主体性发展成为主体间性。主体间性的演绎不仅确立了费希特实践哲学的发展趋向和基本框架，也成为知识学体系的必要补充与完善。总体来看，主体间性的演绎使费希特知识学体系发展出法权哲学、历史哲学、伦理学、教育哲学等诸多实践哲学领域，使其在对现实社会诸方面的实际考察中使自由原则在人类实践的各个领域获得落实、呈现与贯彻。

三 二者之间差异的内在根源

除了各自所处时代背景与社会背景上的外在差异，费希特教育哲学与康德教育哲学的根本差异既内在根源于二者在世界观基础上的根本差异，也植根于其哲学基础上的本质差别。就前者而言，康德秉承的是近代启蒙运动以来所造就的一种世界主义视野，而费希特则更多植根于德意志民族复兴的民族主义立场。康德致力于在启蒙理性指引下构建世界公民的理想愿景，而费希特则聚焦于打造民族共同体的现实筹划。从后者来看，康德教育哲学建基于批判哲学、道德哲学之上，而费希特教育哲学则是其知识学体系的实践性拓展与延伸。

（一）世界观基础的根本差异：从世界主义的理想走向民族共同体的建构

康德哲学具有一种强烈的世界主义视野与诉求，其教育哲学也植根于这种世界主义的世界观。康德塑造了一种世界公民的理想与世界公民权利的观念。他主张每一个人都是有理性的自由存在者，因而只有从实践理性出发才能普遍并内在地揭示个体在私人领域与公共领域中的权利关系。在此过程中，权利关系以理性个体为主体不断扩展延伸至社会与国家。与此同时，在对无序自然状态的克服与改善中，个人与他人的权利关系获得根本性保障。

具体来说，这一过程展现为：①在私人领域，康德认为个人与他人处于一种自然状态下的自由与平等关系之中。这种个体自由包含了对他者自由的认同与尊重，而平等则是人格上的平等。这种状态下的自由与平等往往囿于个体意识到自己与他人应该共同遵守的内在道德法则，并不具备公共权威，也没有外在法律形式为其规定相应义务。因此，这种状态下的个人易于实施违背法则的行为，从而导致人与人之间的关系遭受损害与侵犯。暴力与强权往往作为解决歧义与争端的方式与途径。只有通过外在的契约和法律克服这种野蛮，才能使人获得真正的自由。②通过对自然状态的否定，康德主张通过采取缔结契约的方式，摆脱自然状态，使个体的权利关系也在私人领域的基础上扩展到公共领域。在公共领域，个人在自然状态下的自由与平等逐步获得了外在形式的保障。康德认为，对国家状态的维持需要一种法律状态，即基于公民的联合意志制定法律，可以避免国家退回自然状态以及走向专制。当公民的权利受到他人侵犯时，国家可以依照法律程序进行判断和处理。而当国家最高仲裁机关侵犯公民合法权利之时，公民可以通过议会投票罢免、改造国家机关。③正如自然状态下人与人之间的关系，从整体来看，国家之间的自然状态如同人与人之间的自然状态，受到野蛮强力的驱使，国家与国家之间的冲突与争斗在所难免。于是，康德将以个人为主体的权利观念扩展和延伸至国家主体，在描述自然状态下的国家间关系的同时，指明了国际社会进入一种世界主义的必要性与可能性。康德认为，除了签订和平条约，几个或多个国家可以自由结成同盟关系，这样既能避免战乱发生又能维持本国稳定，还有利于促进各国在其他方面沟通与交流。这种局部的同盟可以视为未来国际联盟的先行尝试，为国际长久的和平奠定基础。尽管有国界的限制，但最为重要的依然是从个体出发的自由平等的权利。人类出于理性的要求，摆脱自然状态、建立共和制并进而结成联盟。当个人与他人的关系进入世界领域，人人都是世界公民的一员时，每个人都遵从于内心的呼唤，服从于最高的道德法则，每个人都是秉承实践理性的法律规范的主体，这样的个体无论在国籍、文化背景上有多大差异，总是拥有并维护人类公认的自由权利。因此，康德以个体的意志自由、实践理性和公民权利为基础，完成了由个体到共同体的理论拓展，演绎出"世界公民共同体"的理想。

与康德相区别，费希特教育哲学带有强烈民族主义色彩，这种民族主义也体现出他与康德所持世界观的根本差异。费希特秉持这种民族主义的世界观，致力于去筹划并实现民族共同体这一根本目标，其目的在于促进德意志民族意识的觉醒，建立一个统一的民族共同体。费希特区分了四个层面的共同体概念——社会团体、教育共同体、国家共同体、民族共同体。费希特的民族共同体作为一个有机统一体，有其绝对主宰的精神意志，是最高层次的共同体。在民族共同体之中，每个个体通过学习哲学上升到哲人的高度去认识理性的自由王国，从而被精神世界所鼓舞而采取统一的行动。而对民族共同体之爱则将个体性价值与民族共同体紧密联结起来。

具体来说，费希特的民族共同体具有以下四个方面的基本内涵。①民族哲学是民族共同体的方向指引。费希特认为哲学可以启蒙愚昧的大众，从而唤醒民众对民族共同体的热爱。在他看来，哲学可以鼓舞一个人去追求自己生活的真正价值，也可以鼓舞一个民族共同体实现自身存在的价值。费希特希望通过哲学将个人与共同体之间的对立弥合起来，个人也只有在民族共同体中才能实现其自身的成长。民族共同体因哲学而获得强大力量去保卫自身以及保卫理性精神。②民族宗教是民族共同体的情感依托。费希特认为，哲学虽能让人反思当下处境而做出价值判断，但民族共同体所需要的是统一的行动力量，宗教则使其具有强大的行动力。在他看来，民族共同体中的每个个体一旦信仰这个民族所宣扬的主流价值观并将其作为自己的坚定信念，将会产生出巨大的行动力。此外，认同民族的主流价值观也体现出每个个体对民族共同体的爱，这使其产生宗教式的爱，进而将民族共同体看作尘世的天国。③民族教育是民族共同体的动力来源。费希特教育思想的特征在于推崇自然，培育哲学精神。在他看来，只要达成个人教育的目标，民族共同体的发展就会自然而然地发生。④民族共同体的终极目标是爱国主义。民族哲学提供了对永恒秩序的理性认知，这种理性认知是爱国主义的智力支持，使民众避免愚昧和盲目。民族宗教提供了对永恒秩序的无限热爱，国家就是尘世中的天国。民族教育则弥合了哲学与宗教之间的张力，其目标导向爱国主义。爱国替代了爱上帝，从而弥合了宗教与哲学的分裂。由此可见，费希特将哲学、宗教和教育三者完美融合于民族共同体的建构与筹划之中。

（二）哲学基础的本质差别：从批判哲学体系走向知识学体系

康德所谓批判哲学本质上讲是试图对人的理性能力（包括用来寻求知

识的思辨理性和用来付诸实践的实践理性）进行全方位的批判性考察，以期揭示出人类理性的来源、范围和界限等诸多方面的根本问题。艾伦·伍德认为："恪守苏格拉底的传统，批判哲学是一种关于人类自我知识的哲学。康德把'纯粹理性的批判'的任务说成是'（理性的）所有工作中最困难的工作，即自我认识的工作'。对于康德来说，这种自我知识采取了如是一种形式，即人的最高功能（理性）对这一功能本身的批判。这种批判被说成是一个'法庭'，其意图是要揭示出人类理性的'起源、范围和界限'。"① 具体来说，康德在《纯粹理性批判》中所要讨论的是人的认识能力问题，也就是知识论的问题，即如何才能建构起真正具有普遍必然性的知识。而在《道德形而上学的奠基》（1785）、《实践理性批判》（1788）中所讨论的是人的欲求能力，康德把它归于道德实践。康德认为，理性在实践方面的运用就是为人的欲求能力和人的意志颁布作为绝对命令的道德法则，即"理性自己为自己立法"。实践理性所颁布的是作为绝对命令的道德法则："要只按照你同时能够愿意它成为一个普遍法则的那个准则去行动。"② 在《道德形而上学的奠基》中，康德从三个层面阐述了道德法则的具体内涵和本质规定。第一个层面展现出道德律令作为具有普遍必然性的法则，即"要这样行动，就好像你的行为的准则应当通过你的意志成为普遍的自然法则似的"③。第二个层面立足于遵从道德律令的道德实践主体。"你要如此行动，即无论是你的人格中的人性，还是其他任何一个人的人格中的人性，你在任何时候都同时当作目的，绝不仅仅当作手段来使用。"④ 第三个层面则展现出基于理性存在者的意志是颁布普遍法则的自由意志，即"每一个理性存在者的意志都是一个普遍立法的意志"⑤。可见，康德的

---

① 〔美〕艾伦·伍德：《康德的道德宗教》，李科政译，中国人民大学出版社，2020，第1～2页。

② 〔德〕康德：《道德形而上学的奠基》（注释本），李秋零译注，中国人民大学出版社，2013，第40页。

③ 〔德〕康德：《道德形而上学的奠基》（注释本），李秋零译注，中国人民大学出版社，2013，第40页。

④ 〔德〕康德：《道德形而上学的奠基》（注释本），李秋零译注，中国人民大学出版社，2013，第49～50页。

⑤ 〔德〕康德：《道德形而上学的奠基》（注释本），李秋零译注，中国人民大学出版社，2013，第52页。

道德律令所关注的是作为普遍立法原则的普遍立法形式，即要求理性在实践中始终保持自身的逻辑一贯性与前后一致性。而这只能凭借理性的自律（理性自己为自己立法并一以贯之地始终遵循），而非一切形式的他律。这种理性自律从根本上摆脱了一切来自感性经验和外在条件与状况的限制和束缚，而只遵从理性自己为自己所颁布的道德法则。它所体现出的恰恰就是真正意义上的自由，从而真正落实了实践自由。

批判哲学的道德哲学是康德整个批判哲学体系的核心部分，而康德教育哲学植根并奠基于其批判哲学尤其是批判哲学的道德哲学。具体来说，体现在以下几个方面。①康德教育哲学本质上强调的是一种道德教育，并作为道德哲学在教育实践领域的具体延伸与拓展。它致力于使受教育者摒弃并克服感性自然偏好和自爱动机的影响，在不断的实践教育过程中培养对道德法则的敬重感，最终使其在不断接受教育的实践过程中无条件遵从道德法则，实现其自身的自由意志。因此，康德教育哲学本质上奠基于批判哲学的道德哲学。②康德教育哲学所朝向的终极目标是实现受教育者的纯粹意志自由和意志自律，以道德价值为取向全面发展人的自由禀赋。而这一目标指向正是对道德哲学根本主旨的具体实践。③康德教育哲学强调在具体教育实践过程中充分尊重受教育者的主体性，强调在具体的道德问答和道德修行中逐步培养并实现受教育者纯粹的道德自觉和意志自律。这不仅与批判哲学、道德哲学的理论旨趣根本一致，同时也与批判哲学高扬主体能动性的思想主旨完全吻合。

与康德教育哲学相区别，费希特教育哲学则是作为其知识学体系在实践方向上的必然延伸与合理拓展。费希特将自己的哲学称作"知识学"，并认为它有效填补了康德批判哲学中自然与自由、现象与本体、思辨理性与实践理性之间的鸿沟，从而构造出一个严密的科学体系。费希特认为，知识学作为一个严密的科学体系需要从一个具有自明性和确证性的最高出发点开始，而这个统一体系的出发点只能是自我。作为绝对的纯粹意识活动，费希特将其命名为本原行动。费希特在《全部知识学的基础》中主张将自我的本原行动视作一切知识和一切对象实在性的基础，试图凭借自我构建出一种绝对自我的"知识学"体系。对于费希特来说，绝对自我不仅是认识活动中作为认知主体的自我，同时也是具有实践能动性的行动着的自我，一切对象包括康德所设定的自在之物都是绝对自我所设定和给予的。费希特哲学立足于绝对自我的行动原则和设定原理，一切非我包括自我本身都是通过绝对自我设定并统一于绝对自我。正是自我的本原行动构造出知识学的三条基本原理。①作为正题的同一性原理（绝对无条件的原理）："自我原初就直截了当地设定它自己的存在。"① ②作为反题的反设原理（内容上有条件的原理）："相对于自我，直截了当地对设起来一个非我。"② ③作为合题的根据原理（形式上有条件的原理）："自我在自我之中与可分割的自我相对立，对设一个可分割的非我。"③

因此，对于费希特知识学体系来说，一切的一切无不来自绝对自我的生成、创造和设定。而在作为知识学的第三条原理的合题中，自我设定了一个可分割的非我与可分割的自我相互对立、彼此规定、互相限制。由此出发，费希特将在自我规定非我中规定非我的自我看作实践自我，而将在自我被非我规定中被非我规定的自我视为理论自我。关于前者的讨论就构成了实践知识学，而关于后者的考察就构成理论知识学。由此可见，费希特哲学从自我的最高原则出发构建起完整的知识学体系。以知识学为基础和原则，费希特建构起了包括法权哲学、伦理学、宗教哲学、历史哲学、教育哲学在内的实践知识学体系。也正是从知识学这一根基出发，费希特将教育的根本目标设定为通过建立理性王国并通过道德教育的方式实现自我的道德完善和社会的秩序完善。

从总体上看，一方面，费希特教育哲学植根于其知识学体系。作为知识学体系核心概念的绝对自我永恒追求独立个体与社会整体的不断完善，费希特将教育（涵盖知识教育、道德教育和宗教教育）视为实现这一目标的有效手段。另一方面，受其成长环境与时代背景的影响，费希特在其教育哲学理论指导下开展了一系列的教育实践活动。早年家庭教师的实践经历使他对教育本身拥有更深入的反思，后来在高校担任教学与领导职务使其对高等教育实践具有更深刻的认知。普法战争期间，晚年的费希特在德意志民族存亡的危急时刻主张只有实施全民教育，才能民族自救，也才有

---

① 〔德〕费希特：《费希特文集》（第1卷），梁志学编译，商务印书馆，2014，第507~508页。
② 〔德〕费希特：《费希特文集》（第1卷），梁志学编译，商务印书馆，2014，第514页。
③ 〔德〕费希特：《费希特文集》（第1卷），梁志学编译，商务印书馆，2014，第521页。

可能实现民族复兴。因此，费希特的教育哲学具有极其深刻的思想内涵，他从哲学思辨的角度将教育提升到自由的高度。费希特的教育实践对当时的德意志民族复兴和德国教育发展都产生了深远的影响，也为西方教育思想发展史开辟了新的起点和方向。

结　语

综上所述，从思想承继的层面上看，费希特教育哲学继承了康德哲学的同时又批判性地超越了康德哲学，深刻影响了德意志民族的教育与复兴进程，启发了后来的谢林、黑格尔、施莱尔马赫等人的教育理论与实践，成为德国唯心论哲学教育思想发展的重要转折。具体体现在：①费希特致力于在德意志推行国家主义教育，并试图借此实现德意志民族的全面复兴，不仅有力推动了近代德意志民族复兴的历史进程，也推进了近代德国教育理论与教育实践的深入发展。②费希特教育哲学对近代德国教育学家和教育改革产生了深远影响。一方面深刻影响了如洪堡、赫尔巴特等人的教育理论与实践，另一方面他在担任柏林大学校长期间所推行的一系列教学改革举措将柏林大学打造为真正意义上的现代大学之典范。例如，他在担任柏林大学校长期间大力发展如哲学这样的基础学科，注重对学生的专业培养和专业教育，创建以讨论和问答为基本方法的研讨班（seminar），深刻影响了近代德国与欧洲的高等教育，并为各国大学效法采用。

值得注意的是，尽管费希特教育哲学极力倡导民族教育和国民教育，但他绝非狭隘的民族主义者、国家主义乃至集权主义者。与之相反，"费希特是一位把爱国主义与世界主义、民族主义与民主主义集于一身的伟大思想家。坚定不移地走人类文明的康庄大道，既热爱自己的祖国，又坚持世界大同的理想，既反对狭隘的民族主义，又反对列强的霸权主义，这才是《对德意志民族的演讲》这部世界名著的真谛"①。

---

① 〔德〕费希特：《对德意志民族的演讲》，梁志学、沈真、李理译，商务印书馆，2010，中文版序言第 xxxvi ~ xxxvii 页。

论黑格尔《精神现象学》中自我意识发展的
内在逻辑动力

邓小丰[*]

内容提要 本文的主题是解读黑格尔《精神现象学》自我意识章的内在逻辑进展，表明自我意识是一个从低级到高级的必然过程，而这一必然过程的内在动力则是隐含在每个意识形态中的努斯精神。自我意识自身进展的最初的逻辑动力就是"欲望一般"。任何欲望都是个体为了活下去而产生的"冲动"，它构成了自我意识的逻辑进程最初的内在动力。在这种欲望冲动的无限进展中，自我意识进入第二阶段即生命本身。生命作为这一阶段的动力将自我意识推向了普遍性，体现为第三阶段的动力即"类"。类就把自我意识的逻辑动力从生物学的层次提升到了精神的层次，并进入了历史。在自我意识章呈现出自我意识对其他自我意识的独立与依赖、生死斗争以及由此形成的主奴关系和互相承认，按照个别、特殊和普遍的逻辑层次，最终为普遍理性的形成奠定了基础。

关键词 黑格尔 自我意识 逻辑结构 内在动力 《精神现象学》

在黑格尔那里，作为自我意识的意识形态是由意识阶段否定自身发展而来的，黑格尔在《精神哲学》中指出："意识的真理是自我意识……我知道对象是我的对象，因而我在对象里知道我。"[1] 这说明当意识意识到自身和对象具有相同的结构，因而它和对象的差别是一种不是差别的差别时，意识就是自我意识。这一过程是按照一种内在逻辑而呈现出来的。在《精神现象学》的自我意识章里，首先展示的是作为欲望的对象，即生命，如

---

* 邓小丰，华中科技大学哲学学院博士研究生，研究方向为德国古典哲学。

[1] 〔德〕黑格尔：《精神哲学》，杨祖陶译，人民出版社，2006，第219页。

何经过自身的过程而发展到类的。其次展示了自我意识如何从生死斗争发展到主奴关系，进而扬弃主奴关系之间的对立而过渡到具有普遍自我意识的斯多葛主义的。最后是展示在自我意识的自由阶段中，作为普遍的自我意识的斯多葛主义是如何经由怀疑主义最后发展到理性阶段的。这里展示的是一个从低级到高级、从幼稚到成熟、从外在到内在的必然过程，而这一必然过程的动力，则是隐含在每个意识形态中的能动的努斯精神。

一 自我意识中欲望的对象即生命向类的发展

1. 作为欲望的对象的生命

在前面"意识"阶段黑格尔讲到，虽然知性无法把握真正的无限性，而只把它看作自己解释对象的主观框架，但知性自身的运动过程却展示了意识从知性意识提升到自我意识的无限性的通道。当知性一旦意识到自己的对象其实不过是自己建立起来的，亦即对象的本质就是意识的内在本质，意识就从知性过渡到了自我意识。意识发展到自我意识阶段，我们就进入真理自家的王国了。① 我们现在可以在自我意识的范围之内认识外部世界了，而这种认识就是对外部世界的内在本质的认识。

对于自我意识而言，作为他物的差别已经被扬弃了，只有自我意识才是真正的本质，他物只不过处于现象的地位。正如杨祖陶先生指出的："黑格尔认为，自我意识是意识的真理，也是意识的根据。"② 在这里，对于自我意识而言，作为意识的对象的他物只是被当作一个有差别的存在的环节，而自我意识本身和这个有差别的环节的统一对自我意识而言就是第二个环节，也就是意识与意识自身的统一相联系。这相当于说他物作为自我意识的对象是第一个环节，而自我意识把他物加以否定并获得意识与意识自身的统一则是第二个环节。于是意识作为自我意识便拥有了一个双重的对象：一个是直接的知觉的对象，这个对象对于自我意识来说将会被否定，另一个就是自我意识自身，它相对而言是真实的本质。③ 所以作为自我意识的意

① 参见〔德〕黑格尔《精神现象学》（句读本），邓晓芒译，人民出版社，2017，第 110 页。
② 杨祖陶：《黑格尔〈精神哲学〉指要》，人民出版社，2018，第 81 页。
③ 〔德〕黑格尔：《精神现象学》（句读本），邓晓芒译，人民出版社，2017，第 111 页。

识就通过消灭外部的带有否定特性的对象来证实自己。在这种意义上，自我意识就是"欲望一般"，亦即把对象据为己有的冲动，自我意识由此而获得了自己的实在性，而不再是费希特那种"我＝我"的抽象自由了。这里其实已经点明了自我意识自身进展的最初的逻辑动力就是"欲望一般"，就是说，它不是这个或那个欲望，而是总的欲望，这就是对"生命"的欲望。个体的任何欲望最终都是为了保存自己的生命，是个体为了活下去而自发产生的"冲动"。"自我意识在其直接性中是单个东西和欲望"，它在自我意识发展的第一阶段上表现出来的形式就是"冲动"，也就是自我意识与其对象的矛盾以及对这一矛盾的克服。① 正是这种冲动，构成了自我意识的逻辑进程最初的内在动力，如邓晓芒说的："自我意识是欲望一般。这是有一种必然性的，就是自我意识必然会把这种现象看作是与自己统一的。既然看作是与自身统一的，它就不会仅仅停留于旁观，把这个现象永远摆在那里，不去触动它，而是会采取一种实践的态度，就是把它拿过来为己所用，这就是欲望。"② 黑格尔认为，欲望的满足和一再地被重新激发而要求客观化的满足，这样的过程"从来没有绝对地达到它的目标，而只是导致无限进展"③。而这种无限进展就是生命本身。

2. 生命向类的发展的逻辑结构

可见，作为欲望的自我意识本身必然形成生命，这是由欲望本身的冲动性质所决定的，具有不可阻止的逻辑必然性。但生命作为欲望一般、对欲望的欲望，在推动自我意识的逻辑进程中是第二阶段的动力，比单纯一次性的欲望更高级，它已经不是偶然呈现的动力，而是持续性的无限动力，因此将自我意识推向了普遍性。这种普遍性就体现为"类"。可以说，是生命按照同一个逻辑必然性在推动着向"类"的进展，在"类"这里生命开始呈现为一个直接性的、动态的逻辑结构。④ 我们现在来分析一下这个结构。

在黑格尔《精神现象学》中提到的自我意识阶段，原来的知性意识的

① 〔德〕黑格尔：《精神哲学》，杨祖陶译，人民出版社，2006，第222页。
② 邓晓芒：《黑格尔〈精神现象学〉句读》（第三卷），人民出版社，2016，第29页。
③ 〔德〕黑格尔：《精神哲学》，杨祖陶译，人民出版社，2006，第225页。
④ 按照邓晓芒的说法，这就是努斯精神的冲动在为自己开辟着逻各斯的道路，参见邓晓芒《思辨的张力——黑格尔辩证法新探》，商务印书馆，2008，第634~635页。

对象就变成了生命。因为，在自我意识阶段知性的对象成了无限性的对象，亦即对象现在是与自我意识同构的、具有无限性的对象，而具有无限性结构的、返回自身的对象就是生命。原来在知性阶段的意识和对象之间的关系通过作为欲望的自我意识否定外部对象的方式就变成欲望与欲望的对象的关系；于是知性与事物的内在东西的关系的一般结果就是对不能区别的东西作出区别或者是使有区别的东西实现统一。① 这种作为欲望的自我意识在反思中看到，原来与意识对立的对象成了意识本身在现实中得以存在的养料，它既与我不同，又作为我本身的一个环节而与我同一。欲望的冲动在自我意识的逻辑进程中是最原始形态的动力。

而这一进程一旦展开则表明，在这里对象本质上就是生命，因为面对每个具体的欲望对象，我吃掉它、用掉它，所维持的乃是自我的生命。但在欲望的对象被自我据为己有这一过程中，不仅意识在对象上返回到了自身，而且对象也返回到了自己的生命。但当欲望消耗掉对象之后，作为欲望的自我意识还会产生它的欲望的对象，这就是一个永远无法满足的恶无限的过程。要使欲望的自我意识获得满足，就必须让对象自己否定自己，这也就是类的形成的真正动力。生命是通过内在于自身的、自身环节的运动而成为类的。这就是说，从生命到类的进展的必然性内在于生命自身，亦即这一进展不是被任何外在的力量推动的。内在于生命的、生命自身的第一个环节是对生命体之区别自在之所是的东西的压制，亦即生命通过压制自身的流动性而使自己作为单一的个体持存。第二个环节则是与第一个环节正相对的使那种持存存在的环节服从区别的无限性，亦即生命使自身的持存的环节服从于自身本源的流动性。这两个环节就是生命个体的单一性和生命个体向其他生命流动的普遍性和无限性，亦即前者是生命的独立性和单一性，后者则是生命与对象相矛盾的纠缠过程。可以看到这两个生命的环节是内在关联在一起而共同构成了生命本身的统一性的，这种统一性就是类。

黑格尔是通过自我的独立形态与生命过程这两个环节发展出类的概念来的。那持存着的形态作为无限实体也就是有机体，它面对着作为无机物

---

① 参见〔德〕黑格尔《精神现象学》（句读本），邓晓芒译，人民出版社，2017，第111页。

的普遍的实体，它通过消耗无机物来保持自己。黑格尔指出，在第一个环节中的是持存着的形态，它站出来反对无机的自然，通过消耗这种无机自然而维持有机生命。① 换一句话说即是"主体拒绝了那些不是自己自然本性的刺激，把自身中也有的外在性迎进来了，而这其实就是走到了外在的客体中间去……宣布它们是自己的"②。生命在这种无机物作为媒介的环境中静默地展开它的各个环节，这也就是有机体的发展过程。因此，真正说来，这种作为个体性的有机体是通过牺牲作为普遍性的无机物而获得一种与它自身的统一。普遍性对应于无机物。笔者认为我们有必要从概念的规定上追问一下为何无机物具有普遍性的含义。黑格尔《逻辑学》中概念论的普遍性、特殊性、个别性分别对应着自在、自为、自在自为，而无机物就是自在的有机物。同时在亚里士多德那里，潜在（自在）和现实分别对应着质料和形式，所以无机物就是潜在具有普遍性含义的质料。基于个体性和无机自然的内在相关性，黑格尔进一步指出个体性与它自身的统一就是诸差别的流动性，这里的"统一"就是个体的持存性和实体性。这种统一性现在恰恰是各种差别的流动性，当然包括生命的繁衍过程，只有在这个生生不息的繁衍过程中，生命才真正是无限的。有限的个体性被扬弃了，它不再是一个孤立的个体，而是已经消融于生命的无限的流动之中。但这个过程不是别的，就是个体持存的相继创获，在这消融中会不断地产生出个体来，即生命的繁衍。因而，生命的实体性就是把它自身分裂成诸形态，同时就是对这些持存着的区别的消融；而对分裂的这种消融也同样是分裂活动。"单纯的实体性"扬弃自身，"独立性"向"流动性"发展，这就是个体的"自我分裂"。但通过这一分裂活动，所达到的正是持存着的个体的创生。最典型的例子就是一个个体和另一个个体在两性的关系中繁衍生命，这繁衍出来的生命个体恰恰是生命个体的分裂活动的产物，个体在自己的活动中返回了自身。正是由于这一点，整个运动的两个方面就相互交融起来了，这就是说那在普遍媒介中静止地分化出来的构形与生命过程就相互交融起来了。只有到了这里，前面所说的持存着的形态和生命的过程这两个环节才合二为一了。黑格尔说的扬弃个别形态的过程即是个体生命自我

---

① 参见〔德〕黑格尔《精神现象学》（句读本），邓晓芒译，人民出版社，2017，第112页。
② 彭超：《黑格尔主观逻辑概念的自身中介》，《德国哲学》2022年第1期，第162~182页。

繁衍的过程，也就是生命繁衍之流，但同时它也是个别形态自身的形成过程或持存过程，反过来讲，个别形态的形成过程也恰恰就是对个别形态的扬弃过程，因而持存着的个别形态和生命的流动过程就合二为一了。

3. 类的分化与关联：自我意识概念的完成

以上两个环节的统一就是生命的类，而"生命……是自身发展着的……并且在这种运动中单纯维持着自身的整体"①。在这里，单纯的流动性不过是一种抽象，它一定要有空间的形态，而这个生命的展开或繁衍生息的过程，实际上也就是单个的生命和族群的生命相统一的过程。黑格尔认为，生命的整个圆圈式的途程既不是生命在空间的整体，也不是指生命的分离的各部分，也不是指单纯的流逝过程，更不是这上面的几个简单环节的聚集。它的实质是单个生命在展开自己的后代，并把后代都归结为单个生命之继承所形成的整体，这就是类。在这里，个体形态和生命的繁衍过程的合二为一就是把生命看作自我同一和自我差异的统一。黑格尔论述形态和生命的过程的合二为一就是为了引出生命的类这个概念。黑格尔整个自我意识章导论部分就是在论述是如何由单个的生命发展到类的。只有把生命从个体发展到类的过程讲明白，才能进一步展开从个别欲望的自我意识发展到普遍的自我意识，即对类的意识的过程。生命就是欲望一般，而不是个别的欲望；类就是无限的生命，而不是个体有限的生命；因此，类就把自我意识的逻辑动力从生物学的层次提升到了精神的层次，也就是提升到了自我意识的社会关系的层次。在这个"作为自我意识的类"中，"自我意识只有在另一个自我意识里才得到它的满足"，以至于"我就是我们，我们就是我"。② 因此，类作为精神的欲望、精神的生命，就是自我意识在社会关系中不断发展和上升的内在动力。

在这里，从生命到类的发展逻辑也是按照普遍性、特殊性、个别性的方式发展的。单个的生命是抽象的，还没有得到展开，这时是普遍性，而当生命展开或者繁衍开来有了自己的子孙后代，这时生命与子孙后代之间存在着相应的对立，这就是特殊性，当繁衍开来的子孙后代返回到单个的生命之时，对于生命的类来说就是具体的个别性。正如黑格尔的《小逻辑》

---

① 〔德〕黑格尔：《精神现象学》（句读本），邓晓芒译，人民出版社，2017，第113页。
② 〔德〕黑格尔：《精神现象学》（句读本），邓晓芒译，人民出版社，2017，第115页。

中说的，首先"有生命的个体……它现在就成为潜在的族类……判断就是
'族类'与这些彼此对立的特定'个体'的相互关系。这就是性的差别"①。
这里特别提到性的差别，两性的不同表明了每个个体都是指向与异性结合
的类的个体，每个个体生命都具有一种繁衍子孙、形成族类的使命。"族
类"的发展使作为直接的理念的生命被设定为类的自为存在。族类由此分
裂成两方面：一方面，先前被假定为生命个体，现在就作为一个被它的族
类群体产生的东西而出现；但另一方面，有生命的个体与族类处于否定的
关系中，沉没在这个族类中。② 当个体展开其生命的繁衍，向着类发展，它
就沉没在"类"之中了，也就是生命个体返回到类，在此个体性反而显不
出来了。个体生命不过是向着类发展的手段，它体现在类的发展过程中。
但显而易见，由这样的个体所构成的类是无精神的、不自由的类，这样的
类与构成它的个体处于一种外在关系之中，这就是动物的族类。但这并不
是终点。根据《小逻辑》所阐述的发展过程，我们可以知道，在接下来的
进展中，生命理念达到了它的真理性，从而作为自由的族类为自己本身而
实存。在这里，直接的个体生命的死亡就是精神的前进，③ 亦即族类扬弃个
体生命于自身，同时族类也促进族类的发展，这就是类的真无限。与《精
神现象学》中相应的生命阶段相比，这里是从逻辑学的角度以"理念"的
名义来阐发生命的逻辑结构的，所以逻辑学不是从生命和类过渡到现实中
人与人的关系（主奴关系等），而是过渡到认识的理念。但类也好，认识也
好，背后的内在动力都是生命。

对于从生命发展到类的内在逻辑，黑格尔论述道，生命通过从最初的
直接的统一走出来，经过构形和过程的统一就形成了真正的类。就是说，
这个经过反思的统一与那最初的统一是不同的，④ 它实际上是把个体包含在
自身之中的作为类和个体的统一的真正的、具体的类，亦即它不是一个抽
象的孤立的个体，而是一个体现着类的全部特性的个体；也不是一个抽象
的共相，其中显不出个体来，而是一个拥有丰富个性的典型形象。这种个

---

① 〔德〕黑格尔：《小逻辑》，贺麟译，商务印书馆，2009，第 408 页。
② 参见〔德〕黑格尔《小逻辑》，贺麟译，商务印书馆，2009，第 408 页。
③ 参见〔德〕黑格尔《小逻辑》，贺麟译，商务印书馆，2009，第 409 页。
④ 参见〔德〕黑格尔《精神现象学》（句读本），邓晓芒译，人民出版社，2017，第 115 页。

体和类的关系如王天成所说，就是"一方面，'类'总是通过个体来显现的，不会有没有个体的'类'……但另一方面，特殊而有限的个体之真理或共相又是普遍的和无限的'类'"①。这和《小逻辑》中所讲的类与个体的关系是一回事，只是讲的角度不同而已，一个是讲类与生命的关系，另一个是讲逻辑理念的类的运动过程。

精神该如何否定单个的生命从而发展到类的层次呢？前面我们提及作为欲望的自我意识，当它消灭它的对象时，确实暂时获得了对自己的确证。可是，自我意识不可能凭借它的否定性联系而真正扬弃对象，而是会一而再再而三地产生出新的对象，正像它会不断产生出新的欲望一样。这就说明要达到真理性不能仅仅是消灭对象，因为这会导致再次产生对象，而永远陷入一个恶无限的过程中。在欲望的实现过程中所要达到的自己本身的确定性，其实只有通过扬弃而不是单纯地消灭或否定对象才能达到。但同时我们又要否定对象才能获得真理。要满足这两个条件，就只有让对象自己否定自己。虽然否定生命有几种可能性，但是这个把否定作为自身的绝对否定的独立自然，就是作为自我意识的类。既然自我意识得到它的满足只在一个另外的自我意识里才有可能，这就说明生命形成的类还只是生物学上的类，而并没有达到类的自我意识；单个自我意识的欲望只有在与另一个自我意识的关系中，也就是在社会关系中，才成为"作为类的类"，它超越了欲望和对象的关系，而达到了人和人的关系。所以，要让单个的生命自否定从而达到类的层次，只有通过与另一个自我意识建立起族类关系才能实现，也就是通过作为类的类才能实现。

黑格尔认为自我意识有三个环节，由此所达到的最终是自我意识的"精神"的概念，即自我意识概念的完成。这三个环节如下：①最初自我意识只是意识的最抽象最直接的对象"我"；②但它作为绝对的中介而与对象相关，扬弃对象满足欲望，克服抽象的自身等同而赋予自身以确定性；③但这种确定性的真理却在于和另一个自我意识的关系中，它们互为对象同时又各自独立。② 这三个环节是对单个的自我意识借助于与对象的关系而

---

① 王天成、邵斯宇：《生命的辩证性与辩证法》，载王天成《形而上学、理性与辩证法》，中国社会科学出版社，2018，第304页。

② 参见〔德〕黑格尔《精神现象学》（句读本），邓晓芒译，人民出版社，2017，第115页。

发展到各个自我意识之间的关系的过程的概括，最终在各个自我意识相互关系中达到了作为普遍精神的自我意识，即自我意识的自由。在这一层次上，自我意识才超出欲望和生命，而开始考虑精神的问题。在各个自我意识的相互关系中主要包含两个问题，一个是与其他自我意识的精神关系问题即独立与依赖，另一个则是自身的精神问题即自由。

二 自我意识的独立与依赖：从自我意识的单一性上升到自我意识的共相

单个的自我意识与它的对象之间的关系发展到自我意识之间的相互关系（斗争或承认），这已经不再是生命和欲望的问题，而是精神问题了。或者说"黑格尔对承认过程的讨论显示，个人如何进入社会以及他们如何通过他们的关系成为明确的和自我意识的个人"①，在这里，一开始，自我意识独立基于欲望，另一个自我意识在它看来等同于一个欲望的对象，这时"自我意识就是把对方看作就是自己，自我意识的对象就是自我，就是一个有意识的东西。有意识的东西就是人，所以对方就是人。自我意识的第一个阶段，它要求主客观的统一的时候，就是自我，主体，人这一方，把对方，客体杀掉，吃掉，以满足自己的欲望"②。但其实这已经不是简单的欲望。因为一般欲望不分人和动物，一律"杀掉""吃掉"，而这里却是针对另一个自我意识的。自我意识把自己的欲望覆盖于另一个自我意识身上，这就不能单用欲望来解释了。不过如果要追溯这一提升的内在动力，仍然要追溯到最初的欲望上来，只是这个欲望这时已经具有了人际关系的精神的性质。随着自我意识层次的提升，它的内在动力也在提升，或者说，正是内在动力的提升使自我意识的层次提升。

但毕竟，到了类意识阶段，前面的欲望与生命的关系变成了一个自我意识与另一个自我意识之间的关系，即一种超脱直接欲望之上的"精神"关系。所以对立的自我意识之间的关系比欲望与生命之间的关系高一个层

---

① John Burbidge，*Language and Recognition. Method and Speculation in Hegel's Phenomenology*，New Jersey：Humanities Press Inc.，1982，p. 90.
② 张世英：《黑格尔哲学五讲》，文化艺术出版社，2018，第271页。

次。对立的自我意识中的任何一方"杀死"对方乃是为了确证自己，而不仅仅是满足自己生命的需要。但这种精神上的需要仍然可以看作一种高级的欲望，这里的结构与作为直接欲望的自我意识的结构在逻辑上是一致的，两者之间的区别在于层次上的不同。至于在欲望中的情况，黑格尔在《精神哲学》中指出："自我意识在其直接性中是欲望，即其应当是具有一个外在客观的抽象性并且应当是主观的那种直接性的矛盾。对于从意识的扬弃中的自身确定性来说客体被规定为一个不重要的东西，而对于自我意识与客体的联系来说，它的抽象的观念性同样被规定为一个并不重要的东西。"① 自我意识作为欲望，只是一种对于普遍性的尚未发展的、抽象的规定。此时自我必须通过扬弃外部对象而赋予自身以客观性和具体性，亦即扬弃自身的抽象的观念性。但在类意识阶段，自我意识不再把欲望的对象看作仅仅是一个外在的客体，而是看作和自己一样的自我意识。这就有了一种可能，即自我不再把这个对象仅仅视为欲望的对象，而是视为可能的奴役的对象。由此而诞生了自我意识的独立与依赖的形态。这一更高的层次就是精神。

至此，前面所述的从生命发展到类的整个过程的真正之所是也就清晰地呈现了出来。也就是说，类并不是为了追求直接欲望的满足才形成的，而是当个体发现自己的普遍性和无限性后，他当然要求将他人视为自己的"同类"，这是更高层次的欲望，是作为精神的自我意识的内在的发展动力。为此才必须争取互相承认，生死斗争和主奴关系都是因此而发生的，由此而将生命的层次也从动物性的生命提升到了精神的生命，以死相拼不再是只为了欲望（食欲、性欲等），而是为了承认。正如 Russon 所说，"这个对承认的渴望是驱使我们的同一性发展的基本必要的事，并且精神现象学的主体就是致力于描述这个发展"②。而这一发展的内在动力就是提升到精神层次的欲望、生命和类。

在这里，纯粹的自我意识就表明自身和生命具有同等的重要性，这样就从自我意识之间的相互斗争过渡到主奴关系。因为"一个人或者两个人

---

① 参见〔德〕黑格尔《精神哲学》，杨祖陶译，人民出版社，2006，第222页。
② John Russon, *The Project of Hegel's Phenomenology of Spirit: A Companion to Hegel*, Cambridge: Blackwell Publishing Ltd, 2011, p. 57.

都被杀死的决斗是一种对于自我死亡终结的道路，而需要的决斗必须有两个幸存者"①。对于那些亲身经历这场生死斗争的人来说，被杀的人无法获得别人的承认。"如果胜者为了获得承认，就不能杀死自己征服的敌人，并且如果他为了保证自己将来不受攻击，就不能给予敌人自由，那么他就别无选择：胜者必须奴役敌人，使其服从自己的要求。"② 生死斗争的结果就是生死斗争这个中间环节消失，而转变为僵死的统一体了。在黑格尔的哲学中，中项就是对两端的统一，而僵死的统一体就是一种制度，即奴隶制度，这时候也就形成了主奴关系。在这种关系中，主人作为生死斗争的胜利者是独立的、自为存在的意识，而奴隶作为生死斗争的失败者是依赖他者的、为主人而存在的意识。这时候主人和奴隶的关系都还只是处于片面的状态，他们互相之间还只是一种抽象的否定，亦即主奴关系是自我意识不平等的相互承认，主人是用奴隶的生命来加强自己的生命，奴隶则是因害怕死亡而认可这种关系，以维持自己的生命。可见，支配双方的都是对生命的欲望。双方都还需要扬弃自身的这种状态才能达到真正的相互承认的普遍的自我意识，这就必须提升到类的意识。

现在我们看到的是，只要生死斗争的结果不是同归于尽或一方吃掉另一方，而是建立起主奴关系（这要以类意识为前提），就已经是两个自我意识的互相承认了，否则主奴关系就是一种人和动物的关系，但实际上主奴关系与人和动物的关系还是有本质的区别的，它是一种相互承认的精神关系。虽然主奴关系蕴含的是"一种片面的和不平等的承认"③，但还是相当温和的（奴隶往往被视为主人的家人）。后来奴隶制国家中的主奴斗争不是为了争取承认，而是为了争取平等的承认。"在精神现象学中，主奴辩证法只是一系列相似辩证法中的一个，其中承认的观念起到了主要作用。"④ 主人与奴隶的关系是相对的，他们之间的关系是统治与被统治的关系。

---

① Peter Preuss, "Selfhood and the Battle: the Second Beginning of the Phenomenology", in *Method and Speculation in Hegel's Phenomenology*, New Jersey: Humanities Press Inc. , 1982, p. 81.

② Beiser, Frederick, *Hegel*, New York and London: Routledge, 2005, p. 188.

③ 〔德〕黑格尔：《精神现象学》（句读本），邓晓芒译，人民出版社，2017，第121页。

④ Paul Redding, "The Independence and Dependence of Self-Consciousness: The Dialectic of Lord and Bondsman in Hegel's Phenomenology Spirit", in *The New Cambridge Companion to Hegel and Nineteenth-Century Philosophy*, Cambridge: Cambridge University Press, 2008, p. 109.

从主人的角度来说，他通过奴隶而获得享受的对象。可以看到，在主人与奴隶之间有两个要素中介着。一个是主人对奴隶的直接支配关系，他对奴隶有着生杀予夺之权；另一个是主人通过支配奴隶而间接与物发生关联、奴隶作为一般的自我意识对物发生否定的联系并对之加以扬弃，亦即奴隶通过劳动对物进行改造，使之成为可供主人享受的对象。主人正是通过自身所拥有的生杀予夺的权力来控制奴隶的，但因为奴隶是主人的财产，如果主人把自己的奴隶都杀死了，他就成了穷光蛋，甚至会饿死，所以为了自己的生命欲望，他就不得不给予奴隶一定的承认，这就是主人之所以为主人的原因。

从奴隶方面来讲，奴隶的本质是与物相关联的。奴隶不是独立的，他被主人统治着，为了自己的生命欲望不被剥夺，被迫从事改造独立于他面前的事物，但他并不能够占有事物。这就是说，"主人与他所消费的事物之间的关系是通过奴隶来建立的——奴隶必须在主人享受事物之前对其进行工作——主人能够完成对欲望所努力的事物的完全否定，却是以一种更令人满意的方式"①。不过"黑格尔对奴隶的描述在思想史的记载中是独特的，他的企图是说明奴隶不是来自天性或者上帝，也不是机遇，而是恰好来自自我意识的结构"②。因为黑格尔是从精神的逻辑层次来分析主奴关系的，促成这一关系的欲望和生命都是作为逻辑动力而发生作用的。

在主奴关系中，奴隶是非主导的一方，他要加工对象，又要依赖主人。奴隶放弃了自己的自为存在，奴隶的劳动并不是为了满足自己的欲望而是为了满足主人的欲望，因而也是对自己生活的分离和对主人生活的保障，他做的是主人要他做的事情。

但因为主人在实现自己的欲望时，并不是直接得到享受的事物，而是依赖奴隶才得到的，所以主人由于他的依赖性，恰恰就表明主人是奴隶的奴隶，而奴隶则是主人的主人。因此，正如主人表明他的本质就是他想要是的东西的颠倒，也就是奴隶，那么同样，奴隶在实现自身的过程中成为

---

① Frederick Neuhouser, "Desire, Recognition, and the Relation between Bondsman and Lord", in *The Blackwell Guide to Hegel's Phenomenology of Spirit*, Cambridge: Blackwell Publishing Ltd, 2009, p. 50.

② Steven B. Smith, "Hegel on slavery and Domination", *Review of Metaphysics*, Vol. 46, 1992, pp. 97 – 124.

他真正所是的东西的反面，也就是主人。欲望和生命在自我意识的运动中推动着主奴关系发生了颠倒，可见这种动力不是那种机械性的推动力，而是一种辩证转化的动力。

奴隶由此会转化成为真正的独立性存在，但他是如何成为独立性存在的呢？实际上，奴隶作为自我意识本来就包含自为存在的真理在自身之内，他之所以失去了他的自为存在，原因在于主人掌控着生杀大权，从而使得他不能也不敢使用他自己的自为存在和独立性。"使他内心充满极度强烈恐惧的是如下事实：他直接地与死亡照面，预想到自己现在就要思考，现在就要化为虚无。换言之，他所恐惧的是这样一个想法，他觉得自己现在就是某种虚无的东西。"①这就是说，恐惧使奴隶遗忘或丧失了他的自为存在。奴隶只有在劳动的时候，也就是在给事物赋形的时候，才能重新发现他自己的自为存在。因为奴隶在自己的劳动成果中所直观到的，不是别的，就是自己的自为存在。这时奴隶的自为存在返回到了自己。而主人则只是直接地享受劳动产品，依赖奴隶获得一种转瞬即逝的满足感。也就是说，主人在享受的时候看不到自己的自为存在的改造事物的力量，与之相反，奴隶在劳动的过程中则达到了对自己本身的独立的自为存在的直观。在这里，黑格尔明确指出，恐惧和赋形的教养，这两者对于奴隶返回到他的自为存在是很有必要的。一方面，如果奴隶没有在给对象赋形中受到教养，则他的恐惧只停留在内心里、处于沉默之中，如此这种自为存在的意识也不会变成在意识中为奴隶自己的。但另一方面，假如没有当初的绝对的恐惧，奴隶的意识就要赋形，那么这种赋形活动及其成果就会像动物那样只具有虚浮的固有含义，而没有精神的自我意识的含义；因为它的形式并不是那种自在的否定性，因而奴隶的赋形并不能给予意识以它就是本质的意识。但经过主奴关系的颠倒，当奴隶返回到自己的自为存在时，主人和奴隶的区别以及这两者各自所具有的片面性就都被扬弃了，由此就形成了一个新的更高的意识形态，亦即斯多葛主义。斯多葛主义主张"不再试图控制外部事件，而是集中精力，在各种遭遇面前，保持一种内心的平静。斯多葛

---

① 〔英〕霍尔盖特：《黑格尔导论：自由、真理与历史》，丁三东译，商务印书馆，2017，第111页。

主义对主人和奴隶都持有消极的态度"①。这时自我意识就达到了具有普遍性的承认，这才是一种"真正的承认"。②

整个自我意识从欲望经由主奴关系到相互平等承认的自我意识也是按照普遍性、特殊性、个别性的逻辑发展的。首先，欲望的自我意识只是一种抽象的自我意识，因为这时根本就没有取得相互承认的状态，而只是一种潜在的承认状态，亦即自在的状态，这就是普遍性。其次，当达到主奴关系时，主人和奴隶之间的关系相对于欲望的自我意识而言就是一种不完备的相互承认的自我意识状态，在这里自我意识是以对立和否定的方式相互承认，这就是特殊性。最后，主人和奴隶分别扬弃他们各自的片面性上升到具体的普遍的自我意识，被称为"人格"，这就是个别性。在《精神哲学》的相关章节中，黑格尔对此有看起来与这里所揭示的结构相反的论述，其中指出，为了达到这个目标，自我意识必须经历三个发展阶段：

——第一阶段就是欲望的自我意识；

——第二个阶段是两者之间承认的过程。里面出现了一种个别性和普遍性的联合；

——第三个阶段是普遍的自我意识。③

显然，这里的三个发展阶段被表述为个别性—特殊性—普遍性。这两种截然不同的划分方式表明，随着观察视角的不同，当我们从过程形式上的逻辑层次来看时，用普遍—特殊—个别来概括是恰当的；但如果从过程中的内在动力来看，则以个别—特殊—普遍来概括似乎更为贴切。两种视角的结合暗合了邓晓芒分析黑格尔辩证法时所总结出来的努斯精神和逻各斯精神的对立统一这一理论模式。④ 所以，在黑格尔这里，我们不能把普遍性—特殊性—个别性当作简单化的固定公式，而是当作随着意识层次的提高而依次呈现出不同的复杂形式。就这三个环节而言，欲望本身既是普遍性的，也是个别性的；主奴双方都既有普遍性又有特殊性；普遍自我意识则更是普遍地凝聚为个别的人格，而且只有普遍的自我意识才能形成个体

① J. M. Fritnman, *Hegel*, Cambridge: Polity Press, 2014, p. 63.
② 〔德〕黑格尔：《精神现象学》（句读本），邓晓芒译，人民出版社，2017，第121页。
③ 参见〔德〕黑格尔《精神哲学》，杨祖陶译，人民出版社，2006，第221~222页。
④ 参见邓晓芒《思辨的张力——黑格尔辩证法新探》，商务印书馆，2008，第634页。

人格。但不管哪种方式，自我意识的这种逻辑进展后面的推动力都是欲望、生命和类。

三　自我意识的自由：从片面的普遍的自我意识上升到作为全体的理性

在黑格尔那里，斯多葛主义意味着普遍的自我意识，即"自我意识的高级形式，就是自由，就是……自觉地摆脱那些外在东西的统治……真正做到自我与自身的统一"①。可见自我意识的自由的第一阶段就是斯多葛主义。那么，主奴关系在实际状况中是如何过渡到斯多葛主义的呢？在主奴关系中，首先，对独立的自我意识（主人）来说，只有自我的纯粹抽象才是他的本质。其次，当这个抽象在自己给自己做出区别时，这种区别并不对它构成客观的自在存在着的本质，②即一方面，主人并不像奴隶一样，能够在劳动过程中客观化他自己的主观观念，而是坚持自我的纯粹抽象的独立性；另一方面，奴隶却可以给对象赋形并且以被陶铸的事物的形式为对象，只是他此刻还没有自为存在，因为他的自为存在都在主人身上。这就是说，在这里奴隶的自为存在在劳动中返回自身这一状况只是对作为旁观者的"我们"而言的，或者说它只是自在的发生的，而奴隶自身则并没有自为地意识到这一点，对他来说他的自为存在还是在主人那里。而到了自我意识的自由阶段，事物的赋形和奴隶的自为存在对我们而言，或者就它本身而言，都是一样，并且被看成自在存在的被赋形的事物同样是意识所造成的，这种被赋形的自在存在也就是概念或者范畴，亦即因为奴隶直接从事物中看到它的关于意识的东西，所以赋形的自在存在就是一种意识的形式，因而是概念或者范畴。于是出现了一种自身作为无限性而成为本质的意识，它就是自由的自我意识。③这就是斯多葛主义的意识形态。

斯多葛主义就是在奴隶意识的自否定中产生出来的。奴隶通过赋形活动及其成果，亦即被赋形的事物，把自己的自为存在从主人身上收了回来，

① 张君平：《黑格尔人学思想研究》，知识产权出版社，2015，第94页。
② 参见〔德〕黑格尔《精神现象学》（句读本），邓晓芒译，人民出版社，2017，第124页。
③ 参见〔德〕黑格尔《精神现象学》（句读本），邓晓芒译，人民出版社，2017，第124页。

而这同时也就是作为自在存在的事物之被收回到自我。现在事物本质上是作为概念而存在的，它不是外在的他物，而是自我意识的一个规定。因此，在斯多葛主义的规定中，必须记住的是：它的对象是自在存在与自为存在的直接统一。① 在这里自在存在是奴隶意识的那一方面，因为奴隶具有自在存在的特征，而自为存在是主人意识的那一方面，但自为存在的那一方面奴隶也已经从主人那里收回来了，因为奴隶从自己的欲望和生命中看到了类的普遍性，凭借这个类的普遍性他开始超越了自己作为奴隶身份的特殊性，并在此基础上建立起了自己的个体性的普遍人格。

斯多葛主义就是扬弃了自为存在的主人和自在存在的奴隶两个方面的片面性而将他们包含在自身之中的意识形态，奴隶开始借助于自己的人格而成为自己的主人。所以斯多葛主义具有自在存在的意义，也就是客观的普遍的意义，它后来在不幸的意识中就是不变的意识的那一面。这种普遍的自我意识就是人格，而"所谓'人格'，就是每个个体中的普遍性"，并且"感性的外部世界对于人格来说没有关系"。② 也可以说人格就是人的共相。斯多葛主义是一种抽象的意识，因为它作为普遍人格与感性的外部世界是毫不相关的。对斯多葛主义这种意识来说，只有它的具有普遍性的人格是本质的东西，而外部世界及其内容则是非本质的。倒不如说在斯多葛主义看来，正是在对外部世界的漠然视之和无条件的忍受中，它的人格的普遍性和纯粹性才得以确保。这样斯多葛主义就脱离了现实世界的内容而成了一种无内容的抽象普遍性。

但斯多葛主义必然由于自身的抽象性而向着怀疑主义发展，因为在这里：生命表现在外部对象上的情况现在缩小成为在思想的纯粹运动中的简单运动，这种思维摆脱了一切依赖关系，成为自由的思想；但这种自由在现实生活中不可能实现，只能处处碰壁，从而导致怀疑主义。斯多葛主义的自由不是主观任性，主观任性执着于个别的事物，因而还处于奴隶的意识之内，而斯多葛主义是从奴隶意识中超脱出来，返回到思想的纯粹普遍性。黑格尔在《哲学史讲演录》中明确指出："在这个极其抽象的原则里……对一切特殊的享

---

① 参见〔德〕黑格尔《精神现象学》（句读本），邓晓芒译，人民出版社，2017，第 125 页。
② 邓晓芒：《古希腊罗马哲学讲演录》，世界图书出版公司，2007，第 184 页。

乐、爱好、情欲、兴趣漠不关心。"① 不过斯多葛主义的自由"仅仅是一种思想上的自由"②，因为"斯多葛主义偏于'同'而没有很好地处理与'异'的关系，这导致它偏于普遍性而忽略了多样性"③。斯多葛主义从它的外部对象中返回到它自身，它所获得的只是一个抽象的本质，其实并没有生活的充实的内容，而思维本来应该把活生生的世界理解为一个思想体系，亦即如同黑格尔那样把整个生活的世界理解为一个思想体系。④ 可是这里思维却没有自己本身的内容，而只有被给予的内容。这就是说作为抽象的自由的斯多葛主义，只是对外部对象的不完全的否定，亦即仅仅退回到自身而并未想对定在有现实的行动，它的实质就是肯定自己的个人自由而对外部对象加以忍受而已，但这恰恰说明斯多葛主义的自我是不充分的，亦即它必然要面对外部对象。既要面对外部对象，又要坚持内心的自由，这就是怀疑主义。怀疑主义是内心自由在外部对象中找不到归宿而导致的，它的产生起于个别的欲望和生命对普遍的类的反抗。当类的逻辑动力孤军突进，把自我意识提升到普遍人格的层次时，就在逻辑上定格下来了，却忽视了它由之产生的欲望和生命。

但怀疑主义由于执着于内心自由的欲望和生命而排斥了客观普遍的确定性，它就处于与外部对象永无休止的冲突中。正因为怀疑主义对待自己的对象的这种矛盾性，所以它也必然会向着不幸的意识的方向发展。因为怀疑主义就是把思想的否定性发挥出来，向着他者而实施否定，这与斯多葛主义退回到自身而逃避他者的立场和态度正相反。因此与前面的意识形态相比，"斯多葛主义对应于主人所要求的独立性，而怀疑主义对应于达到一种否定的对他者的态度，特别是奴隶的欲望和塑造的否定行为的态度"⑤。这就是说，在怀疑主义看来，摆在它对面的各种独立的事物只是立即消逝的东西，亦即怀疑主义的自我意识通过否定一切立于它面前的事物而经验

---

① 〔德〕黑格尔：《哲学史讲演录》（第三卷），贺麟、王太庆译，商务印书馆，1997，第35页。

② 李超杰：《近代西方哲学的精神》，商务印书馆，2011，第406页。

③ 田义勇：《〈精神现象学〉示要：从意识到自我意识》，上海人民出版社，2016，第262页。

④ 参见〔德〕黑格尔《精神现象学》（句读本），邓晓芒译，人民出版社，2017，第126页。

⑤ Franco Chiereghin, "Freedom and Thought: Stoicism, Skepticism, and Unhappy Consciousness", *The Blackwell Guide to Hegel's Phenomenology of Spirit*, Cambridge: Blackwell Publishing Ltd, 2009, p. 60.

到自己的自由。但怀疑主义的矛盾也就在于此。因为，在这里怀疑主义一方面意识到它的自由在于超出有限的存在中的一切混乱和偶然性；而另一方面又承认它的自由在于退回到偶然的事物并周旋于其中，它因而也就成为非本质的意识。因此怀疑主义的行为和言辞永远都是矛盾着的。这种意识一旦意识到外部对象，就宣称它不存在，亦即怀疑主义宣布外部对象不存在就是由于外部事物存在于它面前。这样，怀疑主义就经验到自己是一个矛盾着的意识，而自觉到自己的矛盾的意识，就是不幸的意识。不幸的意识把怀疑主义区分开来的两个思想结合起来了，它自己意识到自己就是双重的意识，既意识到自己是自我解放的，又意识到自己是绝对自身紊乱的和颠倒自身的，它就是这种自相矛盾的意识。① 正如萧焜焘所言："在斯多葛主义里，自由是抽象的超尘的；在怀疑主义里，自由是对现存一切的否定，绝对自由的结果走向了反面……于是自我意识之中出现了内在矛盾。"②借用 Houlgate 的说法就是"它把自我意识中的两个对立的自我意识联合起来，后者的经验以此开始了一个自我，并以这种方式恢复了'复制'。在你死我活的斗争和主从对立的特质中，以自身为同一对比的，是'自身的简单自由'的孤独"③。至此主人和奴隶两方面的特征就被包含在同一个意识形态，亦即不幸的意识之中了。

不幸意识的特征如下："这个不幸的自身分裂的意识……它就必须总是在这一个意识里也拥有另一个意识。"④ 不幸的意识本身就是一个自我意识直观另一个自我意识，它自身兼有两个方面，只是它还没有达到双方的统一。不幸的意识之所以不幸就在于一方面，它在感觉到自己现实的是个别的、变化的意识的同时却又以不变的意识为自身的本质，但另一方面它又不能达到与不变的意识的统一。实际上怀疑主义就已经把作为奴隶否定的一面和作为主人的肯定的一面都包含于自身之中了，不过怀疑主义对此是不自觉的，这只是对于作为旁观者的"我们"而言是这样的，而一旦意识自觉到这一点时，它就会成为不幸的意识。不幸的意识自身包含着"本质

---

① 参见〔德〕黑格尔《精神现象学》（句读本），邓晓芒译，人民出版社，2017，第 130 页。
② 萧焜焘：《精神世界掠影：黑格尔〈精神现象学〉的体系与方法》，商务印书馆，2018，第 95 页。
③ Stephen Houlgate, *Hegel's Phenomenology of Spirit：A Reader's Guide*, London：An Imprint of Bloomsbury Publishing Inc., 2013, p. 110.
④ 〔德〕黑格尔：《精神现象学》（句读本），邓晓芒译，人民出版社，2017，第 130 页。

的矛盾本身"，它体现为在一种意识中也拥有另一种意识。在这里我们注意到矛盾和对立的区别，正如邓晓芒先生所指出的："对立只是……两者相反，势不两立；而矛盾就在于它……在自己本身就拥有了它的对立面。"① 正是由于不幸的意识中的矛盾，我们就会意识到不幸的意识之中的内在动力，因为作为这种动力的欲望和生命本身就是自相矛盾的：欲望只有在它未得到满足时才是欲望，生命本身就是走向死亡。

不幸的意识中的两环节是不变的意识（斯多葛主义）和变化的意识（怀疑主义），不幸是变化所导致的世事无常；而不幸的承担者是不变的意识，万变都由我来担当。由于这种关系是在普遍自我意识（类）的基础上表现出来的，所以它不限于现实的个别人的自我意识，而是扩展成了客观的一般自我意识结构，在其中，变化的意识要上升到不变的意识，从而扬弃自己倏忽即逝的存在。但在不幸的意识中，实际上每一方面都包含着另一方面，虽然表面上看来两个方面是相互对立的，这也就意味着绝不能把变化的意识仅仅看作表面的、要被扬弃的一面。因为这两个方面不可分离，不存在哪个更"表面"一些，这样，"不变的意识"才会有内在的动力，否则就僵化了。不变的意识由"类"意识推动，它代表超越性和实体性的一方，这就是普遍自我意识的神圣本质，其最高的代表就是上帝。变化的意识则由欲望和生命意识所推动，它在生活中会感到痛苦和自己的不实在或非本质性。它要超出这种虚妄不实的境地而过渡到不变的意识，它认为不变的意识才是自己的本质。但随即它发现在它进入不变的意识的同时就已经再次被变化着的个别性所沾染了，因为这两个方面实际上是不可分离的。也就是说在不变的意识里，个别性并没有被取消，相反它不断地出现在那里。这正如邓晓芒指出的："在不幸的意识中，本质与非本质谁都离不了谁。"② 其实不幸的意识就是本质和非本质两个方面的相互联系，这种辩证的联系在欲望和生命中已经包含着了。

可见在不幸的意识中，意识的个别性与不变的本质总是结合着的，这种结合就是不幸的意识自身运动的动力，而结合的方式则有三种。不幸意识的这种辩证结构相当于基督教中的三位一体，亦即圣父、圣子、圣灵。

① 邓晓芒：《黑格尔〈精神现象学〉句读》（第三卷），人民出版社，2016，第339页
② 邓晓芒：《黑格尔〈精神现象学〉句读》（第三卷），人民出版社，2016，第350页。

圣父源于《旧约》中的耶和华，而圣子也就是以个别性的形态出现的本质，即耶稣，这时圣父已经道成肉身，化为人子，而圣灵则是个体意识和不变的意识之合为一体。在黑格尔看来，个别的意识和不变的本质的这三种关系是不幸意识的三种经验历程，是个别性和不变的东西之间的关系从差异占统治地位到逐渐"成为一"而统一的过程。可是这个经验还只是作为旁观者的"我们"才能看出来的，然而对我们而言不变性只不过是作为意识的不变性而产生出来的，因而它还不是真正意义上的不变性，而是还与一个对立面牵制在一起的不变性。意识并不清楚那自在自为的不变的东西究竟是什么，而认为它只是意识中的不变的东西。这种结构只是客观上为基督教的诞生提供了意识形态的基础，但这个意识形态还并没有被意识从宗教神学的意义上理解。

但黑格尔认为，这些划分的结构都只是"我们"这些旁观者的看法，而不是自在自为的不变的东西本身的自觉的显示，它的自觉的显示只能在后面的绝对知识阶段，所以不幸的意识就其自身而言就只是个别的意识与那表现为个别形态的不变意识之间的对立。之所以如此是因为，一方面个别意识要努力达到不变的意识，但另一方面又由于个别性的沾染而使不变的意识始终在个别的意识的彼岸而与个别的意识相对立。为了克服这一矛盾，不变的意识通过一个"事件"而化身为另一个个别的意识，也就是道成肉身的耶稣，这样就展开了个别意识与耶稣的关系的三种形态：一是作为纯粹的意识，亦即一种非概念的默想的方式；二是作为个别的意识与现实性相对立，亦即个别意识占有和对付现实性；三是意识到自身的自为存在的意识，亦即上帝在我心中。黑格尔的表述是："一是作为纯粹的意识，二是作为个别的本质，这本质作为欲望和劳动而与现实性相对，三是作为对它自己的自为存在的意识。"①

在这里，第一种关系体现为纯粹的意识，也就是对不变的东西、上帝的信仰。这种纯粹意识或信仰在这里只是单纯地相信，亦即它的思维仅仅是一种音乐式的思维，而远没有达到概念的层次，因为纯粹意识只是把耶稣当作感性的现实之物。但假如信仰的对象只是被当作个别感性的东西去

---

① 参见〔德〕黑格尔《精神现象学》（句读本），邓晓芒译，人民出版社，2017，第133页。

寻找，那么它就不会是一个被思维的个别性，而只是一种消逝了的东西。这表明想要在此岸寻找不变的本质的企图及其行为是注定要失败的。所以纯粹意识只有通过某种象征的方式，以音乐式的默想来和上帝的纯粹思维（信仰）发生联系，它表现为一种主观的"心情"。在这里，一切逻辑运动都还未展开。

第二种关系是个别意识与现实性的对立，个别意识以欲望和劳动的形式来与现实性相对。这里产生这一对立并推动整个进程的就是欲望和生命活动（劳动），只不过它们现在打出了上帝的天职的旗号。从第一种关系到第二种关系的必然性在于，在上面所说的心情里，意识同上帝之间是分裂的，它只是一种自我感，它的对象就是自身。既然问题只在于心情，于是意识就返回到了个别性自身，亦即返回到了自我意识本身的丰富内容，如欲望和劳动等。本来欲望和劳动已经证实了自我意识的确定性，可是不幸的意识却将其排除在外，认为这只是对自己动物性的证实。而现在自我意识认识到信仰本身也不过是一种心情，于是开始正眼看待人自身，来理解这种现实的自我感的意义。在这里现实性和个别的意识两者都被双重化了。在黑格尔看来，现实性既可以被当作此岸的事物，又可以被理解为上帝交代的任务，亦即现实性是上帝的现实性，上帝赋予了我们改造和享受现实性的权利；与之相对的个别的意识既可以被当作自为存在的自我，同样也可以被理解为由上帝外来的赐予，因为我们进行劳动的能力和实现欲望的机遇可以说都是上帝给予的。这样一来，事情现在就变成了，一方面，自我意识把不变的意识暂时推得远远的，而沉醉于自身在世俗生活中的现实性，亦即劳动和享乐，另一方面，自我意识却又最终把自己在现实中的创造和享乐的能动性归于上帝的恩宠。以这种方式，变化的意识就与不变的本质重新统一了。但是这种统一又分裂为普遍（上帝）和个别的对立。这是因为当个别意识在自己对上帝感谢或感恩中认识到另一端的上帝是本质并且因而扬弃自身时，感谢本身却恰恰就是他自己做出来的行为。也就是说个别意识通过对上帝的感恩补偿了上帝对他的恩赐，从而把自己置于跟上帝对等的地位。可以看到在这里，变化的意识和不变的本质非但没有如意识所以为的那样达到它们两者的统一，相反两者的对立在此达到了顶点，这样意识就转向了第三种形式。

第三种形式就是通过欲望和劳动而验证了自己是真正独立的意识之后，再次对现实生活抱有一种不幸的虚无感。这主要是因为个体意识与不变的本质（上帝）之间依旧处于对立中，而个别意识相比不变的本质是无意义的。从表面上来看，个别意识此时已经陷入了彻底的虚无，但在作为旁观者的"我们"看来，事情的转机已经出现了。因为迄今为止的意识经验已经在客观上表明，只要不变的本质接纳个别的意识而将之包含在自身之中，那么在不幸的意识当中分裂的两个方面就能实现统一。一旦意识达到了这个层次，它就是理性。

因此可以说，不幸的意识放弃自己的个别性或个体意志的行为虽然直接来看是消极的，但是按照它的概念来说，却又是积极的。因为这种行为实质上就是在感恩中把个别意志直接规定为作为他者的普遍意志。这个"他者"，这个普遍意志，就是上帝的意志。也就是说，感恩的行为实际上意味着，个别意识的所作所为都出自上帝，个别意识是替天（上帝）行道，亦即个别意识自在的就是与上帝统一的、分有上帝的普遍性的普遍者，这样不幸的意识就在它自己的规定中走向了自身的被扬弃，在其中，个别意识作为上帝的普遍意志的表象就成为理性的表象。这就从不幸的意识提升到了理性。而这种逻辑提升背后的内在动力，就是"类"的意识。

理性就是上帝赋予人的"自然之光"，而上帝无非是人的最高的"类"。意识站在这一前所未有的高度，就可以满怀信心地以自身拥有的普遍性，也就是以上帝的眼光去衡量一切世俗事物。就像张颐所说的："特别在论及二元论时，黑格尔极力主张，必须去掉来世甚至彼岸的绝对这种虚幻观念，在这个世界上就有不朽精神的住所和通道。我们的世俗生活决不能被认为是像中世纪基督教主张的那样无价值。这个世界的统一及其对立必须恢复，这须通过渗透一切和包容万物的'理性'的作用来完成。"① 不幸的意识之所以不能达到个别性和不变的本质的统一，就是由于它始终企图把个别性和不变的本质统一于个别的意识中。而理性之所以能够达到个别性与不变的本质这两者的统一，则恰恰是由于它反过来把个别性和不变的本质统一于不变的本质或"类"中。因为从上帝的角度来看个人，个人的意识的自

---

① 侯成亚、张桂权、张文达编译《张颐论黑格尔》，四川大学出版社，2000，第36页。

为存在和外部世界都可以看作来自上帝的赐予，人们不再把欲望和劳动看作个人的事情，而是看成有待于我们以不变的本质的名义来承担的特殊性，这就让我们形成一种新的意识形态，这就是理性。从整个过程来看，不幸意识陷入了灵与肉的巨大分裂而不能自拔。"不过尽管如此，普遍自我意识的发展毕竟……给人着手来克服这一矛盾提供了一个基点。"从这个基点出发去克服客观世界的外在性，"这就是'理性'的事业"①。于是自我意识就在欲望、生命和类的推动下，走完了自己概念的各阶段而进入了理性的阶段。

在整个自我意识的自由中，从斯多葛主义经由怀疑主义，最后通过不幸的意识达到理性阶段的整个过程，也是按照普遍性—特殊性—个别性的逻辑程序展开的。首先，斯多葛主义的普遍的自我意识作为一种抽象的自我意识一开始是抽象的普遍性，而由于斯多葛主义自身的抽象性，它就会由于内在的感性力量即欲望和生命的冲击而向着意识的对象的方向发展，亦即怀疑主义，这就产生了自我意识与意识的对象之间的对立，即特殊性，而当不幸的意识最终扬弃自身的不幸，借助于类的意识（上帝）而发展到理性阶段，亦即普遍的自我意识与个别的意识之间的对立已经扬弃的阶段，这就达到了个别性。本来理性阶段其实也是普遍性，但它不是在自我意识的自由这个阶段的抽象的普遍性，而是具体的普遍性即个别性。斯多葛主义当然是理性主义，但它不是黑格尔《精神现象学》的扬弃了整个"自我意识"章而发展的理性阶段，这两者有着不容混淆的逻辑层次上的差别。正如黑格尔的《精神哲学》中所指出的，意识和自我意识的这种统一最初包含着作为彼此内反映着的诸个别性。但是这些个别者之间的差别在这种同一性里是一种不是差别的差别。"因此，它们的真理是自在自为地实存着的普遍性和自我意识的客观性，——这就是理性。"② 这就是说，每个人都有人的共相或类，而理性则是普遍的自我意识和个别的意识的统一，并且是一切实在性。

当意识获得个别的意识自身即是绝对本质的洞见时，这个个别的自我就已经是普遍的自我了，亦即意识的真理就是不变的本质（上帝）与个别

---

① 杨祖陶：《德国古典哲学逻辑进程》，武汉大学出版社，2003，第287页。
② 参见〔德〕黑格尔《精神哲学》，杨祖陶译，人民出版社，2006，第235页。

的意识的统一。意识把这两个极端的统一作为一切真理，笛卡尔的我思故我在也就是理性这个概念的表达。作为个人的我思也就是普遍性的我在，自我也就是一切真理。这里使得不变的本质和个别的意识综合在一起的内在动力是它们的中项，亦即作为类的理性。

结　语

在自我意识的生命阶段，自我意识的对象，它的发展的动力是欲望和生命。在这里，生命从单一的欲望一般经过生命的发展（产生对立）最后返回到类本身，形成作为类的类。这个作为类的类就是自我意识概念发展的内在动力之源，它底下的逻辑发展线索正对应着黑格尔《逻辑学》中的作为生命的理念向着类的进展过程。自我意识的发展过程是从欲望经过生死斗争到主奴关系，最后发展到普遍的相互承认的自由的自我意识阶段。底下的逻辑则是个别性—特殊性—普遍性的发展，因为这个过程是从一到多再到全体的过程。这样的逻辑表达是从感性的生命来理解的，而如果从作为普遍的自我意识的角度来看，则同样可以表示为普遍性—特殊性—个别性的逻辑进展过程。普遍的自我意识以类的方式普遍地凝聚为个别的人格，它就是这个逻辑过程的内在动力。在自我意识的自由阶段，最后更高阶段的意识对普遍的自我意识和个别的自我意识加以统一，这种统一背后的内在逻辑就通过上帝实现了对意识和普遍的自我意识的统一，这就是将我思和我在两者统一起来的理性，它就是自我意识的自由的内在动力在逻辑上的最终体现。

作为一种基本情绪的虚浮

——基于黑格尔的"存在历史观"

肖　鹏*

内容提要　情绪由于海德格尔的现象学而具有生存论－存在论的意涵。本文认为，在黑格尔哲学中，古希腊的情致和近代的虚浮是具有存在论意涵的情绪。黑格尔在《精神现象学》中根据自我意识与实体间的关系逐次展开了在分裂的意识、信仰与启蒙、道德中出现的虚浮的三层含义。由于黑格尔在此书中主要基于法国启蒙运动和法国大革命来思考意识经验的发展和人类社会从传统到现代的过渡，因而在信仰与启蒙中展示的虚浮的第二层含义在《精神现象学》中占有主导地位。但在后期，黑格尔更加强调德国宗教改革在其体系构造和反思社会转型方面的作用。因此，虚浮的第三层含义愈发凸显，并且他试图在现实中克服虚浮。

关键词　虚浮　情绪　启蒙　信仰　宗教改革

惊异，这尤其是哲学家的一种情绪（πάθος）；基于此，叔本华认为区别真伪哲学家就在于看他的疑难是否从观察世界而来，而"这疑难就是柏拉图的惊异怀疑，他又称之为一个富于哲学意味的情绪"[①]。在叔本华和柏拉图两位哲学家看来，哲学的起兴与一种特定的情绪——惊异——存在着关联。至于哲学与情绪之间的一般关联，则要等到 20 世纪现象学兴起之后才得以揭示。

根据传统的"知—情—意"的划分模式，情绪与人的情感相关，是人在特定情境中的主观心理体验。而到了现象学家那里，情绪超出了与人的主观

---

*　肖鹏，哲学博士，东南大学马克思主义学院讲师，研究方向为西方马克思主义、古希腊哲学、德国哲学。

[①]　〔德〕叔本华：《作为意志和表象的世界》，石冲白译，杨一之校，商务印书馆，1997，第 65 页。

心理体验之间的关系，具有了生存论－存在论的意涵。其中，海德格尔对情绪的现象学探讨具有奠基性的意义。在前期的《存在与时间》中，海德格尔将情绪、现身情态视为此在的一个基本的生存论环节，而在思想转向之后又从存在历史的角度对情绪现象进行了规定。① 在《这是什么——哲学?》一文中，海德格尔认为哲学所探讨的东西是与我们本身相关涉的，是在本质处触动着（nous touche）我们的。海德格尔指明了情绪对我们的思想或哲学进行"调音—规定"的作用，但"这种激动（Affektion）与我们通常所说的感情和情绪——简言之，非理性的东西——是毫无干系的"②。海德格尔对情绪的探讨和规定影响了另外一位现象学家萨特。后者在《情绪理论纲要》中在意识的前反思和非位置的意义上，将情绪规定为我们与世界发生关系的一种方式，这种方式实现着对世界的改变。③ 海德格尔与萨特通过现象学的方式使情绪褪去了心理学的含义，给我们从情绪的角度探讨哲学问题提供了可能。

事实上，哲学与情绪之间的这种相互牵连在整个思想史上并不总是明如白昼的，常会以扭曲的形式呈现出来。理性与感性的对峙是其常见的表现形式，特别是随着近代人的自我意识的觉醒和理性主义的高扬，这种对峙也表现得最为剧烈。黑格尔一向被视为绝对的理性主义者，他的哲学是以理智王国的形态把握的实在世界，"对灰色绘成灰色"。在他的纯概念的体系中，似乎没有为情绪留下太多的空间。不过，在他对个体应更加忘我地工作且不必对自己抱有奢望的描述中，④ 已透露出他的哲学所探讨的东西对从事科学的个体，当然首先是对黑格尔本人的本质的触动，对他的哲学和思想的调音—规定。不仅如此，本文认为在黑格尔运思严密的概念推理体系中，黑格尔虽然对个人的心情、情感之类的东西有非常严厉的批判，但在他的体系中同样存在一些非个人性的、具有存在论意涵的情绪，并且例如虚浮这种经常被他提及和批判的情绪，表面上看是一种个人的主观情

① 孙周兴：《为什么我们需要一种低沉的情绪？——海德格尔对哲学基本情绪的存在历史分析》，《江苏社会科学》2004年第6期，第8页。
② 〔德〕海德格尔：《同一与差异》，孙周兴、陈小文、余明锋译，商务印书馆，2011，第4、5页。
③ 〔法〕让－保罗·萨特：《萨特哲学论文集》，潘培庆等译，安徽文艺出版社，1998，第86~91页。
④ 〔德〕黑格尔：《精神现象学》（句读本），邓晓芒译，人民出版社，2017，第46~47页。

绪，但实际上具有深层的存在论基础，并且这种情绪只出现在近代。

一　情致与虚浮

18 世纪晚期兴起的浪漫主义一般被认为是一场针对启蒙运动的反动，它与启蒙运动决裂的原因之一，是试图以审美主义来代替启蒙运动的理性主义。[①] 黑格尔生活的时代是一个启蒙运动式微而浪漫主义兴起的时代。这种由启蒙运动和浪漫主义所铺展开来的理性与感性之间的对峙深深烙印在黑格尔早期关于宗教的思想中。

黑格尔在图宾根时期批判了启蒙及启蒙理智的客观宗教在导人向善方面的不足，强调宗教是心灵（Herz）的事情。从这方面看，黑格尔这一时期对理性和客观宗教的思考与反思无疑受到浪漫主义的影响，但他所受的古典思想的熏陶又使他没有局限于浪漫主义的情感中。黑格尔同样不满意于作为私人宗教的主观宗教，而将古希腊的民众宗教视为理想宗教。根据黑格尔的描述，他这一时期所思的感性并非单义的，而是复义的，既可以是一种主观心情意义上的，又可以具有某种实体性的内涵。

黑格尔开始运思之际有意无意间关于感性的这种二重区分，使得他后来在引入一种具有存在论意涵的情绪时不至使人过于惊奇。后期黑格尔认为，古希腊人的生活本身就是出自精神的感性的当下在场，[②] 为一种畅适自足（Heimatlichkeit）的情绪所渗透。黑格尔认为，古希腊人刚好处于两个极端之间，一端是精神与自然合一的东方式的"实体化"，另一端则是近代抽象的主观性。在这里精神的东西与感性的东西相互渗透，是一种精神化的感性，而在感性东西和自在自为的精神东西所形成的这种统一性中就存在美的东西。这种美的东西介于伦理与律法之间，作为一种伦理习俗。黑格尔认为希腊人就处于美好的阶段，希腊人的意识所达到的阶段就是"美"的阶段。在这个化为家园的世界中，黑格尔形容希腊人的整个生活畅适自足，这种怡然自得

---

① 〔美〕弗雷德里克·拜泽尔：《浪漫的律令——早期德国浪漫主义观念》，黄江译，韩潮校，华夏出版社，2019，第 68～69 页。

② 〔德〕黑格尔：《世界史哲学讲演录（1822—1823）》，刘立群等译，张慎、梁志学校，商务印书馆，2015，第 269 页。

（Beisichselbstsein）的精神不仅表现在物质、社会、法律、道德、政治各方面，而且他们的哲学也如生活一样畅适自足，怡然如在家园（bei sich zu Hause zu sein）。① 这就是希腊人的澄明中的自由，在这种自由中，个体与实体间的关系是透明的，它对实体中的那些区别的关系也是单纯而清澈的。②

不仅如此，黑格尔还通过悲剧人物展示了情致具有贯通个体与伦理实体的作用，从而具有存在论内涵。这尤其体现在他对形成古希腊悲剧动作情节的真正内容意涵的描述中。黑格尔认为，只有到了英雄时代（史诗时代），普遍的伦理力量才以新颖的原始形态作为各种神出现。③ 这样一些引起动作的普遍的实体性力量需要人物的个性来实现它们，而这些力量在人物的个性中显现为感动人的情致（Pathos）。④ 对于这种活跃于人心、使人的心情在最深刻处受到感动的情致，黑格尔认为它与激情（Leidenschaft）无关，具有较高尚较普遍的含义，是一股本身合理的心情方面的力量。

在古希腊分化出来的形成对立和矛盾的两股主要伦理力量是家庭和城邦，前者体现的是自然伦理生活，后者则是带有精神方面普遍意义的伦理生活。⑤ 黑格尔认为索福克勒斯继埃斯库罗斯之后处理得最好的就是这两种伦理实体之间的矛盾，并且在《精神现象学》《美学》等著作中分析了《安提戈涅》这部悲剧。在《精神现象学》中黑格尔认为，安提戈涅以家庭职责作为她的情致，克瑞翁则以城邦福利作为他的情致。黑格尔在《精神现象学》中着重强调的是情致在个体与伦理实体力量之间的贯通作用。⑥ 而在《美学》中，他又特别强调情致不是认知，而具有情绪性这一面，它能感动人心。⑦ 他

---

① 〔德〕黑格尔：《哲学史讲演录》（第一卷），贺麟、王太庆译，商务印书馆，1996，第158～159页。另参见 G. W. F Hege, *Vorlesungen über die Geschichte der Philosophie* I, Suhrkamp, 2014, S. 174–175。

② 〔德〕黑格尔：《精神现象学》（句读本），邓晓芒译，人民出版社，2017，第263页。

③ 〔德〕黑格尔：《美学》（第三卷）（下册），朱光潜译，商务印书馆，2016，第301页。另参见 G. W. F Hegel, *Vorlesungen über die Ästhetik* III, Suhrkamp, 2016, S. 539。

④ 〔德〕黑格尔：《美学》（第一卷），朱光潜译，商务印书馆，2016，第300页。另参见 G. W. F Hegel, *Vorlesungen über die Ästhetik* I, Suhrkamp, 2016, S. 306。

⑤ 〔德〕黑格尔：《美学》（第三卷）（下册），朱光潜译，商务印书馆，2016，第301页。另参见 G. W. F Hegel, *Vorlesungen über die Ästhetik* III, Suhrkamp, 2016, S. 544。

⑥ 〔德〕黑格尔：《精神现象学》（句读本），邓晓芒译，人民出版社，2017，第7页。

⑦ 〔德〕黑格尔：《美学》（第一卷），朱光潜译，商务印书馆，2016，第296～298页。另参见 G. W. F Hegel, *Vorlesungen über die Ästhetik* I, Suhrkamp, 2016, S. 301–304。

认为情致是艺术的真正中心，情致的表现对于作品和观众来说是主要的效果来源，"情致打动的是一根在每个人心里都回响着的弦子，每个人都知道（kennt）一种真正的情致所包含的意涵的价值和理性，而且接受（anerkennt）它"①。正因为如此，有研究者指出，黑格尔与海德格尔有一致之处，即不把情绪看作个人主观性的事物，它能使个体和一种普遍的非个体的东西贯通起来。② 黑格尔认为在古希腊人的酒神仪式中情致也起着同样的贯通作用。③

无论是希腊人生活与哲学的畅适自足，还是古希腊悲剧和酒神仪式中的情致，在黑格尔那里都绝非单纯主观的体验，它们都被某种实体性的东西所定调，并且是前反思的。与之相反，近代可以说是无情致的。在与古希腊悲剧相比较时，黑格尔认为近代悲剧采用的是主体性原则，其对象和内容是人物主体方面的内心生活，指导行动和激发情欲的是思想和感情方面的主体性格。④ 古代悲剧人物因为具有一种伦理性的情致，性格方面就表现得坚定和稳实，而近代悲剧人物性格中因缺乏实体性的因素，于是其性格往往就分裂、摇摆而不定型。⑤

黑格尔对近代缺乏实体性因素的观察不仅体现在他对近代悲剧人物的分析中，也时常表现在他对近代的人与现象的描述中。黑格尔认为其时代精神贫乏，世人沉溺于俗务。为了缓解精神饥渴，有人单凭感受和直观妄图把握绝对，对此黑格尔以自命不凡（Anmassung）、虚骄（Dünkel）来形容；对于知性的批判主义的谦虚，黑格尔干脆称之为肤浅（Seichtigkeit）、虚骄（Dünkel）；对于退守情感的虔敬派，黑格尔则批评其自负（Eigendünkel）、傲慢（Hochmut），在内容方面贫乏（dürftig）、空洞（kahl）。⑥

---

① 〔德〕黑格尔：《美学》（第一卷），朱光潜译，商务印书馆，2016，第296页，译文有改动。另参见 G. W. F Hegel, *Vorlesungen über die Ästhetik* Ⅰ, Suhrkamp, 2016, S. 302。

② 张振华：《试论黑格尔〈安提戈涅〉解释》，《同济大学学报》（社会科学版）2007年第4期，第2页。

③ 〔德〕黑格尔：《精神现象学》（句读本），邓晓芒译，人民出版社，2017，第433页。

④ 〔德〕黑格尔：《美学》（第三卷）（下册），朱光潜译，商务印书馆，2016，第319、321页。

⑤ 〔德〕黑格尔：《美学》（第一卷），朱光潜译，商务印书馆，2016，第85页；黑格尔：《美学》（第三卷）（下册），朱光潜译，商务印书馆，2016，第325页。

⑥ 〔德〕黑格尔：《精神现象学》（句读本），邓晓芒译，人民出版社，2017，第4页，另参见 G. W. F Hegel, *Phänomenologie des Geistes*, Suhrkamp, 2014, S. 15；黑格尔《哲学全书·第一部分·逻辑学》，梁志学译，人民出版社，2002，第2、21、22、12页，另参见 G. W. F Hegel, *Enzyklopädie der philosophischen Wissenschaften* Ⅰ, Suhrkamp, 2014, S. 13, 12, 35, 36, 24。

除了上述词语，黑格尔还经常使用另外一个词语——虚浮（Eitelkeit）——来描述其时代的人与现象。在早期黑格尔已使用"虚浮"来形容接受启蒙运动的年轻人和人的丰富情感被僧侣败坏之后的精神状态。[①] 不过，只有在黑格尔后来思想成型的过程中，"虚浮"一词在其思想中的指向性才愈明，而在《精神现象学》中此词出现得最为频繁，频次高达35次。[②] 由此可见黑格尔对"虚浮"一词的重视，并且与上述列举的诸词语相较，黑格尔在《精神现象学》中对何谓虚浮进行了具体描述。在解释概念思维与形式推理的对立时，黑格尔指出，后者是摆脱内容的自由和凌驾于内容之上的虚浮，懂得驳斥和取消它所统握到的内容，"这种虚浮不仅表明这种内容是虚浮的，而且表明这种明见本身是虚浮的，因为这种明见是看不见自身中的肯定东西的一种否定的东西"[③]。黑格尔通过"虚浮"一词描述了形式推理作为一种外在反思浮漂于内容之上，未能如概念思维一样真正回到和深入事情本身。

在《精神现象学》中，黑格尔并不仅在上述对立中来使用"虚浮"一词，而是将其视为他的时代特有的意识现象。通观此书，黑格尔对"虚浮"一词的使用集中于与其时代密切相关的意识形态的章节中。除"序言""导论""自我意识的独立与依赖；主人与奴隶""天启宗教"诸部分外，"虚浮"一词主要出现在关于分裂的意识、信仰与纯粹明见、启蒙、道德等意识形态的相关部分中，共出现了23次，其中在关于分裂的意识部分出现9次，在关于信仰与纯粹明见和启蒙部分出现13次，而在关于评判的意识部分则只出现1次。[④] 黑格尔的表述一向严谨，其对"虚浮"一词的使用尤其如此，即便在思想体系成熟之后，"虚浮"一词也仅用来描述其时代的思维方式和现象。在《哲学科学百科全书》的第一版序言中，黑格尔以"虚浮"一词描述知性的批判主义，而在第三版序言批判虔敬派和知性启蒙派的结

---

① 〔德〕黑格尔：《黑格尔早期神学著作》，贺麟译，上海人民出版社，2012，第22、51页，原文将"Eitelkeit"分别译为"虚荣心"和"空虚自负"；另参见 G. W. F Hegel, *Frühe Schriften*, Suhrkamp, 2014, S. 27, 65。

② 〔德〕黑格尔：《精神现象学》（句读本），邓晓芒译，人民出版社，2017，第37、52、53、123、319、320、324、325、327、328、347、353、401、460页。

③ 〔德〕黑格尔：《精神现象学》（句读本），邓晓芒译，人民出版社，2017，第37页。

④ 〔德〕黑格尔：《精神现象学》（句读本），邓晓芒译，人民出版社，2017，第319、320、324、325、327、328、347、353、401页。

尾，他一而再地指出了哲学研究中出现的虚浮和浅薄无聊。① 黑格尔在《精神现象学》的道德部分中唯一一次使用"虚浮"来描述评判的意识，但在后期的《法哲学原理》《哲学史讲演录》中多次用"虚浮"来描述作为内在法的道德。

总体而言，黑格尔后期还是遵照《精神现象学》中关于"虚浮"的理解来使用该词。不过，在《精神现象学》中描述上述现象时，黑格尔并不是在同一层面上使用"虚浮"一词，其含义逐次深入，共成一体。分裂的意识、信仰与纯粹明见、启蒙、道德位于《精神现象学》的第三篇第二部分（BB），具体而言，即第六章的第二节（"自我异化了的精神，教化"）和第三节（"对其自身有确定性的精神；道德"）。根据意识经验的过程，并因为启蒙是纯粹明见的传播，我们可以把上述意识经验划分为三个阶段：①分裂的意识；②信仰与纯粹明见、启蒙；③道德。与上述意识经验的发展相应，"虚浮"一词的含义也展开为不同的层面。

在第一个阶段，分裂的意识以嘲讽的态度对待教化世界和自身的混乱与颠倒，但在对一切事物的解构中，分裂的意识恰恰成为肯定的对象，是返回到自身的自我意识的纯粹自身同一性。在第二个阶段，由前一阶段发展而来的纯粹的自我意识因为还处于直接性的形式中而分裂为纯粹意识和现实的自我意识，即信仰和纯粹明见，在这里存在着此岸和彼岸的对立，纯粹明见以否定的态度把信仰作为自我来认识，启蒙则在对信仰的批判中揭示了后者自身潜藏的思维运动，从而通过对象的有用性扬弃了两个世界的对立。在第三个阶段，通过扬弃教化世界和信仰世界，实体成为自我意识的普遍意志，在对绝对自由的认知中，知道自己是实体的自我意识退回到内心的领域——道德。根据上述发展，自我意识与实体之间的关系，经历了由外在对立（分裂的意识）到同一个意识内的内在对立（信仰与纯粹明见、启蒙），并最终将实体融化于道德自我意识之中的这样一个漫长过程。在此过程中，分裂的意识的虚浮主要是对此岸现实的解构；在信仰与纯粹明见、启蒙阶段，虚浮主要表现为现实的自我意识的有限性，此意识

---

① 〔德〕黑格尔：《哲学全书·第一部分·逻辑学》，梁志学译，人民出版社，2002，第2、24页，原文将"Eitelkeit"翻译为"自命不凡"；另参见 G. W. F Hegel, *Enzyklopädie der philosophischen Wissenschaften* I, Suhrkamp, 2014, S. 12, 38。

在此岸与彼岸之间划下鸿沟，并止步于感性领域；道德自我意识的虚浮则在于将实体吸纳于自身之内，缺乏客观性。

依据上面的分析，黑格尔并不是随意地选择"虚浮"一词来描述近代的意识现象。在《精神现象学》中，黑格尔通过描述分裂的意识、信仰与纯粹明见、启蒙、道德等诸意识形态，呈现了虚浮的三层含义是如何随着自我意识与实体之间的关系发展而逐次展开的。"虚浮"在黑格尔的思想中不是一种主观的情绪和态度，而是与近代主体性原则相应的一种时代情绪，它与古代的情致恰好形成对照。因而，黑格尔在将道德与古代质朴的伦理意识相比较时，认为前者不像后者是一种性格，性格因结合普遍性与特殊性而具有统一性和稳固性，近代人物则由于内在冲突分裂而乖戾无常，违反性格所必有的决断性与统一性。[①]

二　意识经验与"存在历史"中的虚浮

黑格尔在《精神现象学》中从意识经验发展的角度逐次展示了虚浮的三层含义，因其后期不再谈论分裂的意识，所以主要用"虚浮"描述信仰、启蒙、道德等意识现象，在后期仍处于他的关注之下的主要是第二层含义和第三层含义。不过，即便是这样两种含义，在他成熟时期的思想体系中也随其关注点的不同而占据了不同的位置。

在《精神现象学》中，启蒙与信仰之间的关系得到了极为详尽的讨论，因此在这一时期虚浮的第二层含义是黑格尔关注的重点。前文已提到，"虚浮"一词在分裂的意识、信仰与纯粹明见、启蒙、道德等意识形态诸部分中共出现了23次，在信仰与纯粹明见和启蒙部分就出现13次，而在道德部分仅出现1次。不仅如此，在"序言"和"导论"部分，"虚浮"共出现10次，其中6次用来描述形式推理，3次用来描述知性对真理的逃避，而出现在"天启宗教"部分的"虚浮"明确说明的是纯粹明见与内容之分离。可见，在《精神现象学》中，"虚浮"一词出现的23个地方基本上与第二层含义相关，而"虚浮"一词在《精神现象学》中总共才出现35次。这样

---

① 参见〔德〕黑格尔《精神现象学》（句读本），邓晓芒译，人民出版社，2017，第363页；〔德〕黑格尔《美学》（第一卷），朱光潜译，商务印书馆，2016，第300～311页。

一种粗略的统计虽然不能说明所有问题，但至少提示我们黑格尔这一时期关注的重心所在。

黑格尔这样的关注重心也可以在《精神现象学》的"导论"中得到印证。我们知道，黑格尔最早将此书的手稿交给出版社时尚不包括现在的"序言"，"序言"是在书稿排印和装订之前补写的。黑格尔最初撰写《精神现象学》的意图应包含在"导论"中。在"导论"开篇，黑格尔就摆明了他针对的是康德在认识之前对认识本身进行批判的观点，并且批判了在认识与对象之间划下鸿沟的做法。如何弥合康德所引发的主体与客体、现象与自在之物之间的分裂，使分裂的两个世界重新结合起来，这恰恰是黑格尔在信仰与纯粹明见、启蒙这部分着重解决的问题。

黑格尔在《精神现象学》中花如此多的笔墨讨论启蒙与信仰这个问题，主要有历史和体系这两个方面的原因。就历史方面而言，黑格尔早期就关注启蒙与宗教之间的问题。在图宾根时期，黑格尔主要从启蒙出发批判宗教中出现的迷信、繁琐的仪式和违反理性的教义学说。在伯尔尼时期，在康德《单纯理性限度内的宗教》一书的影响下，区分了基于实践理性的信仰和历史的信仰，而到了法兰克福时期，黑格尔又强调宗教中暂时的东西与永恒的东西的区分。黑格尔早期关于启蒙与宗教讨论的问题在《精神现象学》中得到了更加深入的讨论和最终裁决，只不过是从自我意识如何溶解实体这条思路出发的。

就体系方面而言，《精神现象学》整部书的结构实际上是围绕自我意识展开的。从目录来看，除"序言""导论"外，《精神现象学》主要由三篇构成，而第三篇又由四个子部分构成，即"第三篇 （AA）理性"、"第三篇 （BB）精神"、"第三篇 （CC）宗教"和"第三篇 （DD）绝对认知"。不过，如果我们依循该书的内在发展线索来看，整部书毋宁呈现出"意识—自我意识—实体（伦理）—自我意识—绝对"这样一种结构。根据这个结构，自我意识这一环节在整部书中占有核心地位。因所处位置不同，自我意识发挥的功能也不一样。在"自我意识—实体"这一环节中，自我意识面临的是从主观走向客观，从自我中推演出实体，这个任务是黑格尔在《精神现象学》的"第二篇 自我意识"和"第三篇 （AA）理性"中完成的；而在"实体—自我意识"这一环节中，自我意识所面临的是将实体溶解于自身之中，这一任务是在"第三篇（BB）精神"中完成的。

这样一种安排也可以通过各部分的篇幅体现出来。在《精神现象学》中，"第一篇 意识"部分共55页，"第二篇 自我意识"共41页，"第三篇"共414页，其中"第三篇 （AA）理性"共146页，"第三篇 （BB）精神"共171页，"第三篇 （CC）宗教"共80页，"第三篇 （DD）绝对认知"共17页。由上可知，就每一部分所占篇幅而言，"第三篇 （BB）精神"篇幅最大。如果按照"意识—自我意识—实体（伦理）—自我意识—绝对"这一结构来统计，涉及"意识"这一环节的共55页，涉及"自我意识—实体"这一环节的内容包含"第二篇 自我意识"和"第三篇 （AA）理性"两部分，共187页，涉及"实体—自我意识"这一环节的内容包括"第三篇（BB）精神"这一部分，共171页，涉及"绝对"这一环节的内容包括"第三篇 （CC）宗教"和"第三篇 （DD）绝对认知"两部分，共97页。[①]"自我意识—实体"与"实体—自我意识"这两个环节在篇幅上明显超过前后两个部分，并且两部分的篇幅大致相同。这样一种外在表现能够很好地帮助我们领会黑格尔此书中关注的重点、问题和思路。

黑格尔在《精神现象学》中将实体与自我意识之间的关系置于核心地位，这与他之前的思想发展是一脉相承的。[②] 在此书中，黑格尔面临的主要问题是从自我推演出实体和将实体重新溶解于自我意识之中。对于将实体重新溶解于自我意识中来说，信仰与纯粹明见、启蒙这一部分极其关键。正是在这部分，由实体分裂而来的两个世界才在纯粹明见的世界中结合起来，"两个世界就得到了和解，天国降临到了人间"[③]。根据信仰与纯粹明见、启蒙这部分在全书中的核心地位，我们有理由认为，在"虚浮"逐次展开的三层含义中，第二层含义在《精神现象学》中居于主导地位。

黑格尔在《精神现象学》中的一项重要而困难的工作是打通由实体分裂而来的两个世界的分裂与对峙。他最终借助康德和费希特的哲学在启蒙这种意识形态中初步完成了这项工作，但同时也留下了缺憾。首先，黑格尔

---

① 参见 G. W. F Hege, *Phänomenologie des Geistes*, Suhrkamp, 2014。

② 关于黑格尔青年时期对个体与实体、古希腊精神与基督教精神的调解，可参见朱学平《古典与现代的冲突与融合——青年黑格尔思想的形成与演进》，湖南人民出版社，2010。

③ 〔德〕黑格尔：《精神现象学》（句读本），邓晓芒译，人民出版社，2017，第354页。

虽然在对象的有用性中使天国降临到了人间，但毕竟还没能够在人间建立起天国，相反，在自我意识把实体吸纳到自身的时候，出现的是法国大革命那样的对现实的颠覆，伴随绝对自由的是普遍混乱，没有客观现实的东西能立得住脚。个体没能在尘世的国家中找到希腊人般的畅适自足的在家的感觉，现代人的生活依然是无根的、虚浮的。其次，由于启蒙并没有实现此岸与彼岸、个体与国家的真正和解，并进展至纯粹的内在性——道德——中，结果是虚浮不但没有得到缓解，反而在评判的意识和优美灵魂的分裂的思想中加剧了。黑格尔的解决之道是诉诸宗教，并通过对自然宗教、艺术宗教和天启宗教的描述论述了上帝达到自我意识的过程。不过，在这部分的描述中，黑格尔除了在艺术宗教部分涉及宗教与城邦政治之间的关系，由于内在逻辑的需要他在其他两部分——包括天启宗教——都没有触及宗教与国家关系的话题。

黑格尔在《精神现象学》中并没有解决在尘世中克服虚浮这种时代情绪的问题。这个问题一直伴随他的运思和思想发展。不过，相比于"虚浮"一词在《精神现象学》中的高频率出现，黑格尔在后期各种著作中对此词的使用相当节制。唯一的例外是在《宗教哲学讲演录》中，黑格尔在涉及启蒙与信仰的语境中相对频繁地使用"虚浮"一词，该词在两卷中共出现10次。① 但是，这并不代表黑格尔对"虚浮"现象的关注有所减弱。

在《哲学科学百科全书》的绪论部分，黑格尔论述的思想对客观性的第二种态度——经验主义和批判哲学——代表了"虚浮"的第二种含义。黑格尔在《哲学科学百科全书》中认为直接知识没有摆脱启蒙思想的知性同一性，并且在《哲学史讲演录》中批判雅可比的思路与《精神现象学》中论述启蒙与信仰的思路高度重合。黑格尔后期仍关注"虚浮"的第二层含义，不过"虚浮"的第三层含义也愈来愈凸显在他的视域之内，受到越来越多的关注。

在对思想对客观性的第三种态度的论述中，黑格尔虽然从启蒙思想的

---

① 〔德〕黑格尔：《宗教哲学讲演录》（I），燕宏远、张国良译，人民出版社，2015，第141、142、151、153页，原文将"Eitelkeit"译为"空虚"，将"eitel"译为"虚无的"，另参见 G. W. F Hegel：*Vorlesungen über die Philosophie der Religion* I，Suhrkamp，2016，S. 193、205。〔德〕黑格尔：《宗教哲学讲演录》（II），燕宏远、张松、郭成译，人民出版社，2015，第250页，原文将"Eitelkeit"译为"虚荣"，另参见 G. W. F Hegel, *Vorlesungen über die Philosophie der Religion* II，Suhrkamp，2016，S. 341。

知性同一性角度予以批判，但是黑格尔更加深入批判的是直接知识的主观内在性。"虚浮"的第三层含义之所以在黑格尔后期思想中越来越凸显，主要有体系和历史与宗教两方面的原因。就体系方面而言，最明显的就是对伦理实体这一环节的不同安置。在《精神现象学》中，伦理实体直接由主观精神（自我意识、理性）建立起来，之后伦理实体分裂为此岸与彼岸两个世界，信仰与纯粹明见、启蒙在弥合两个分裂世界的过程中发挥了重要作用。而在《精神哲学》中主观精神向客观精神的过渡，是由自由意志外化为抽象法，抽象法在自身内的映现和定在即是道德，伦理则是对两者的扬弃。由于这种结构上的调整，信仰与纯粹明见、启蒙在《精神哲学》中的地位不再凸显，而道德在抽象法向伦理的过渡中有着至关重要的作用。因此，在《精神哲学》的道德部分向伦理部分过渡的过程中，浮现在黑格尔眼前的自然是"虚浮"的第三层含义。

就历史与宗教方面而言，黑格尔在《精神现象学》中对意识经验的展示虽然依循精神发展的内在逻辑，但同时也透露出他对人类历史发展的理解。黑格尔这一时期主要是根据意识经验的内在发展逻辑来剪裁人类历史上出现过的各种现象。因而，我们可以看到在第三篇"理性"部分出现了"快乐与必然性""本心的规律和自大狂""德行与世界进程"及"精神的动物王国和欺骗"等这些近代才出现的精神现象，而在接下来的"精神"部分出现的则是由上述意识形态过渡而来的古希腊的伦理。不过，黑格尔在"精神"部分向我们比较完整地展示了从古希腊经古罗马到近代法国的启蒙运动，并最终抵达发生在德国的哲学革命。在这样的叙事中，人的自我意识这块近代人的"陆地"占有举足轻重的地位。黑格尔在《哲学史讲演录》中把经由启蒙运动所带来的精神教养的结果归结为，"认识已经完全进入了有限的东西"，即"有限事物的观点也同时被认作一种最后的东西，神则被当成一个处在思维之外的彼岸物"[①]。

而在成熟时期的《精神哲学》中，黑格尔通过自由精神法的进展完成了从主观精神到客观精神的过渡，而在客观精神部分，从外在的抽象法经内在的道德法而过渡到伦理。而国家作为伦理的最高阶段，是神在大地上

---

① 〔德〕黑格尔：《哲学史讲演录》（第四卷），贺麟、王太庆等译，商务印书馆，2013，第243页。

的行走，它实现了个体与共同体的统一，是在尘世中对虚浮的真正克服。《精神哲学》中所展示的进展比起前期平静安稳得多，人的自我意识也没有那么狂躁奋进。

之所以会出现这种转变，除了由于黑格尔后期在体系的逻辑构造上思考更加严密，还因为他对宗教和历史有了更加深入的思考。黑格尔在《精神哲学》中揭示了自由精神所具有的基督教背景。按照基督教，个人作为个人有无限的价值，他知道与作为精神的上帝有绝对的关系，上帝就住在他之内，人自在地注定达到最高的自由。据此，黑格尔认为："如果人在宗教本身中知道与绝对精神的关系是他的本质；那么此外他就能清楚地想起神圣的精神也是进入世俗实存的范围，——作为国家、家庭等等的实体。"①黑格尔这里实际上指的是路德新教。借助于新教，黑格尔不仅揭示了自由理念的起源，而且铺平了它向现实过渡的道路。

关于新教在人类社会从传统走向现代的过程中起的作用，黑格尔在《世界史哲学讲演录（1822—1823）》中有描述。在该书中，黑格尔认为国家仅仅是宗教的真正内容——意志自由——的显现，而意志自由直接源于新教的原则。② 在他看来，没有经历过宗教改革的国家（如法国、意大利等）由于宗教在精神自由中过或不及，于是出现了反对现存秩序的暴力革命，"但在那些此前已建立新教自由的国家却风平浪静，因为这些国家是借助宗教改革同时进行了它们的政治改革和革命的"③。革命在新教国家已经过去，是通过洞见事理和普遍教养平静地发生的，以普遍的国家目的为出发点。

据上所述，《精神哲学》中的自由理念实际上是通过新教来到世上的，新教的"自在自为的意志自由从其本质来看是上帝自身的自由、精神的自由，不是这种特殊精神的自由，而是普遍精神的自由"④。如果我们对照一下黑格尔在《精神现象学》中的叙述，会发现他在思考人类社会从传统向

---

① 〔德〕黑格尔：《精神哲学——哲学全书·第三部分》，杨祖陶译，人民出版社，2006，第311 页。
② 〔德〕黑格尔：《世界史哲学讲演录（1822—1823）》，刘立群等译，张慎、梁志学校，商务印书馆，2015，第 433、447 页。
③ 〔德〕黑格尔：《世界史哲学讲演录（1822—1823）》，刘立群等译，张慎、梁志学校，商务印书馆，2015，第 448 页。
④ 〔德〕黑格尔：《世界史哲学讲演录（1822—1823）》，刘立群等译，张慎、梁志学校，商务印书馆，2015，第 447～448 页。

现代转型这个问题时，前期偏向于法国启蒙运动—法国大革命这一路径，后期由于对启蒙运动和暴力革命的深刻反思，在构造体系和历史思考中偏移到德国宗教改革这一路径。① 法国启蒙运动和法国大革命偏重于自我意识的自为一面，而新教的自由还强调实体的自在一面。

黑格尔前后期思想的这种转换也反映在他对"虚浮"的第三层含义的思考中。除了在启蒙的语境中使用"虚浮"一词，黑格尔后期使用此词多是用来形容费希特哲学的一些衍生物，它们超不出主观形式的感觉。在提到的四个衍生物中，黑格尔在"a. 弗里德里希·封·施莱格尔"这一部分共 3 次使用"虚浮"一词。② 而在四个衍生物中他大书特书的是"宗教的主观性"。③

---

① 对于法国大革命，黑格尔认为"是由各种成见的顽梗不化，主要是傲慢、十足的轻率、贪婪逼出来的"。可参见〔德〕黑格尔《哲学史讲演录》（第四卷），贺麟、王太庆等译，商务印书馆，2013，第 228 页。

② 对于施莱格尔倡导的讽刺（Ironie）形式，黑格尔在《哲学史讲演录》（第四卷）中评论道："主体知道自己在自身内是绝对的，一切别的东西在主体看来都是虚浮的（eitel），由主体自己对正义、善等所作出的种种规定，它也善于对这些规定又去一个一个加以摧毁。主体可以嘲笑自己，但它只是虚浮的（Eitles）、伪善的和厚颜无耻的。"〔参见黑格尔《哲学史讲演录》（第四卷），贺麟、王太庆等译，商务印书馆，2013，第 340～341 页，译文有改动；G. W. F Hegel, *Vorlesungen über die Geschichte der Philosophie* Ⅳ，Suhrkamp，2016，S. 174－175。〕另外，在《哲学史讲演录》（第二卷）中，黑格尔在比较施莱格尔和苏格拉底的讽刺（Ironie）时，认为前者的讽刺是费希特哲学的产物，"这种讽刺认为否定的态度是神圣的，关于一切事物的虚浮的看法与意识（das Anschauen, Bewusstsein der Eitelkeit von allem）是神圣的，而这种看法里也就包含着我的虚浮（Eitelkeit）"。（参见 G. W. F Hegel, *Vorlesungen über die Geschichte der Philosophie* Ⅱ，Suhrkamp，2016，S. 174－175。）

③ 在《哲学史讲演录》"几种与费希特哲学相联系的主要形式"部分，中译本与 Suhrkamp 德文版不仅在第一个衍生物（"a. 弗里德里希·封·施莱格尔"）与第二个衍生物的内容划分上不一致，而且中译本与 Suhrkamp 德文版在第二个衍生物的标题上也存在差异。中译本第二个衍生物的标题为"施莱艾尔马赫"，Suhrkamp 德文版的标题则为"b. 宗教的主观性"，而且其内容只包括中文版"施莱艾尔马赫"部分的最后一段（"第二种形式是主观性投入了宗教的主观性……并在那里面去寻求内心的需要"这一段），把其余的内容都归于"a. 弗里德里希·封·施莱格尔"这一部分。我认为 Suhrkamp 德文版因为"第二种形式是主观性投入了宗教的主观性"这句话就把之前的内容都归入"a. 弗里德里希·封·施莱格尔"并不合适，因为前面大部分内容谈的都是宗教的主观性，中文版"施莱艾尔马赫"部分第一段话即是从主观性向宗教的过渡，而"第二种形式是主观性投入了宗教的主观性……"这段话只不过是对前面内容的总结，首尾呼应。因此，在内容划分上，我遵从中译本，而在第二个衍生物的标题上，我认为 Suhrkamp 德文版的"宗教的主观性"更为贴切，因为这部分实际上不只讨论施莱艾尔马赫，取名"施莱艾尔马赫"过于狭窄。〔参见〔德〕黑格尔《哲学史讲演录》（第四卷），贺麟、王太庆等译，商务印书馆，2013，第 341～343 页；G. W. F Hegel, *Vorlesungen über die Geschichte der Philosophie* Ⅳ，Suhrkamp，2016，S. 415－418。〕

在黑格尔看来，在由费希特的自我以非哲学的方式发挥而来的主观性和个体性里，自我"找到了它的最高的虚浮（Eitelkeit）——宗教"①。这种宗教试图通过直观和诗把握绝对。黑格尔这里或暗或明地批判了施莱艾尔马赫、埃申迈尔，特别是雅可比的预言式的直观知识。不仅如此，宗教在《哲学科学百科全书》的三版序言中是重要的讨论对象，并且除了知性启蒙，黑格尔重点评判的对象就是直接知识和虔敬派。在《精神现象学》中，黑格尔通过优美灵魂过渡到宗教以克服虚浮，而后期他认为在这种特有的世界观的主观性里，宗教有可能成为最高的虚浮，于是他又退回到宗教改革以寻求克服虚浮的现实路径。

结　语

在黑格尔看来，每个人都是他的时代的产儿，哲学也是被把握在思想中的它的时代。② 而每一个时代也都有其时代精神，有一种与之相应的占主导地位的时代情绪。黑格尔生活时代的主导情绪无疑是虚浮。在这样一个时代，黑格尔看到的是人们对日常生活的琐屑兴趣和对空虚自负的意见的坚持。由于时代的浮躁和涣散，甚至于柏拉图虚构的那些专心追问问题实质的听众竟也无法在一部现代对话中找到，读者就更少了。

但是，恰恰在这样一个时代，需要的是对事情本身的投入，就像黑格尔对在感受力和理解力上有伸缩性的青年人和成年人所要求的那样，"如此安静地克制了自己的反思和偶发的思想，从而使本来的思维（Selbstdenken）迫不及待地显露自己"③。但这种克制不是要我们把事情本身作为自在之物和自己隔开，站在一边，无所作为，而是要投入事情本身的生成活动之中，教化自己。

道不外人，人自外之。对于我们所熟知的东西，我们并不真知。④ 黑格

---

① 〔德〕黑格尔：《哲学史讲演录》（第四卷），贺麟、王太庆等译，商务印书馆，2013，第341 页；G. W. F Hegel, *Vorlesungen über die Geschichte der Philosophie* Ⅳ, Suhrkamp, 2016, S. 416。

② 〔德〕黑格尔：《法哲学原理》，邓安庆译，人民出版社，2016，第 7 页。

③ 〔德〕黑格尔：《逻辑学》（上卷），杨一之译，商务印书馆，2012，第 19 页。

④ 〔德〕黑格尔：《逻辑学》（上卷），杨一之译，商务印书馆，2012，第 9 页。

尔认为逻辑的东西已经渗透了人的感觉、直观、欲望、需要、冲动等一切自然行为中，思维规定掩藏在质料之中。纯概念就是一切事物的核心和命脉，"这个逻辑的本性，鼓舞精神，推动精神，并在精神中起作用，任务就在于使其自觉"①。因而，要摆脱对日常生活的兴趣和空虚自负的意见，首要的是倾听逻各斯。正如赫拉克利特所言："不要听从我而听从这逻各斯，同意一切是一，这就是智慧。"②后期黑格尔一方面看到了世界精神因时代困苦和民族存亡而忙碌于现实，没能在其固有的家园里怡然自得，同时也感受到精神的力量开始广泛地发挥效力，并认为他们那个时代的人就是以这种感受生活、行动和发挥作用。③ 这种感受如海德格尔的情绪一样告知着当下的历史处境，而且是有约束力的。④ 黑格尔认为当实质性的内容已成为人的必需的时候，"我们便看到了我们的时代，看到了一个核心的形成，这个核心向一切方面，向政治、道德、宗教和科学方面的进一步发展，都已托付给了我们的时代"⑤。当然，对于黑格尔而言，这个感受到的发挥效力的东西还必须在见识和思想面前证明自己是正确的东西。正如黑格尔在他的哲学史讲演最末一讲的结尾所说的，对于精神的实体，"我们必须听取它向前推进的呼声，——就像那内心中的老田鼠不断向前冲进，——并且使它得到实现"⑥。

---

① 〔德〕黑格尔：《逻辑学》（上卷），杨一之译，商务印书馆，2012，第14页。
② 〔美〕G. S. 基尔克、J. E. 拉文、M. 斯科菲尔德：《前苏格拉底哲学家——原文精选的批评史》，聂敏里译，华东师范大学出版社，2014，第279页。
③ 〔德〕黑格尔：《哲学全书·第一部分·逻辑学》，梁志学译，人民出版社，2002，第25~26页。
④ 关于海德格尔的情绪思想，参见〔德〕克劳斯·黑尔德《世界现象学》，孙周兴，倪梁康等译，生活·读书·新知三联书店，2003，第168~196页。
⑤ 〔德〕黑格尔：《哲学全书·第一部分·逻辑学》，梁志学译，人民出版社，2002，第26页。
⑥ 〔德〕黑格尔：《哲学史讲演录》（第四卷），贺麟、王太庆等译，商务印书馆，2013，第383页。

超越康德

——论海德格尔的存在论伦理学

Karl Kraatz（康理）/文　王宏健/译 *

内容提要　马丁·海德格尔在《存在与时间》中为本体论殚精竭虑，表面上看，马丁·海德格尔在《存在与时间》中只关心对本体论的辩护，而对伦理学持否定态度。实际上海德格尔并非真的把伦理学拒之门外。本文通过探讨海德格尔对康德实践哲学的理解与接受，表明海德格尔的本体论哲学中已具有伦理学雏形，并足以延展出存在论伦理学（Ontologische Ethik）的哲学概念。在海德格尔看来，群体伦理并非独立于个人存在之外而是寓于其中，对群体伦理的思考相对于对个体存在的思考是第二性的，且其伦理学思考是存在论的子集。海德格尔在关于康德的系列演讲中透露出与康德实践哲学的亲近性，即在自我责任的意义上定义个人存在。部分学者认为海德格尔强调个人生活忽略人际团结是其掉进唯我论和决定论陷阱的例证，但笔者认为这类观点的误区可以通过引入本真性（Eigentlichkeit）的方法论予以调和回应。

关键词　马丁·海德格尔　伊曼努尔·康德　现象学　伦理学　实践哲学

一　问题的提出

当人们讨论海德格尔与伦理学这一主题时，常常会参考海德格尔的《关于人道主义的书信》，在该书中，海德格尔谈到了"源始的伦理学"

---

*　Karl Kraatz，中文名为康理，德国汉学博士，湖南师范大学外国语学院副教授，研究方向为翻译研究、现象学、解释学、海德格尔存在论。王宏健，湖南大学副教授，研究方向为当代德国哲学、诠释学、现象学、实践哲学以及诠释学视域下的古希腊哲学。

（ursprünliche Ethik）和"伦理"（ἦθος）一词的希腊语含义，海德格尔将其翻译为 Aufenthalt（居留）。① 但在《存在与时间》中，海德格尔已经以一种非常相似的方式谈到了道德的前提预设和"善"与"恶"的可能性条件。② 存在论伦理学与伦理学的关系或许和基础存在论与区域存在论（Regionale Ontologie）的关系是相同的，进而也可以称存在论伦理学为基础伦理学（Fundamentalethik）。尽管海德格尔没有继续发展这条进路，但人们可以确定的是，海德格尔关注的不是共同生活（Zusammenleben）之规范与价值的内容规定，毋宁说，他关注的是先行于伦理学的东西。对人类本质的沉思就是其出发点。当人们试图在海德格尔的哲学中定位伦理学时，这就是问题之所在：海德格尔只是勾勒了这样一种伦理学的可能性，但并没有详细阐明存在论先行于伦理学意味着什么。试图使海德格尔哲学的这种伦理学潜力显露出来的作者们，比起数不胜数的批评者们，相对而言是少之又少的。这些批评者认为，海德格尔哲学在根本上违背了任何一种伦理学形式。③

批评者们的主要论点在于唯我论指责与决断论指责——海德格尔对本真共在（Mitsein）、对他者的绝对它性（Andersheit）、对社会，从而也对如社会责任一类的东西视而不见。这些批评者包括：卡尔·洛维特（Karl Löwith）、汉斯·约纳斯（Hans Jonas）、汉娜·阿伦特（Hannah Arendt）、

---

① Martin Heigegger, *Wegmarken*, Vittorio Klostermann GmbH, Frankfurt am Main, 1976, S. 356.

② Martin Heidegger, *Sein und Zeit*, in *Martin Heidegger Gesamtausgabe*（GA）, Band 2, Friedrich-Wilhelm von Herrmann（Hg.）, Frankfurt am Main: Klostermann, 1977, S. 286, S. 293. 为避文繁，下文标注作者、书名、页码信息。

③ 参见 Annemarie Gethmann-Siefert und Otto Pöggeler（Hrsg.）, *Heidegger und die praktische Philosophie*, Frankfurt am Main: Suhrkamp, 1988。在下文中，我们将更进一步讨论这一批判。对这一批判的概述，参见 Sacha Golob, "Heidegger's Ethics", in *The Cambridge History of Moral Philosophy*, Cambridge University Press, 2017, pp. 623–635。关于在伦理学的存在论基础上看到某种伦理学潜力的文献，参见 Charles M. Sherover, "Founding an Existential Ethic", in *Human Studies*, No. 4, 1981, pp. 223–236。也可参见 Frank Schalow, "Toward a Concrete Ontology of Practical Reason in Light of Heidegger's Lectures on Human Freedom", in *Journal of British Society for Phenomenology*, Vol. 17, No. 2, 1986, pp. 155–165; James D. Reid, *Heidegger's Moral Ontology*, Cambridge University Press, 2019; Eric S. Nelson, "Individuation, Responsiveness, Translation: Heidegger's Ethics", in F. Schalow（Hrsg.）, *Heidegger, Translation, and the Task of Thinking: Essays in Honor of Parvis Emad*, 2011, pp. 269–290。关于这个主题的最全面的书目，可参见 Diana Aurenque, *Ethosdenken, Auf der Spur einer ethischen Fragestellung in der Philosophie Martin Heidegger*, Freiburg/Muenchen: Alber Verlag, 2011。

列奥·施特劳斯（Leo Strauss）、让－保罗·萨特（Jean-Paul Sartre）、尤尔根·哈贝马斯（Jürgen Habermas）、伊曼努尔·列维纳斯（Emmanuel Levinas）、让－吕克·南希（Jean-Luc Nancy）、恩斯特·图根德哈特（Ernst Tugendhat）和汉斯－格奥尔格·伽达默尔（Hans-Georg Gadamer）等。①在中国，批评者包括靳希平、张汝伦、张志伟和邓安庆等。②

批评者们在此特别仰仗于《存在与时间》中谈到"本真性"的段落。海德格尔在这些段落中描述说，个人只有在个别化（Vereinzelung）中才能"本真地"成为自身。③关于这一点，海德格尔业已在《存在与时间》中著名的描述决断（Entschlossenheit）与先行到死（das Vorlaufen zum Tode）④ 的段落中讨论过了。这些文本之所以是成问题的，因为它们谈的是"实存论的唯我论"⑤ 和个别化。这种个别化与种种为伦理学做奠基的尝试是矛盾的。

与这些迄今仍然普遍流行的批评相反，我想在这篇文章中表明的是，存在论伦理学的可能性已经根植于《存在与时间》中了。这不关涉于某种唯我论，也不关涉于个体的事实性孤立（die faktische Vereinsamung），毋宁说，这关涉的是某种特殊的自身关系——在这种关系中，他者总是已经被保存。本文的论点是，个别化（人在个别化中变得"本真"）并不动摇人类本质上与他者相关联这一事实，毋宁说，个别化影响的是如何与他者共同

---

① 关于这些批判进一步的讨论细节，参见 Dieter Thomä（Hrsg.），*Heidegger-Handbuch*，*Leben-Werk-Wirkung*，Stuttgart Weimar，Verlag J. B. Metzler，2013.后来大量讲课版和之前未出版文本出版，这些文本是这些批判者们没能看到的。例如海德格尔早期在弗莱堡的重要讲课稿是 20 世纪 80 年代才出版的。关于伽达默尔对海德格尔的批判，可参见 Hongjian Wang，*Ontologie der Praxis bei Martin Heidegger*，Zürich：LIT Verlag，2020.关于约纳斯对海德格尔的批判，参见邓定《海德格尔是一个现代虚无主义者吗？——基于约纳斯对〈存在与时间〉中的"瞬间"概念考察》，《云南大学学报》（社会科学版）2021 年第 1 期。

② 靳希平：《海德格尔〈存在与时间〉中的"共在"概念与"缺爱现象"兼及〈黑皮本〉的"直白称谓"》，《伦理学术》（*Academia Ethica*）2018 年第 1 期，第 124～139 页。张志伟：《重思伦理学与形而上学之间的关系——以海德格尔哲学为"视阈"》，《道德与文明》（*Morality and Civilization*）2021 年第 1 期，第 87～96 页。邓安庆：《何谓"做中国伦理学"？——兼论海德格尔为何"不做伦理学"》，《华东师范大学学报》（哲学社会科学版）2019 年第 1 期，第 11～17 页。对海德格尔伦理学进路的系统性呈现，参见孙小玲《存在与伦理——海德格尔实践哲学向度的基本论题考察》，人民出版社，2016.参见韩潮《海德格尔与伦理学问题》，同济大学出版社，2007。

③ 参见 Heidegger，*Sein und Zeit*，S. 188。

④ 参见 Heidegger，*Sein und Zeit*，S. 45 - 66。

⑤ Heidegger，*Sein und Zeit*，S. 188.

存在。个别化只涉及存在的实行方式（die Art und Weise des Vollzugs），即个人如何与他者一同存在。

学界在海德格尔研究中长期存在一个误区，邓定对此有如下描述："总之，本真的此在的'个别化'与'共在'之间的矛盾张力始终是海德格尔的基础存在论悬而未决的遗留问题。"[1]我将指出的是，"个别化"与"共在"在现实中根本不存在矛盾张力，因为个别化仅仅是修正了个人与他人共同存在的方式。

为了进一步阐述这一点，并说明这对存在论伦理学课题意味着什么，我想首先探讨《存在与时间》，然后再探讨海德格尔的康德讲座。在那里，我们可以指出海德格尔与康德伦理学奠基的相同之处。

二　伦理学在海德格尔那里是绝无可能的？

首先，我将更准确地描述学界针对海德格尔反复提出的批评。对此，我会反复探讨所谓的"个别化"与"共在"之间的张力。

批评的焦点之一是，理性与道德话语的本质性要素似乎在个别化中被删去了，因为在个别化中，与他人的关系被切断了。恩斯特·图根德哈特（Ernst Tugendhat）曾对此指出，"本真性"不再关乎对自身行动的理由的权衡，因为海德格尔拒绝某种对"本真性"的内容规定。因此，被个别化的人，在其本真性中，不具有他应当如何行动的尺度。[2] 正是在这个意义上，戈洛布（Golob）认为，没有什么可以阻止个人"决断地""本真地"自行做出折磨他人的决断。[3] 哈贝马斯（Habermas）也强调了这一点，他解释说，"交往"（Kommunikation）不是海德格尔思想的基本概念之一，用以表明海德格尔缺失主体间行动的维度。[4]

---

① 邓定：《海德格尔是一个现代虚无主义者吗？——基于约纳斯对〈存在与时间〉中的"瞬间"概念考察》，《云南大学学报》（社会科学版）2021年第1期，第43页。

② 参见 Ernst Tugendhat, *Selbstbewußtsein und Selbstbestimmung*, Frankfurt am Main：Suhrkamp, 1979, S. 242 – 243。

③ Sacha Golob, "Heidegger's Ethics", p. 627.

④ 参见 Jürgen Habermas, *Philosophisch-politische Profile*, Frankfurt am Main：Suhrkamp, 1971, S. 73。

批评内容可归纳如下：海德格尔的问题在于，人类在本真性中孑然一身（ganz bei sich），而不再与他人在一起。这将会消解共同生活的维度，而该维度对于规定任意一种伦理学而言是必要的。简单来说，批评者们把《存在与时间》中描述的个别化设想为：在个别化中，个人背弃他人，从而也背弃流行的规范——有效价值，一切规则与规范因此失去了其约束性（Verbindlichkeit）。伴随着与他人的关联的丧失，对有序的共同生活的主体间、人际间的理解之可能性，以及每一种保障这种共同生活、为其奠基之可能性也都将丧失。个人是如此具有决断性，以至于他眼中失去了对他人的关注。似乎有许多批评者为此观点辩护：海德格尔只关心个人自行决断的事情。因此，这必然导致唯我论（"个人全然为自身"）和决断论（"只有决断才作定数"）。这样一来，伦理学在海德格尔的哲学中没有位置。①

卡尔·弗里德里希·盖特曼（Carl Friedrich Gethmann）在一篇论文中着手讨论了这些问题，并总结了这些问题对海德格尔伦理学的可能性意味着什么：盖特曼批评道，海德格尔试图仅仅通过此在的自身指涉（Selbstbezug），即仅在主体内（intra-subjektiv）为道德现象奠基。②如果我们不得不同意盖特曼的这一评价，这就意味着，主体间性（社会共同生活这一现象）只有在海德格尔的本真的自我本身（Ich-selbst-sein）之中才能被构建而成。这也许意味着，他者和共同存在的规范性唯有经由具有决断性的自我（das entschlossene Ich）才能经历它们的形式规定与内容规定。盖特曼引用了《存在与时间》中关于良知的核心文本，其中指出：

> 自身决断性只是把此在（Dasein）带入了某种可能性，这种可能性让共同存在着的他人在其最本己的能在（das eigensten Seinkönnen）中存在 [……] 从本真的决断性之自身存在中首先产生了本真的共在 [……]。③

---

① 海德格尔的伦理学还存在其他问题，在此无法详细讨论。然而，我将表明，澄清"我在"（Ich-sein）与"共在"之间的联系是对海德格尔伦理学的所有进一步考虑的核心。

② 参见 Carl Friedrich Gethmann, *Dasein：Erkennen und Handeln. Heidegger im phänomenologischen Kontext*, Berlin, New York：De Gruyter, 1993, S. 314–316。

③ Heidegger, *Sein und Zeit*, S. 298.

在此，听起来似乎存在一种序列：处于首位的是本真的自身存在（das eigentliche Selbstsein）——由此处出发——唯有当人全然在自身处存在（bei sich sein）时，他才能够在其"最本己的能在中"（in eigensten Seinkönnen）让他者存在。这可以被视为一种证据，证明了在海德格尔那里关乎对伦理学的纯粹主体内的奠基（根据盖特曼的观点）。

这为什么是一个问题？托马斯·仑奇（Thomas Rentsch）已经特别地指出了这一点——它或许对于构成理论（Konstitutionstheorie）而言是站不住脚的。人们可以参考胡塞尔从先验主体（dem transzendentalen Subjekt）出发澄清主体间性的尝试。问题似乎在于，还没有任何从个别主体通往其他主体的如此精练的道路。① 他者在这里只是显现为一个复制品，即对本己的自身（das eigenen Selbst）的复制。② 的确，人们在这里会错过他者的天然的它性（genuine Andersheit），列维纳斯（Levinas）曾多次强调后者的重要性。仑奇（和其他人）已经指出，个人的现实性只能被表象为通过社会和语言来构成的现实性，而不是作为在孤立的先验主体中（im isolierten transzendentalen Subjekt）自行构成的东西。③ 基于此，海德格尔关于主体内奠基的第一个问题也是构成理论（Konstitutionstheorie）或先验哲学（Transzendentalphilosophie）的问题，批评者主张海德格尔哲学缺失伦理学维度的理由是，海德格尔停驻于先验主体，并纯粹主观地思考现实性的构成。

关于海德格尔伦理学进路的第二个问题关联于第一个问题。从现象学视角与康德视角来看，我们的社会共在总是已经明显地具有道德约束的特征。④

---

① 参见 Thomas Rentsch, *Die Konstitution der Moralität. Transzendentale Anthropologie und praktische Philosophie*, Frankfurt am Main：Suhrkamp，1990（1. Auflage 1999），S. 43。

② 参见 Heidegger, *Sein und Zeit*, § 26。

③ 参见 Thomas Rentsch, *Heidegger und Wittgenstein. Existential-und Sprachanalysen zu den Grundlagen philosophischer Anthropologie*, Stuttgart：Ernst Klett Verlag，1985；Rentsch, Martin Heidegger, *Das Sein und der Tod. Eine Kritische Einführung*, München：Serie Piper，1989；Rentsch, *Die Konstitution der Moralität*, a. a. O.。

④ 克里斯汀·科斯佳（Christine Korsgaard）已经指出了这种规范性在社会共存中的重要性，参见 Christine Korsgaard, O'Neill, *The Sources of Normativity*, Cambridge：Cambridge University Press，1996。这些想法被斯蒂芬·克劳威尔（Steven Crowell）所采纳，参见 *Normativity and Phenomenology in Husserl and Heidegger*, Cambridge University Press，2013。鉴于此，戴维·佐勒（David Zoller）强调康德和海德格尔的实践哲学之间的共通之处。参见 David Zoller, "Situating the Self in the Kingdom of Ends：Heidegger, Arendt, and Kantian Moral Phenomenology", in *Revista Portuguesa de Filosofia*, Vol. 75, No. 1, 2019, S. 159–190。

因此，人类应当道德地行动，这一点不是从这种原初的共在中推导出，就是通过所有人共有的理性能力推导出。海德格尔以个别化为基础，失去了为道德奠基的这种可能性。批评者们声称，在海德格尔那里，个人是一个凌驾于有效规范与规则之上的主管（Instanz）。个人类似于"超规范的主管"（meta-normative Instanz），可以自行决定支持或反对道德行动。但这恰恰是问题所在：因为海德格尔在个别化中切断了与他人的联系，所以不能从与他人的共同存在（Zusammensein）中获得道德行动的基础。这种基础必须来自自身。然而，由于海德格尔搁置了对本真性的内容规定，所以，在个别化中，个人在权衡自己在行动时拥有哪种尺度，这一点仍是悬而未决的。其后果是，行善还是作恶由个人自行决断。这样的后果产生了以某种唯我论与某种决断论形式存在的主体主义（Subjektivismus）。①

如果这种解释是适当的，那么批评者们或许就会是对的：一切共同生活的现象在海德格尔那里都从属于本真的自身存在。自我（das Ich）在其本真决断性中是处于首位的。这就意味着，海德格尔的伦理学问题不是他没有怎么谈及过伦理学，而是在海德格尔那里不可能存在伦理学。托马斯·仑奇猛烈地批评了海德格尔，并在此背景下谈到海德格尔的伦理学进路是"战争体验的神话化"（Mythisierung des Fronterlebnisses）和"自身关系的总体化"（Totalisierung des Selbstverhältnisses）。还有人从伦理学的缺失出发推导出这个结论：海德格尔因此会更容易落入国家社会主义意识形态的怀抱。②

我想尝试通过以下方式来反驳这些批评：我首先要提出对《存在与时间》中的个别化的一种不同解读，然后，我将着手阐述海德格尔的康德讲座和自身责任这个概念。

---

① 汉斯·约纳斯（Hans Jonas）批评说这是"海德格尔的决断哲学的绝对形式主义"："无论如何，在1933年1月时，历史提供了决断的时机……那时，整个海德格尔的进路的巨大可疑性对我而言变得清晰。……所以（海德格尔）可以被更加严重地指责：人们可以指责他的决断哲学的绝对形式主义，在这样的形式主义中，决断成为最高美。"Hans Jonas, "Heideggers Entschlossenheit und Entschluss", [Interview mit A. Isenschmid vom 9.10.1987], in Gunter Neske/Emil Kettering (Hrsg.), *Antwort. Martin Heidegger im Gespräch*, Pfullingen, 1988, S. 221 – 229.

② 例如，参见 Sacha Golob, "Heidegger's Ethics", p. 634。"At the level of the theory itself there is, at best, a disturbing vacuum here. In Heidegger's own case, this vacuum was all too easily filled with the metaphysical anti-Semitism of the Schwarze Hefte." 同时参见 Gethmann, *Dasein: Erkennen und Handeln*, S. 321。

三 《存在与时间》中"个别化"的问题

即便批评者们也无法否认，海德格尔一再强调，此在本质上就是共在。在 1928 年夏季学期的讲课中，海德格尔说道："这一点反复地被人们提出，都已经遭人厌烦了：这个经由此在的存在者（dieses Seiende qua Dasein）总是已经与他人共同存在，并总是与不具有此在性的存在者共同存在。"① 然而，罕见的是，海德格尔还试图探讨第二种现象，即他在《存在与时间》中描述的向来我属性（Jemeinigkeit），在早期的讲座中它被描述为"当下性"（Jeweiligkeit）（例如在全集第 63 卷中），在更早之前被描述为"热衷于自身世界"（Zugspitztheit auf die Selbstwelt）（首次出现在全集第 58 卷中）。按照盎格鲁－萨克逊式的语言用法，人们可以把这种现象称为第一人称视角（1. Person-Perspektive）。在赫尔曼·施密茨（Hermann Schmitz）的《新现象学》中，它被称为"严格主体性"②。在此现象中，这不关乎不能安置于客观事实世界的东西，即各种经验以自我为中心，并且被自我所体验。在这一点上，盖特曼提出了"卓越的个体性"③。

海德格尔的进路的特殊之处在于，在第一人称视角内，他再次区分了自我本身（das Ich-selbst）和常人本身（das Man-selbst）。海德格尔在《存在与时间》的关于良知的段落中为这种区别提供了现象学证据，证明本真的整体能在（Ganzseinkönnen）的同时也证明了自我能够以一种特殊的方式关注自身。

在这里，我遵照史蒂文·克罗韦尔（Steven Crowell）的解读：自我能够通过良知的呼召（Ruf）赢获自身的特殊意识。④ 如果人们遵照这种解读，那么，本真性就不关乎某种对"正确的生活"（相对于在常人身上的错误生

① Martin Heidegger, *Metaphysische Anfangsgründe der Logik im Ausgang von Leibniz* (Sommersemester 1928), GA 26, hrsg. von Klaus Held, Frankfurt am Main: Vittorio Klostermann 1978, S. 245.

② 参见 Hermann Schmitz, *Husserl und Heidegger*, Bonn: Bouvier Verlag, 1996。

③ Gethmann, *Verstehen und Auslegung*, Bonn: Bouvier Verlag, 1974, S. 252.

④ 参见 Steven Crowell, *Normativity and Phenomenology in Husserl and Heidegger*, Cambridge: Cambridge University Press, 2013。

活）的内容规定，毋宁说，它关乎人类如何作为自我而存在于这个世界上。① 本真性的模式可以被理解为某种自身意识的本己方式。海德格尔谈及"透视状态"（Durchsichtigkeit），它是"被充分理解的自身认识"②。这不关乎笛卡尔式的自身意识，也不关乎对某种固定的自我锚点（der Ichpunkt）的反思，而是关乎在自我与存在者的本质关系中的自我意识之生成。③

因此，通过个别化实现的本真性与个体的事实性孤立没有任何关系。个别化也并不改变人在本质上与他人相关联的事实，它只限于改变人如何与他人（以及其他存在者）相关联。如果克罗韦尔的解释是正确的，那么人们就不能用"唯我论"去指责海德格尔了，因为即便在他的"实存论的唯我论"中，自我在本质上仍然是关联于他人的。相反，我们必须承认，与他人的关系在"本真性"中变得可透视。而决断论指责也是成问题的：这不仅关乎个人自行做决断。重要的是个人有"自我意识"地这样行动——在这种自身意识中，对存在者的指涉也变得可透视。

在海德格尔的康德讲课中，海德格尔准确地把这种自身意识描述为对自身（作为一个行动着的存在物）的道德认知。他在那里谈到了责任能力（Zurechnungsfähigkeit），也谈到了自身责任（Selbstverantwortung）。在我讨论这些讲座之前，我想简明扼要地说明，为什么本真性和个别性之现象对存在论伦理学如此重要。

四 《存在与时间》中本真性的方法论功能

我的论点是，本真性的方法论功能在于扬弃沉沦倾向（Verfallenheits-tendenzen）。首先，为了证明这一点，我想澄清一下沉沦是什么。在《存在与时间》中，沉沦被描述为人类实存的一个基本特征。在书中的几个段落中，海德格尔强调沉沦对现象之遮蔽负有责任——例如，正是因为这种遮蔽，人从他所操心的事物中理解自身，并且存在者之存在被隐含地理解为

---

① 同时，这种解读还可以得到海德格尔关于时间概念的讲座的支持，这些讲座已经包含了《存在与时间》的纲要。参见 Martin Heidegger, *Der Begriff der Zeit* (1924), GA 64. hrsg. von Friedrich-Wilhelm v. Herrmann. Frankfurt am Main: Vittorio Klostermann, 2004.

② Heidegger, *Sein und Zeit*, S. 146.

③ Heidegger, *Sein und Zeit*, S. 146.

现成在手（Vorhandenheit）。①

海德格尔在早期讲课中更详细地解释了这一点，尤其是在包含了"反沦陷"（Gegenruinanz）这个关键词的《对亚里士多德的现象学解释》中。"沦陷"（Ruinanz）是海德格尔早期对沉沦的称呼（拉丁语 ruina，即坍塌、沦陷）。海德格尔在那次讲课中说道，哲学的任务是抵制这种沦陷（Ruinanz）。② 反沦陷的意思是阻止沦陷、阻止沉沦，从而暂时扬弃这种沉沦。

为什么这在方法论上对哲学是重要的？在这一节中，我想指出，反沦陷是揭示现象的前提预设。海德格尔在《存在与时间》中提供了一个例子，他解释了在特殊经验中，主宰日常生活的（沉沦）趋势暂时停止了，以及这是如何成功的。对死亡的恐惧就是这么一个例子，它使非日常之物代替日常之物，被海德格尔描述为一种"个别化"体验。③熟识的日常成为非熟识之物——成为令人不安之物。这种日常生活的规范进程的中断具有方法论意义：海德格尔强调，这些经验并不导致实存的无能。它们并没有在其纯粹否定性（Negativität）中溶解，毋宁说，它们揭示了海德格尔称为此在的实存论上的肯定性（Positivität）的东西。④

这里发生了什么？对死亡的恐惧扰乱了日常生活，从而创造了某种人为的距离，在这个距离之内，作为现象的事物能够变为可见的。海德格尔描述了自我是如何通过这种对惯常（gewohnt）流程的扰乱而回到自身的。这种扰乱迫使自我重新定位自身。对海德格尔来说，这种扰乱促成了一种"透视状态"的形式——它导致自我本身在与世界的本质关系中变得可透视。因此，海德格尔所描述的对死亡的恐惧就是这么一个例子，它说明自我是如何通过反沦陷体验（对日常的扰乱）而回到自身。他将此称为"个别化"，并强调了其方法论意义：通过扬弃沉沦倾向，个别化实现了对现象的揭示。

只有在"沉沦"的背景下，才会清楚为什么个别化在方法论意义上对

---

① Heidegger, *Sein und Zeit*, S. 185 – 186, 189, 251, 310, et passim.
② Martin Heidegger, *Phänomenologische Interpretationen zu Aristoteles. Einführung in die phänomenologische Forschung* (Wintersemester 1921/22), GA 61, hrsg. von Walter Bröcker und Käte Bröcker-Oltmanns. Frankfurt am Main: Vittorio Klostermann, 1985, S. 153.
③ 在 1921～1922 年冬季学期的讲座中，这个功能已经由感受（Gefühle）承担了。参见 Heidegger, GA 61, S. 138。
④ 参见 Heidegger, GA 61, S. 138。

（海德格尔的）哲学来说是必不可少的：如果沉沦关乎人类实存的基本特征，那么一切存在者都将受到被沉沦所遮蔽的威胁。海德格尔认为，存在者总是已经成为这种威胁的受害者，因为在大多数情况下，存在者都是被遮蔽的。因此，这种遮蔽之倾向必须要在某种特定的经验实行（Erfahrungsvollzug）中加以抵制。这里所指的是某种"反沦陷的实行"（gegenruinanter Vollzug），其功能是在对死亡的恐惧中扰乱日常生活，使被个别化的人能够重新定位自身。对于个人与他人的关系，这意味着：如果没有"反沦陷"，共在便被非本真地规定着。他人的存在被遮蔽了——例如，这可能意味着，他人被视为达到目的的手段，即上手事物。海德格尔说，我们之所以能够"让他人存在"，其基础仅仅可能是带来"本真性"的"个别化"。然后，他人从其最本己的能在出发被规定下来——作为此在，而不是作为上手事物或在手事物。① 唯有当"个别化"是这样一种"反沦陷"体验时，个人才能暂时扬弃"沉沦"。

我在上文中提到过盖特曼，他认为，在海德格尔那里，"共在"只由"本真自我"所构成。"盖特曼"与其他批评者认为，"个别化"与"共在"之间的这种矛盾张力导致了无法解决的问题，这使得海德格尔的伦理学无法应用并无法成为可能。但我要指出的是，在《存在与时间》中不关乎一种全新的、完全不同的世界之构成，与此相反，它关乎的是对这种构成的更进一步的规定。从本真地成为自身出发"产生"出"本真共在"，这一事实并不像盖特曼指出的那样，意味着主体间性只在"本真的主体"之中（亦即主体内）自行构成。那些关于良知的章节关乎的是一种对构成的进一步规定，而不是一种全新的、完全不同的、纯粹自我主义的构成。海德格尔在谈到某种"常人的实存论的修正"时，② 或者说，当他说到人在本真性中本真地"在世存在"时，特别强调了这一点。③ 共在原初地属于构成，这一实情是海德格尔无法否定的。因此，我认为更显而易见的是，个体化只是关乎这种构

---

① 以同样的方式，海德格尔在《现象学与神学》中规定了存在论的"调校"功能，参见 Martin Heidegger, *Wegmarken*, GA 9, hrsg. von Friedrich-Wilhelm von Herrmann, Frankfurt am Main：Vittorio Klostermann, 1976。

② Martin Heidegger, *Wegmarken*, GA 9, hrsg. von Friedrich-Wilhelm von Herrmann, Frankfurt am Main：Vittorio Klostermann, 1976, S. 130.

③ Martin Heidegger, *Wegmarken*, GA 9, hrsg. von Friedrich-Wilhelm von Herrmann, Frankfurt am Main：Vittorio Klostermann, 1976, S. 298："正是决断将自身带到寓于上手事物的当下操心着的存在之中，并将自身推向操持着的共他人存在之中。"

成之方式。① 这关乎某种构成的特殊方式，其特征乃是上述的"反沦陷"。

批评者们正确地观察到，海德格尔格外重视个人。诚然，在这里，个别化的方法论功能是被忽视的。我们因此也很容易忽视这一事实，即这两者可以放在一起设想，这样一来，"个别化"与"共在"之间的矛盾张力就很容易得到解决。一方面是经验的第一人称特征（"向来我属性"），另一方面是现实的社会性构成（"共在"作为实存论性质）。但这恰恰意味着，现实的这一构成有不同的实行方式：至少有本真性与非本真性的实行方式。因此，在海德格尔那里，关乎的不是纯粹主体内的伦理学基础。在个别化中发生的事情，只涉及实行的方式。我的结论是：在"个别化"与"共在"之间没有矛盾张力，因为"个别化"只改变了人与他人共同存在的方式。

以海德格尔的进路而言，此在的自身关系同时是跨主体的。因此，至少可以设想，通过一种特殊的自身关系，他人（以及各种存在者）是同等原初地被共同规定的。这可以成为某种存在论伦理学的基本构想——一种"实存论的绝对命令"或许也可被设想为：命令总是针对个人，因为个人总是业已与他人共同存在。这种存在论伦理学的核心构想是：在操心最本己的能在时，也总是业已关乎他人之存在。②

五　作为自身责任的自身关系

——康德和海德格尔

最后，我想探讨一下，海德格尔是否进一步阐述了存在论伦理学这一

---

① 参见弗莱堡早期讲课中的实行意义（Vollzugssinn）（全集第61卷）：除了 Noema（内涵意义）与 Noesis（关联意义），这里还增加了第三个意义，在此意义上，关乎的是实行，即到时（Zeitigung）。我在其他地方论证过，这一步预示着方法论的变化，即对海德格尔来说，为了构成之澄清，一种特殊的实行模式变得有必要。回溯到构成之前提条件不是一种客观化的、理论化的行为，毋宁说，它必须被描述为本己方式的行动。参见 Karl Kraatz, *Die Methodologie von Martin Heideggers Philosophie*, *Würzburg*：Königshausen & Neumann, 2020, S. 81 – 88。

② 参见 Gethmann, *Dasein*：*Erkennen und Handeln*, S. 316。盖特曼正确地提出了疑问，即海德格尔没有走上这条道路。他强调在海德格尔身上存在着一种伦理学的可能性，但海德格尔通过对个人的不合理的强调阻止了对它的接触。人们可以承接这个构想，也就是说，（在个人的操心中关乎的）存在不是个人的所有物；相反，存在是转交给他的东西。关于责任的存在论伦理学之构想就建立在这种想法的基础之上。参见 François Raffoul, *Origins of Responsibility*, Bloomington：Indiana University Press, 2010。

核心构想。我将指出，答案是肯定的，证据就在他的"康德讲座"中。

在康德那里，没有个体（的理性）与他人之间的矛盾张力，因为"目的王国"（Reich der Zwecke）的概念或绝对命令的"人是目的"被用以架起自我与他人之间的桥梁。①海德格尔接受了这些概念，并以他自己的语言将其解释为"共在"和"实存着的人格的王国"②。因此，他将康德的概念翻译成存在论的术语，并用这种术语强调了人格的存在方式。康德试图通过回溯到理性来澄清的东西被海德格尔在存在论上重新解释了。

海德格尔对康德的批评是，康德不再对人的存在进行存在论的追问。也许人们可以由此推断，海德格尔在其他方面赞同康德的实践哲学。但是，正如海德格尔详细解释的，对人格（Person）的道德性规定必须是存在论的，而不是基于理性，理性本身是基于某种存在理解之上的。③海德格尔对康德的道德奠基的批评附属于他的存在论规定。因此，在海德格尔对康德实践哲学的现象学解释中，他明确地超越了康德，并试图对道德人格性进行存在论规定——而这明确地关联到康德的概念体系：

> 人格的本质、人格性包含在自身责任之中。［……］因此，自身责任是规定一切人类行动与放任的存在之基本方式，是被具体标明的人类行动、伦理实践。④

自身责任是"存在之基本方式"？这还是康德的观点吗？或者说，这已经超出了康德，是对人格的存在论解释？在这里，海德格尔把被他描述为自身责任的自身关系与他人关系联系起来，并谈到自身责任规定了伦理实践。那么，我们在这里处理的是一种特殊的自身关系，这种关系又同等原初地共同规定了与他人的关系。我的观点是，海德格尔在这里进行了与在

---

① 参见邓晓芒《从 Person 和 Persönlichkeit 的关系看康德的目的公式》，《德国哲学》2014 年卷。

② Martin Heidegger, *Die Grundprobleme der Phänomenologie*（Sommersemester 1927），GA 24, hrsg. von Friedrich-Wilhelm v. Herrmann. Frankfurt am Main：Vittorio Klostermann, 1997, S. 197.

③ 参见 Martin Heidegger, *Die Grundprobleme der Phänomenologie*（Sommersemester 1927），GA 24, hrsg. von Friedrich-Wilhelm v. Herrmann. Frankfurt am Main：Vittorio Klostermann, 1997, S. 197 – 199。

④ Martin Heidegger, *Vom Wesen der menschlichen Freiheit*（Sommersemester 1930），GA 31, hrsg. von Hartmut Tietjen. Frankfurt am Main：Vittorio Klostermann 1994, S. 262 – 263.

《存在与时间》中一样的论证。他没有谈及"本真性"，而是援引康德谈到了"自身责任"，但在这里，他坚持自我之意义，甚至明确强调这种自身关系规定了伦理实践。海德格尔的"自身责任"——这恰恰是与康德的不同之处——并不以关乎"理性"的方式来澄清，毋宁说，对于海德格尔而言，它是一种"存在的基本方式"。①

在此处，海德格尔也谈到了负责能力——对任何伦理学奠基而言，它都是核心的概念："一个存在物（一些事物可以归因于它）必须能为自身负责。"② 海德格尔在此强调，作为社会伦理实践之核心的负责（Zurechnen）即相互责任的前提预设是，个人能够对自身负责。在这里，社会共在（"负责"）也回过头与某种自身关系联系在一起（"自身责任"）。关键意义在于，人们不再从唯我论或决断论的意义出发来阐述这种自身责任。对第一人称（个人）的强调来源于这个事实——这种强调不是海德格尔毫无根据的想法。在上一节，我试图通过指出个别化的方法论上的必然性来对这一点加以说明。③

海德格尔对康德的道德奠基的批评关乎康德将人格规定为自身目的。海德格尔认为康德那里缺少这种规定的根据，他补充说："这种规定（人类自身就是其目的）归属于人类此在的存在论机制。"④ 最后我想说的是，在海德格尔那里，这种对人格的存在论规定导致了对自身存在与共在的不可扬弃的关系之基础。

在《存在与时间》中，海德格尔指出，人类的目的之设立——为何（Wozu）与为了（Umzu）这一因缘整体性（Bewandtnisganzheit）——必须锚定于一种存在物，在某种确定的意义上，这种存在物最终总是围绕着本己的存在。如果不是如此，每一个目的之设定都会指向另一个目的。除非这一系列目的之设定最终锚定在"自身目的"的存在者中，否则这将是一

① Martin Heidegger, *Vom Wesen der menschlichen Freiheit*, S. 262 – 263.
② Martin Heidegger, *Vom Wesen der menschlichen Freiheit*, S. 262. 这里的论证功能类似于《存在与时间》中与罪责相关的论证：在那里，海德格尔解释了，只有一个原初有罪的存在物（Wesen）才能在事实上成为对他人负罪。
③ 因为海德格尔在这里谈到"自身责任"是人的"基本存在方式"，所以人们在这里也可能谈及对人格的"道德主体性"之规定。
④ Heidegger, *Die Grundprobleme der Phänomenologie*, S. 199.

个无穷尽的回溯（Regress）。因此，人就是自身目的，这一点构成了以下这一点的前提，亦即世间物能够在某种规范的意义上合目的地照面。换句话说：如果人不是"自身目的"，那世界上便没有任何东西可以成为他的目的。在他看来，世界上将没有任何东西是"肯定的"或"否定的"，一切都将漠然无殊。

因此，海德格尔在《存在与时间》中指出，每一种感受也同时总是一种对本己存在的感受。即便是对犬吠的怕也有一个前提预设，即这种感受同时也是对本己人格具有威胁性的感受。史蒂芬·克劳威尔（Steven Crowell）重构了海德格尔的这一论证，并从而指出了海德格尔对人格的存在论规定与世界的规范性之关联。在《存在与时间》中，海德格尔由于这种原因而谈到，人就是首要的"为何之故"（Worumwillen）（一切制作活动的为何之故①）。这种对作为自身目的的人格的存在论规定表明，为什么世界关系最终会回到自身关系。世界的规范性、一切规范与规则、每一个"应当"（Sollen）都有一个前提预设，即自身（das Selbst）本身是一个目的。

海德格尔在这里成功地给康德对人格的规定提供了一个存在论基础：康德所描述的自身目的由海德格尔在《存在与时间》中以自身操心（Selbstsorge）这个概念在存在论上进行了奠基。这也解释了为什么在可能的伦理学奠基中，回归"自身"在方法论上是必要的。例如，道德行动的约束性只是基于个人的自身关系的约束性。这种自身关系就是从每一个可能的"你应当这样做"都能产生出某种规范力量的原因。在《存在与时间》中，海德格尔谈及在个别化中的自身关系的某种变式，这一点并不是通过所谓的决断论或唯我论来澄清的。毋宁说，在"反沦陷"意义上的自身关系的变式，是他人关系变得可透视的根本的前提预设。

这一点仅仅是用来进一步指出自身存在的方法论意义。通过自身责任这个概念，海德格尔在"康德讲座"中给出了一个对这种自身关系的内容规定，这个规定对共在的社会维度而言是开放的。在责任能力的意义上，海德格尔对自身责任的澄清表明了存在论伦理学意义上的这种"延伸"，因为海德格尔明确谈到"自身责任"规定了"伦理实践"。② 据此，海德格尔

---

① Heidegger, *Sein und Zeit*, S. 84.

② 参见 Heidegger, *Vom Wesen der menschlichen Freiheit*, S. 262。

主要达成了以下这点：他提出了对道德性的存在论奠基。即使海德格尔没有给出共同生活的价值与规则的内容规定，他也能够表明，个人的自身关系必定是伦理学奠基的枢纽。此外，通过他的"本真性"或"自身责任"的概念，海德格尔也表明了伦理实践应当如何被规定。

结 论

本文的目标在于，指出海德格尔的存在论伦理学的可能性。以上述考虑为基础，海德格尔对人格的规定（"自身责任"）和他对康德的"目的王国"的描述（作为"实存着的人格的王国"）可以被扩建为某种存在论伦理学。

在全集第 24 卷和第 31 卷中尚不明确的是，那里讨论的究竟是某种康德阐释还是对海德格尔自身立场的描述。这在很大程度上是因为，两位哲人的思想进路在此是如此相似：海德格尔与康德的伦理学奠基都回溯到自我。但在此并非关乎对自为存在着的自我的某种内容规定。毋宁说，得到主题化讨论的是，个人必须以何种方式行动。康德那里的"善良意志"，对应着海德格尔的"本真性"。两者之间的桥梁是海德格尔自己架构起来的，其方式是，他将两者均描述为自身意识的一种本己方式。①

在康德那里，道德行动是通过理性所奠基的。理性为意志规定了行动准则。海德格尔的进路与此十分类似。但他无需援引"理性"的多重含义。在《存在与时间》中，海德格尔以现象学的方式讨论了诸如"畏"的诸种感受，而这与康德的立法"事实上"是一致的。对于"个别化经验"的必要性的论证乃是通过"反沦陷"的方法上的必要性，后者带来了他称为人之存在的"透视状态"的东西。②当海德格尔指向畏和"个别化"的时候，他在论证上是一个现象学家。他批判康德，说后者停留于援引"理性"而不再追问人格的存在论规定。

然而，与其说两条进路中的某一条是更好的，不如说，康德和海德格尔之间存在着强烈的相似性：无论是康德的伦理学还是海德格尔的伦理学，都具有某种"形式主义"的基础。关于人应该做什么，两者都不给出内容规

---

① Heidegger, *Die Grundprobleme der Phänomenologie*, S. 197 - 199.

② Heidegger, *Sein und Zeit*, S. 146.

定，而是将关注点落在人应该"如何"行动这个问题上。对于康德而言，答案是"理性"的自身立法，而对于海德格尔而言，答案在于"本真性"。

通过上文中的论述，我表明了海德格尔的思想无关于某种唯我论，也和决断论无关。人必须如何行动，这一点在海德格尔那里是由"反沦陷"的方法上的必要性所规定的。海德格尔的进路的独到之处在于，对构成之前提条件的澄清维系于某种特殊的实行方式，亦即个别化。这里重要的是对某种现象学方法的规定，亦即关乎现象是如何作为现象而进入视线的。个别化这一方法上的必要性在关系到共在时同样有效：要想让他人不被遮掩地，亦即如其本身地被表象出来，就需要这一前提。

这正是海德格尔的存在论伦理学的基本意义：对社会现象的澄清先行于对共同生活的规则的内容性、经验性规定，并且这种澄清出于方法论理由始终指向个人的自身关系。这种伦理学之所以被规定为存在论的，乃是因为它要回溯到主体的存在之上。而它之所以是某种存在论伦理学，乃是因为它关注社会共在之现象。这种存在论伦理学的核心在于，海德格尔在本真性的意义上对人格的存在论规定。①诚然，海德格尔没有从内容上对个人应该如何行动给出规定。但是，他给出了某种形式标准，亦即每一种行动都必须被"反沦陷"所规定。

---

① 关于这种存在论伦理学，可参见 François Raffoul, *Origins of Responsibility*, Bloomington：Indiana University Press, 2010；Crowell, *Normativity and Phenomenology*, 2013。

论海德格尔的可能性概念[*]

陈　萌[**]

内容提要　可能性对海德格尔有着非同寻常的意义，但他拒绝从模态逻辑来理解可能性，而是赋予其不断演进的存在论意义：早期海德格尔通过"制作"活动将亚里士多德的运动概念解释为可能性的持存化，在改变了可能性所具有的非现实性之逻辑意涵的同时，使之成为存在者之存在的规定性；继而在基础存在论中，可能性作为此在之存在的规定性内在于此在自身的结构之中，是此在实现自我超越与存在显现自身的先验视域；最后，随着海德格尔的思想从此在折回到存在，可能性又被直接等同于存在自身，从而将存在刻画为意愿自身、获取自身与具有内在动力的可能之在。因此，可能性实际上作为一个核心概念贯穿海德格尔思想的发展，同时也标示着他对传统实体存在论的克服。

关键词　可能性　运动　能在　时间性　能力

西方传统哲学历来重视现实性，而海德格尔却将可能性奉为圭臬。在《存在与时间》的导论中他明确指出："从本质上说，现象学并非只有作为一个哲学'流派'才是现实的。比现实性（Wirklichkeit）更高的是可能性（Möglichkeit）。对现象学的理解唯有把它作为可能性来把握。"[①]因此，倒转"现实性高于可能性"的范式，赋予可能性以优先地位，被认为是海德格尔克服传统形而上学的一个重要原则。但这种观点掩盖了一个重要事实——

---

　*　本文系绍兴文理学院 2022 年科研项目"海德格尔的可能性概念研究"（项目编号：XN2023026）的研究成果。

　**　陈萌，绍兴文理学院马克思主义学院讲师，研究方向为现象学、日本哲学。

　①　〔德〕海德格尔：《存在与时间》，陈嘉映、王庆节译，生活·读书·新知三联书店，2014，第 45 页。

海德格尔从来都不是在传统哲学的理解之中看待可能性的，即并非将其视为关于非现实性的逻辑范畴，而是赋予了其存在论意义。因而他实质上在很大程度上改变了传统哲学中的可能性概念，而这种变更本身才是他克服传统形而上学的表现。不仅如此，可能性在海德格尔哲学中也并不拥有固定不变的意义，而是伴随着他思想的发展不断衍变。那么，海德格尔的可能性概念究竟意指什么？它如何标志着他思想的发展历程，从而成为他克服传统形而上学的一个表征？

由于许多研究者都将目光聚焦于《存在与时间》对可能性的讨论，仅止于区分生存论可能性与模态逻辑之可能性的不同，从而难于回答这一问题。① 事实上，海德格尔的可能性概念源于他早年对亚里士多德哲学的一系列现象学解读，正是通过对亚里士多德"运动"（κίνησις）概念的重新阐释，海德格尔才将可能性变革为存在者之存在的规定性。因此，若不以此为背景就很难弄清可能性在海德格尔这里的基本含义，从而也无法对他后续阶段关于可能性的讨论作出正确的理解和界定。有鉴于此，本文将分三个阶段来分析海德格尔可能性概念的意义及其衍变：①以海德格尔早期对亚里士多德运动概念的阐释为中心，考察生存论可能性的来源及其与传统可能性之意涵的根本差别；②在此基础上，阐明基础存在论中作为此在存在之规定性的生存论可能性与其中包含的内在矛盾；③分析海德格尔思想转向后作为"喜欢之能力"与"可能的安静之力"的存在自身的可能性。以此证明，可能性实际上

---

① 理查德·卡尼（Richard Kearney）认为海德格尔实际上使用过四个可能性概念，即 Möglichkeit（可能性）、Seinkönnen（能在）、Ermoglichen（使……可能）、Vermögen（能力），并根据海德格尔从生存论到存在论的思想转向，将前三者归入生存论可能性，将第四个界定为存在自身的可能性。不过，这一清晰的梳理工作并不能掩盖其疏漏与可待商榷之处。在生存论可能性方面，由于没有讨论此在的理解结构，Möglichkeit 与 Seinkönnen 的关系模棱两可，而强调 Ermoglichen 与 Vermögen 的内在联系也有将存在自身的可能性先验化的问题。因此，卡尼对海德格尔的可能性概念的界定并不成功。（参见 Christopher Macann ed., *Martin Heidegger: Critical Assessments*, Routledge, 1992, pp. 299 – 324。）除卡尼之外，迈克尔·格尔文（Michael Gelven）提供了从先验性来理解海德格尔的可能性概念的尝试，但他只限于点明这一点，没有结合文本展开具体分析，况且从先验性来看待可能性仅限于基础存在论，转向后海德格尔很快就改变了这一立场。（参见 Michael Gelven, *A Commentary on Heidegger's Being and Time*, Northern Illinois University Press, 1989, pp. 75 – 80。）T. 克兹里（Theodore Kisiel）也讨论了《存在与时间》中可能性与时间性的关系，认为可能性构成了此在生存的先验境遇。（参见 Theodore Kisiel, *The Genesis of Heidegger's Being and Time*, University of California Press, 1995, pp. 439 – 444。）

作为一个核心概念贯穿着海德格尔思想的发展，同时也主导着他对传统实体存在论的克服。

一　运动与可能性

将生存可能性作为此在之存在的本质并非源于《存在与时间》，事实上，在海德格尔于 19 世纪 20 年代初对亚里士多德哲学的一系列现象学解读中可能性就已经被用于规定作为此在之前身的生命（Leben）概念："对于生命本身，我们说，它能带来一切东西，是不可测度的；它自身就是自我承担的东西，也就是它自己的可能性，它自身就作为可能性。"① 显然，这里的可能性并非意味着逻辑学意义上作为非现实性的可能性，但要理解其究竟意指什么，则必须要与亚里士多德的运动（κίνησις）概念相关联。因为对海德格尔来说："运动性被确定为正在讨论的对象（实际生命）之原则性的规定。"②

众所周知，从运动的角度来规定存在是亚里士多德区别于柏拉图的重要标志，因为不同于柏拉图将永恒不变的理念视为唯一真实的存在，对亚里士多德来说，真正实在的不是理念，而是特殊的、个别的事物，因而相对于前者的永恒不变，后者处于运动变化之中。由此运动就成为存在（οὐσία）的第一原理。不仅如此，亚里士多德的运动概念与μεταβολή（变化、转变）同义，并非仅指现代意义上的位移运动，还包含了性质的改变、数量的增减以及存在的生成和消亡。海德格尔由此认为："运动状态在存在者层面上与存在论层面上都是核心性的。从运动而来：存在论分析不仅仅是对现有的解释的扩展和完善，而是对这种存在者的根本的和彻底的把握。"③ 也即是说，运动实际上是存在最基本的规定性，表征着存在者的存在之如何。因此，如何理解存在关键在于如何理解运动。

---

① Martin Heidegger, *Phänomenologische interprtationen zu Aristoteles：Einführung in die Phänomenologische Forschung*, Frankfurt am Main：Vittorio Klostermann, 1985, S. 84.

② 〔德〕海德格尔：《对亚里士多德的现象学解释——现象学研究导论》，赵卫国译，华夏出版社，2012，第101页。为术语统一起见，本文参照德文本一概将 "Leben" 译为 "生命"，德文本参见 Martin Heidegger, *Phänomenologische interprtationen zu Aristoteles：Einführung in die Phänomenologische Forschung*, Frankfurt am Main：Vittorio Klostermann, 1985。

③ 〔德〕海德格尔：《古代哲学的基本概念》，朱清华译，西北大学出版社，2020，第 190 ~ 191 页。

鉴于亚里士多德在《物理学》第三卷第一章中提出，"潜能的事物（作为潜能者）的实现即是运动"①（201a10 – 11），因此，潜能（δύναμις）与实现（ἐνέργεια）成为运动的结构性要素。但由于亚里士多德在《形而上学》中也用这对概念来解释质料与形式的关系，认为潜能就是事物未获取形式以前的质料状态，当其获取了形式之后就变为现实（实现）。因而一般的观点认为，潜能就是事物的未完成状态，也即非现实性，而其实现就是现实性，运动就是从潜能到现实的转化过程，这个过程是实体的生成。但在海德格尔看来，这种解释抹杀了亚里士多德赋予潜能与现实的丰富含义而使之沦为一种空洞的逻辑范畴，从而掩盖了运动作为存在的规定性意义。从现象学的视角出发，海德格尔以制作活动（Herstellen）为基础来重新阐释运动的定义。对他来说，一方面，"在运动的定义中的潜能不能在仅仅是可能的东西的意义上被理解，某种纯粹形式的可能的东西，而是一个已经现成的东西的特征。"② 在此意义上，潜能代表着一种能力，意味着能够（können）、适合（Eignung）③，也即"适合于作为什么，准备着，准备状态"④。另一方面，"实现"也不是质料获取形式后的状态，而是对于存在可能性的实现或葆真。在此意义上，作为实现的运动就意味着可能性的持存化。

比如在制作木桌的活动中，木头作为潜能者不是一个处于质料状态中的非现实之物，还有待去获取桌子的形式以成为现实，而是其本身就是一个现实的东西，因此它的潜能并不是说它相对于桌子是非现实性的，而是

---

① 〔古希腊〕亚里士多德：《物理学》，张竹明译，商务印书馆，1982，第69页。

② 〔德〕海德格尔：《古代哲学的基本概念》，朱清华译，西北大学出版社，2020，第340～341页。

③ 虽然海德格尔注意到了在亚里士多德那里"潜能"一词的多义性，但早期他倾向于将之翻译为"Bereitschaft zu…"，也即"对……的准备"。（参见 Martin Heidegger, *Die Grundbegriffe der antiken Philosophie*, Vittorio Klostermann, 1993, S. 322.）在中期转向之后他则倾向于只用"Eignung"（适合性）来翻译潜能，如在《论 φύσις 的本质和概念》中他指出："我们已经把 δύναμις 译为'适合性'（Eignung）和'适合于……的状态'（Geeignetheit zu…）。"（参见〔德〕海德格尔《路标》，孙周兴译，商务印书馆，2000，第333页。）托马斯·希恩认为，Eignung 与 Ereignis（本有）相对，前者指物朝向自己本性的归本运动，后者则专门针对绽出之生存。（参见〔美〕托马斯·希恩《理解海德格尔：范式的转变》，邓定译，译林出版社，2022，第18页。）

④ Martin Heidegger, *Die Grundbegriffe der antiken Philosophie*, Vittorio Klostermann, 1993, S. 174.

说在这一制作活动中，它能够或者准备成为一张桌子。另外，"实现"也并不意味着木桌所具有的现实性，而是说它将作为潜能者木头的潜能实现出来并保持住。因此，"实现"就是指木头被制作出来的状态，这种状态将木头的潜能固定下来，使木头的潜能作为潜能保持在场。因此，实现事实上只是对潜能的突显和保存，两者的区别只在于对象的不同的强迫性（Aufdränglichkeit）："木头的 δύναμις 是说，它能够作为质料的准备性而促逼着，当它进入制作过程中时它实际性地促逼而来。"① 也就是说，木头的潜能标示木头具有某种使用特性，但只有当它被明确地使用时它才进入了一种突出的当下在场的状态，也即实现。因此，海德格尔指出"实现"源初的含义应该是"自行 - 保持在 - 被制造出来或站在这里的状态 - 之中"②。这意味着一种活动、活力或者能动状态。在这种意义上，"运动、ἐνέργεια，并未消除可能性，而恰恰包含可能性，形成了可能性的此（Da）——活动着的（tätige）可能性"③。

不仅如此，制作活动意味着必然有一个制作者的存在，其潜能不同于被制作的东西。因为对于制作活动中的木头来说，其潜能指向的桌子于它而言无疑是一个自身之外的他者，而对于木桌的制作者，也即亚里士多德所谓的具有灵魂的存在者而言，其潜能指向的就是自身，这意味着他的运动所要达到的目的，不是成为他物，而是自我实现。换言之，对可能性的实现或保持在可能性的状态中就是人之存在的本质，在此意义上，运动作为人的基本规定性意味着人就是一种可能之在。因而海德格尔也说："运动构成了生命真正的运动性，生命在运动中或通过运动而存在，因而从运动出发，生命依存在之意义这样或那样地得到规定；运动使我们理解，那样一个存在者如何以其可利用的、获取着的拥有方式真正被给予。"④

不过，从制作活动来解释亚里士多德的运动概念似乎有以偏概全之嫌。

---

① Martin Heidegger, *Die Grundbegriffe der antiken Philosophie*, Vittorio Klostermann, 1993, S. 322.
② 〔德〕海德格尔：《论人的自由之本质——哲学的导论》，赵卫国译，商务印书馆，2021，第75~76页。
③ 〔德〕海德格尔：《亚里士多德哲学的基本概念》，黄瑞成译，华夏出版社，2014，第439页。
④ 〔德〕海德格尔：《对亚里士多德的现象学解释——现象学研究导论》，黄瑞成译，华夏出版社，2014，第102页。

因为在亚里士多德那里，运动不仅涉及了制作、建造、学习等实践活动，还关涉到自然事物的质变或者水汽的转化现象等。海德格尔给出的理由是，制作活动在亚里士多德对于运动的解释中具有范例性，因为"存在与制作相关，这种制作又被广义地理解为人在世界之中操劳打交道的一切活动"①，也即是说，制作活动指代的是人的实践活动，其不仅涉及被制造的物品，也即物性存在者，还关涉到了制造者的存在方式，也就是此在式的存在者。而运动所刻画的存在者的存在结构——对于可能性的实现，正是在《存在与时间》中得到全面阐释的此在的生存论哲学的核心。正是在这种意义上，伽达默尔指出："对海德格尔来说，亚里士多德思想的真正中心乃是由《物理学》构成的。《物理学》以运动之存在（Bewegtheit）为主题，而不是柏拉图—毕达哥拉斯式的数学秩序和规律的'理想性'（Idealität）。运动之存在乃是主导线索。在 Energeia［实现］即实行的存在中，制作和行动的视角具有决定性作用。存在乃是被制作存在（Hergestelltsein），并且 telos［目的、终点］不是目标，而是完成的存在（Fertugsein）、成熟的存在（Reifsein）、此在（Dasein）。"②

尽管如此，由于亚里士多德对存在的最高规定是 ἐντελέχεια（隐德莱希），也即"完满自足的存在"，与被制作的或处于实践中的存在者的运动性相对，它意味着"绝非制作的事物，绝没有不存在的可能性，而是永远在此"③。这显示在希腊人的思维里即最高的存在仍然是不动的存在者。事实上，在亚里士多德那里，运动变化适用于所有的被推动者，而在其之上仍然存在一个作为第一推动者的不动的神。海德格尔认为，这是由于亚里士多德一方面继承了前苏格拉底哲学中的生成变化概念，另一方面仍然受制于柏拉图哲学的影响，或者说，亚里士多德是通过柏拉图的理念论去继承生成转化概念的。因此，在《存在与时间》中海德格尔去除了不动的存在者，而将运动原则运用于此在以成就此在的生存。但在 19 世纪 30 年代的思想转向之后，他却力图越过柏拉图与亚里士多德所代表的希腊古典哲学，

---

① 〔德〕海德格尔：《形式显示的现象学：海德格尔早期弗莱堡文选》，孙周兴编译，同济大学出版社，2004，第 124 页。

② 〔德〕海德格尔：《对亚里士多德的现象学诠释》，孙周兴译，商务印书馆，2022，第 81 页。

③ 〔德〕海德格尔：《亚里士多德哲学的基本概念》，黄瑞成译，商务印书馆，2022，第 424 页。

返回到希腊思想的源头，借助于"涌现"（φύσις）概念去探讨存在自身的运动特性。

二 生存论可能性

在海德格尔看来，从运动来理解存在者之存在就是将其规定为可能性而非现实性，而运动之可能性最本质地体现在作为自我运动的人之存在中。这一得自亚里士多德哲学的原则支配了海德格尔对基础存在论的核心构想，从而也使他对传统实体存在论的解构成为可能。不过，运动概念并没有出现在后者之中，而是被生存（Existenz）所取代。按照海德格尔的定义，生存概念专用于我们自身所是的存在者，也即此在之存在，以区分于物之现成存在（Vorhandsein）与用具之上手存在（Zuhandsein），意指"它所包含的存在向来就是它有待去是的那个存在"①，这就意味着"此在总是从它所是的一种可能性、从它在其存在中这样那样理解到的一种可能性来规定自身为存在者"②。因此，"此在本质上总是它的可能性"③。与此同时，此在的生存活动所打开的可能性境域（世界）也揭示了一切世内存在者所具有的可能性：用具是为了做什么之用，而现成存在者，也即物，是可以被赋予可用性或不能再被使用的存在者。这样一来海德格尔就基于此在的生存可能性对全部存在者领域进行了一种可能性的理解。因此，基础存在论所讨论的可能性是作为其自身的，并为一切事物的可能性奠基的此在之生存的可能性。那么，这种生存论的可能性具体意指什么呢？

海德格尔在《存在与时间》第31节中对此进行了界定："此在在生存论上向来所是的那种可能之在（möglichsein），有别于空洞的逻辑上的可能性。它也有别于现成事物的偶或可能，偶或可能只不过表示可能有这种那种事情借这个现成事物'发生'。可能性作为表示现成状态的情态范畴意味着尚非现

---

① 〔德〕海德格尔：《存在与时间》，陈嘉映、王庆节译，生活·读书·新知三联书店，2014，第15页。
② 〔德〕海德格尔：《存在与时间》，陈嘉映、王庆节译，生活·读书·新知三联书店，2014，第15页。
③ 〔德〕海德格尔：《存在与时间》，陈嘉映、王庆节译，生活·读书·新知三联书店，2014，第50页。

实的东西和永不必然的东西。这种可能性描述的是仅仅可能的东西。它在存在论上低于现实性和必然性。反之，作为生存论环节的可能性却是此在的最源始最积极的存在论规定性。"① 这就是说，此在所具有的可能性并不是成为一只鸟或者成为一个国王这种现成事物所具有的可能性，因为这种可能性以现实性为参照，是一种要成为现实的可能性，而海德格尔所意指的生存可能性则是一种不能被实现为现实的作为存在结构的可能性。在此意义上，此在也被规定为能在（Seinkönnen），也即能存在，能够选择自己的存在方式或将自己的可能性作为可能性确定下来。不过，此在之所以能够根据可能性将自己规定为能在，又是因为此在是以理解（Verstehen）的方式存在的。

　　理解并不是认识论意义上对事物的认知或了解，而是此在的一种存在方式，这表现为人并不是如石头那般漠无知觉地存在着，而总是以对自己的存在有所理解的方式存在着。例如，作为一个基督徒或一个无神论的科学家就意味着将自己理解为一种被造物或是具有理性的动物，前者的生存由上帝的诫命所决定，后者则依赖于人自身的理性。确切地来说，理解不是对人所具有的物理属性，如血液、骨骼、肤色等的认识，而是揭示人生存的深层背景，也即生存的可理解性境域或意义。当我们说这人是一个虔诚的基督徒时，意味着他/她具有按时做礼拜、研读《圣经》、进行祷告或忏悔等行动的可能性，而科学家之所以被视为科学家是因为他有着进行实验、研读专业的前沿文献、撰写论文或者参加学术会议的可能性。因而，理解事实上总是基于人在世界之中存在的可能性，以理解的方式存在就是以对自己的生存可能性有所把握的方式存在，这种把握可能性的方式就是理解的结构：筹划（Entwurf）。筹划不是指计划或打算，而是将生存的可能性打开，或者说，按照对生存所要实现的目的的预期而在当下展开行动。它不是对可能性的认识或思考而是进入可能性之中，使可能性作为可能性来存在。这就意味着从可能性来理解自己，同时就是依据可能性而行动。正是在这种意义上，海德格尔指出："理解作为能在彻头彻尾地贯穿着可能性。"②

---

① 〔德〕海德格尔：《存在与时间》，陈嘉映、王庆节译，生活·读书·新知三联书店，2014，第167页。

② 〔德〕海德格尔：《存在与时间》，陈嘉映、王庆节译，生活·读书·新知三联书店，2014，第170页。

不过，作为生存结构的理解对可能性的把握并非一定是本真的，"因为此在本质上总是它的可能性，所以这个存在者可以在它的存在中'选择'自己本身、获得自己本身；它也可能失去自身，或者说绝非获得自身而只是'貌似'获得自身"①。这就意味着作为能在的理解有本己（eigentlich）与非本己（uneigentlich）之分。抛开作为一个基督徒或科学家等诸如此类的特定的人，就人本身来看，理解作为人的存在方式揭示的其实是人存在的基本境况——人是被抛到世界之中与他者共在的，因而人首先是从这种共在的可能性来筹划自己的生存的："它借以理解自己的诸种生存可能性，就是那些'流行'在总是现今的、公众对此在的'通常'解释之中的生存可能性。"② 这隐含着按照社会的普遍准则或大众的流行意见来要求、评价、审视自己和展开行动，因而必将导致此在成为人云亦云、丧失自我、被常人（das Man）操纵的傀儡。换言之，在这种情况下此在本质上并没有从可能性来理解自身而是从现成性来理解自身的。因此，虽然这是在现象上有着首要性的此在的日常存在状态，是此在的实际性的能在（faktische Seinkönnen），却是非本己性的。

对海德格尔来说，实际性的能在之所以是非本己性的，关键就在于日常状态中的此在对死亡的理解与筹划是缺失的。事实上，正是为了逃避对死亡的畏惧，此在才心甘情愿地躲入大众的流行意见和日常事务的繁忙扰攘之中来使自己遗忘死亡。但从存在者层次来看，人生来就是以向死而在的方式而存在的，每个人都终有一死，死亡是不能被逃避或为他人所代替的。正如伯恩哈德所说："想到死一切都是可笑的。"只有基于对死亡的理解才能将人从日常的功名利禄、大众的眼光之中解脱出来作为独立的个人承担起自己生存的真相。因此，死亡其实是一种对生存具有本质规定性的生存论现象。不过，若从存在论层次上来看，死亡并不是一个一旦到来生存就宣告结束的经验事件，它对生存的规定性体现在它始终都悬临在我们的存在之中，因而是此在必须要承担下来的存在可能性。海德格尔将生存

---

① 〔德〕海德格尔：《存在与时间》，陈嘉映、王庆节译，生活·读书·新知三联书店，2014，第50页。
② 〔德〕海德格尔：《存在与时间》，陈嘉映、王庆节译，生活·读书·新知三联书店，2014，第435页。

论意义上的死亡概念定义为，"死作为此在的终结乃是此在最本己的、无所关联的、确知的，而作为其本身则不确定的、不可逾越的可能性"①。只有基于对自身的根本的生存可能性的理解，此在才能进入与自身的真实关系之中。有鉴于此，本己能在就是对死亡的筹划，也即把死亡预先纳入对当下生存的理解之中，海德格尔也称之为"先行到死亡之中去"："先行向此在揭露出丧失在常人自己中的情况，并把此在带到主要不依靠操劳操持而是去作为此在自己存在的可能性之前，而这个自己却就在热情的、解脱了常人幻想的、实际的、确知自它自己而又畏着的向死的自由之中。"② 因此，作为本己能在（eigentlichket Seinkönnen）的存在方式："先行表明自身就是对最本己的最极端的能在进行理解的可能性，换言之，就是本真的生存的可能性。"③

　　从本质上来看，以"先行"为结构的本己能在无非意味着从人的有限性来理解自身，因而生存可能性本质上不是一种任意的、无度的筹划，海德格尔指出："这些最本己的可能性是由有限性规定的，也就是说，是作为有限的可能性得到理解的。"④ 有限性作为最根本的生存可能性为能在确定了基盘和方向。进一步来看，从有限性来理解和筹划生存所蕴藏的正是从时间来理解和筹划存在。对海德格尔来说，时间并不是通常意义上通过钟表来使用的时间，而是此在最本源的存在结构，他也将之称为时间性（Zeitlichkeit）。正如意向性作为意识的结构意味着意识总是朝向某物，时间性作为此在之存在的结构也具有一种出离自身朝向他物的绽出结构，这意味着时间不是一种空洞的形式或可计数的东西，而是具有实质内容的存在结构。因而现在、过去与将来并不是时间的三个部分，而是时间的三种不同的绽出样式或生存的源始现象。以现在为核心的时间结构意味着沉沦于与用具和他者操劳打交道的当前存在，其本质是逃避死亡以常人的方式存

① 〔德〕海德格尔：《存在与时间》，陈嘉映、王庆节译，生活·读书·新知三联书店，2014，第297页。
② 〔德〕海德格尔：《存在与时间》，陈嘉映、王庆节译，生活·读书·新知三联书店，2014，第305～306页。
③ 〔德〕海德格尔：《存在与时间》，陈嘉映、王庆节译，生活·读书·新知三联书店，2014，第301～302页。
④ 〔德〕海德格尔：《存在与时间》，陈嘉映、王庆节译，生活·读书·新知三联书店，2014，第303页。

在；但当海德格尔将本己能在的存在结构规定为"先行"时，"先行"无非意味着此在能够从自己最本己的可能性来到自己本身，"保持住别具一格的可能性而在这种可能性中让自身来到自身，这就是将来的源始现象"①。也即是说，"先行"实际上就是本源时间的"将来"（Zukunft），本己能在的存在结构事实上就是以将来为核心的时间结构。因此，本己能在对死亡的筹划只有基于时间才能成立。正是在这种意义上，海德格尔最后指出："由于本源的使可能者（可能性之本源）乃是时间，因而时间自身便将自己时间化为'绝对在先的东西'，比某种任何可能的在先者更在先的东西乃是时间，因为时间是任一在先者一般的基本条件。"②

从生存到作为理解之筹划的能在再到先行，可以看到，生存论的可能性实际上就是此在之存在方式的规定性，它赋予此在一种内在的驱动力，使此在不再如现成存在者那样被视为一个单纯的实体，而是能够不断地去实现自己的可能性，在此意义上此在就是可能性。然而，海德格尔最终将生存论可能性的终极基础归结为作为此在之本质结构的时间性，其实是为可能性概念注入了先验意义：可能性不再依赖于外部世界的变幻莫测，而是完全基于此在有没有充分而深刻地理解自身。正如迈克尔·格尔文所指出的："先验哲学在其认识论和价值论中都将可能性置于更高的位置。在认识论上，可能性被看作在任何现实事件之前的先验形式，如康德和叔本华的哲学。尼采也在他对价值的反评价的要求中，强调了高于和超越现实的可能性……对海德格尔来说，就像对康德、叔本华和尼采一样，可能性——不需要现实经验——是实现先验视野的方式。因为如果要对现实存在的实体进行理解和概念上的使用，就必须有一个超越现实限制的模式。可能性，无论是从自由（康德）、意志（叔本华）还是权力意志（尼采）的角度来阐述，都能提供解释哲学活动发生所需的自我视野。"③ 但问题在于，与康德悬置物自体而明确地将主体作为研究领域不同，在《存在与时间》的导论中海德格尔就表明此在之所以能够对自己的存在发问，从而去不断地实

---

① 〔德〕海德格尔：《存在与时间》，陈嘉映、王庆节译，生活·读书·新知三联书店，2014，第370页。
② 〔德〕海德格尔：《现象学之基本问题》，丁耘译，商务印书馆，2018，第483页。
③ Michael Gelven, *A Commentary on Heidegger's Being and Time*, Northem Ilinois University Press, 1989, p. 79.

现自身的存在可能性，是因为它天然地对存在本身具有一种前理论的、平均且含糊的理解。① 因此，一旦将可能性归结为此在自身就势必为生存论的可能性概念制造了一种无法消除的内在矛盾。

三　作为存在自身的可能性

理查德·卡尼认为对于生存论可能性的这一内在矛盾，海德格尔似乎表现出了一定的犹疑不决，他注意到除 Möglichkeit 与 Seinkönnen 之外，《存在与时间》最后几节中出现的第三个表示可能性的术语"ermöglicht"（使……可能），显示可能的概念经常被模糊地用来指称两个不同的主体：作为人的存在与作为存在的存在。第 65 节中一个模棱两可的句子揭示了这一点："揭示某种筹划的为何之故就等于打开那使被筹划者成为可能的东西。"（Das Woraufhin eines Entwurfs freilegen besagt, das erschliessen, was das Entworfene ermöglicht.）② 其中的"das Entworfene"（被筹划者）既可以作动词"ermöglicht"的主语又可以作其宾语，前者表示行筹划者与被筹划者都是此在自身，后者则暗示被筹划者是此在自身，而行筹划者则是一个并非此在的来源。进而第 71 节中的这句话，即"由于日常性本质上无非意指时间性，而时间性使此在之存在得以可能。所以对日常性的充分界定只有在对存在一般的意义及其可能的变化之原则性讨论的基本框架之中才能成功"③，在指明时间性使此在之存在得以可能（die Zeitlichkeit…das Sein des Daseins ermöglicht）的基础上，又似乎进一步将"使……可能"的来源归结为存在一般。之所以说"似乎"是因为海德格尔最终并没有明确这一点，如上句所显示的，只是进行了某种程度的暗示。卡尼认为这是因为海德格尔的思想此时仍然局限在先验主体性的限度之内，而随着他在 20 世纪 30 年代的思想转向，"ermöglicht"就被明确地归属于存在本身。④ 这一看法的依

---

① 参见〔德〕海德格尔《存在与时间》，陈嘉映、王庆节译，生活·读书·新知三联书店，2014，第 7 页。

② Martin Heidegger, *Sein und Zeit*, Max Niemeyer Verlag, 1976, S. 429.

③ Martin Heidegger, *Sein und Zeit*, Max Niemeyer Verlag, 1976, S. 491.

④ Christopher Macann ed., *Martin Heidegger: Critical Assessments*, Routledge, 1992, pp. 305 - 306.

据来源于《关于人道主义的书信》中的这段话：

在其本质中关心一件"事"或一个"人"，这就是说：爱一件"事"或一个"人"，喜欢一件"事"或一个"人"。更源始地看，这种喜欢（Mögen）意味着：将其本质作为礼物而赠予它们。这样一种喜欢是能力（Vermögen）的真正本质，它不仅能够做出这种或者那种东西，而且能够让某物在其来源中"成其本质"，也即能够让它存在。喜欢的能力是某物"赖"之才能真正存在的那种能力。这种能力是真正的"可能性"，就是其本质基于喜欢中的那个东西。由于这种喜欢，存在才有能力思想。存在使思想成为可能。作为有能力的喜欢者（das Vermögend-Mögende），存在乃是"可能之物"（das Mög-liche）。作为要素的存在是喜欢的能力的安静之力，也即可能的。在"逻辑学"和"形而上学"的支配下，我们的"可能"和"可能性"只是与"现实性"相对而言的，也就是说，它们是参照对"存在"作为"行为"和"潜能"的确定的——即形而上学的——解释而设想的，其区别与实存和本质的区别是一致的。当我说到"可能的安静之力"（stillen Kraft des Möglichen）时，我指的不是仅仅代表可能性的文字，也不是作为生存的行动者的本质的潜能，而是存在本身，存在本身有能力喜欢着担当思想，因而有能力担当人之本质，也就是担当人与存在的关联。在这里，使某物可能化就是在其本质中维持它，在其要素中保留它。①

这段话是海德格尔后期最为详细地讨论可能性的文献，从中可以看到，可能性被理解为存在自身是毫无疑问的。问题在于如何理解"作为可能性的存在"？为什么海德格尔要强调存在是一种"喜欢之能力"或"可能的安静之力"？就海德格尔在这里所引入的新的可能性术语 Vermögen 来看，其既可以作名词又可以作动词，作为名词指能力、财产，作动词则指可能、能够、有能力做到。Vermögen 与 Ermöglichen 在词义上的这种相关性促使卡尼

---

① Martin Heidegger, *Wegmarken*, Frankfurt am Main: Vittorio Klostermann, 1976, S. 316 – 317.（中文版参见〔德〕海德格尔《路标》，孙周兴译，商务印书馆，2000，第370~371页，译文有改动。）

认为："Vermögen 应被正确理解为 Ermöglichen 的唯一真实的本质。这是从存在一般的角度，而不是从人之存在的角度来看 Ermöglichen。"① 也就是说，在他看来 Vemögen 实质上表示"使……可能"的行为主体被变更为存在自身。不过，问题是为可能性变更一个主体仍然具有先验意味，而从这种先验立场出发，对于"喜欢之能力"与"可能的安静之力"又该作何解释呢？不得不说，卡尼对此并没有提供有价值的思考，而是仅仅认为相同的词根 mög 显示出"存在同时是一种可能性和一种爱：它爱是因为它的可能性，而可能性是因为它的爱"②。实际上，若从海德格尔后期散落各处的相关讨论来看，"使……可能"与"喜欢之能力"、"可能的安静之力"在理解存在之可能性上在很大程度上构成了两个相互关联的方面，海德格尔正是通过把存在之可能性视为一种"喜欢之能力"和"可能的安静之力"来摧毁早期对可能性的先验理解，从而得以对传统形而上学进行根本性的克服。接下来笔者将分两个部分来论证这一观点。

1. 作为先验的存在理解的"使……可能"与海德格尔的批判

"使……可能"的先验属性并不难被发现，当海德格尔指出"由于本源的使可能者（可能性之本源）乃是时间，因而时间自身便将自己时间化为'绝对在先的东西'，比某种任何可能的在先者更在先的东西乃是时间，因为时间是任一在先者一般的基本条件"③ 之时，生存论可能性的先验性已经显而易见。然而，如果转向后的海德格尔意在摆脱从主体来讨论存在而直接言及存在自身，那么仅仅为"使……可能"变更一个行为主体并不能跳出先验哲学的谱系，反而会更深地扎根于这一传统之中。

海德格尔对此非常清楚。1936～1939 年在为解释尼采哲学所作的讲座中，他对"使……可能"的形而上学历史进行了清算，将其界定为由柏拉图开启、康德决定性地推进与尼采最终完成的西方形而上学传统。在海德格尔看来，柏拉图从理念来把握存在第一次赋予了存在以先天性（Apriori）

---

① Christopher Macann ed. , *Martin Heidegger*：*Critical Assessments*，Routledge，1992，p. 310. 卡尼进一步引证了这个句子 "Aus diesem Mögen vermag das Sein das Denken. Jenes ermöglicht dieses"（由于这种喜欢，存在才有能力思想。存在使思想成为可能）来验证自己的观点。（Christopher Macann ed. , *Martin Heidegger*：*Critical Assessments*，Routledge，1992，p. 311. ）

② Christopher Macann ed. , *Martin Heidegger*：*Critical Assessments*，Routledge，1992，p. 311.

③ 〔德〕海德格尔：《现象学之基本问题》，丁耘译，商务印书馆，2018，第 483 页。

的特征，即与存在者相比，存在是逻辑上在先的东西。而将最高理念确定为ἀγαθόν（善）就进一步使存在具有了"使……可能"的特征。因为希腊意义上的善并不具有道德意味，而是使存在者能够被理念所观照的条件，因而"是使……适合于，是使存在者适合于、有可能成为存在者。存在因此具有了'使有可能'的特征，是可能性条件"①。当然，这一点只是隐藏于柏拉图哲学之中，要通过主体哲学才变得显明。这体现为笛卡尔让"自我"取代理念成为新的哲学基础，继而康德将第一批判的最高原理规定为"一般经验的可能性条件同时也是经验对象的可能性条件"，也即对象是通过先验主体的表象能力（时空形式与知性范畴）而存在的，同时主体在表象活动中确认了自己的本质：作为对象的可能性条件。海德格尔指出："现代形而上学历史的最内在的东西乃在于这样一个过程：通过它，存在取得了其无可置疑的本质，即成为存在者的可能性条件，在现代意义上讲就是被表象状态的可能性条件，也就是对立之物（即对象）的可能性条件。"②在这种意义上，近代哲学使存在的先天性转变为了先验性，从而存在事实上就是先验主体。康德哲学所确立的这一先验框架也为尼采哲学廓清了道路，尽管其并非一种先验哲学的遗产，但将存在者的本质规定为权力意志，并把价值设定为权力意志的可能性条件，使作为一个反柏拉图主义者的尼采，仍然无可置疑地置身于由柏拉图开启的"使……可能"的形而上学传统之中。③

有鉴于此，在整个从柏拉图到尼采的西方形而上学传统中，存在的本质都表现为"使……可能"，也即存在者得以可能的条件。海德格尔认为问题在于以这种方式，"存在恰恰只是从存在者而来并为着存在者而被思考的，无论形而上学是把先天性解释为在事物中在先的，还将其解释为某种在认识秩序和对象条件上在先的东西"④。也即是说，把存在规定为"使……可能"本质上是从存在者的角度来看待存在的，无论是理念、先验主体还是

---

① Martin Heidegger, *Nietzsche*, GA6.2, Frankfurt am Main: Vittorio Klostermann, 1997, S. 222. ［以下简称 GA6.2。中译文参考〔德〕海德格尔《尼采》（下卷），孙周兴译，商务印书馆，2015。］
② GA6.2, S. 230 - 231.
③ 参见 GA6.2, S. 223 - 228。
④ GA6.2, S. 346.

权力意志，存在事实上只是一个更高或更具存在性的存在者，其本身是被遗忘的。正是看到了这一点，转向后的海德格尔才在《关于人道主义的书信》中强调存在自身的可能性，并将之规定为一种"喜欢之能力"或"可能的安静之力"，其意图正是要对"使……可能"意义上的存在之可能性进行克服。

2. "喜欢之能力"与"可能的安静之力"的含义

不难看出，在"喜欢之能力"这个说法中海德格尔使用了一贯的词根关联法来暗示意义的相关性，从字面上看，Vermögen 是由表示"使……变成""成为……"的前缀 Ver 加上 Mögen（喜欢）构成的，因此"能力"一词中就包含着喜欢的意涵，这正是海德格尔认为喜欢构成了能力的真正本质的原因。另外，如卡尼所指出的，Vermögen 与 Mögen 的词根都是表示意愿或可能的 Mög，因而喜欢与能力也都本质地关联于意愿与可能。不过，这种词根之间的联系只能说明喜欢与能力的意义相通性，它们与存在的关系依然是不清楚的。这就有必要参考海德格尔在另一语境下对"喜欢之能力"的论述，在分析莱布尼茨在《自然的原理与神恩的原理》一书中提出的问题——为什么存在者存在而无不存在——时，海德格尔表示存在之所以与无不同是因为：

> 存在必须在自身中具有喜欢和有能力（zu mögen und zu vermögen）处于自身的本质之中的特征。存在乃是在自身持立之中的统一着的对自身的获取，是把自身带到自身面前的（表象着的）对它自身的欲求。一个可能之物的可能性作为存在已经是一种实存（Existieren），也即本质上是出自 existentia（实存）的。可能之物已经是——因为它本质上只是就此而言才"存在"——一种喜欢之物（Mögende），一种意愿着的自身尝试（Sichversuchen），因而是一种奠基和获取作用。根据存在之本质来思考的，并且只有这样才能被思考的可能之在（可能性）在自身中挑起表象着的欲求。而且这种挑起已经是对 existentia 的展开和完成。①

---

① GA6. 2，S. 447.

在这里，喜欢、能力与可能性都被用来说明存在本质上所具有的欲求和表象自身的能力。因此，海德格尔采用"喜欢之能力"来标示存在自身的可能性，所着意的正是其词根"Mög"的"意愿"之含义，意愿本质上是一种冲力，是对于自身之可能性的获取。换言之，"喜欢之能力"所刻画的是存在自身所具有的动力机能，这意味着存在不再依赖于此在的先验结构来显示自身，而是具有一种内在驱动力作为自身的源泉，从而在生成的持存化状态中给出自身。然而不能忽略的是，这段话并不是在讨论存在自身，而是讨论作为实存的存在。在希腊哲学中，与本质（Wesen）的超感官与非时间性相对，实存所代表的是具有现实性的存在，近代哲学使主体进入存在概念之后，表象之能力又成为实存之本质。海德格尔指出："力（Kraft）的本质并不取决于对我们在某处经验到的作用物的事后追加的综合，而是相反地：力的本质就是存在者之存在性的原始本质。"① 也即是说，力只是存在者之存在的本质而非存在自身的本质，就此看来"喜欢之能力"仍然有从存在者来观照存在的嫌疑。

不过值得注意的是，海德格尔在《哲学论稿：从本有而来》中讨论作为存在自身的可能之物时做出了与上述引文相似的表述，即"可能之物，甚至于地地道道的可能之物，只向尝试者（dem Versuche）开启自身。这种尝试必须已经完全被一种先行的意志所贯通和支配"②。也即是说，作为实存的存在对自身的意愿与存在本身的自身意愿具有同样的结构。因此，当海德格尔指出"存在本身在每一种情况下都已经预先规定了可表象者的存在"③ 时，就并不会令人惊讶，因为实存之存在之所以具有欲求自身的能力是因为它是源始存在所具有的力的派生。这种与力相连的源始存在概念并不属于近代哲学，而是源自前苏格拉底哲学的 φύσις，其通行翻译是"自然"。但在海德格尔看来，现代意义上的"自然"事实上已经彻底沦为人操纵摆置的对象，而希腊原初的"自然"所道说的则是一种自身涌现："希腊人首次源初地把存在把握为 φύσις，即由自身而来的涌现与本质性地把自身

---

① GA6.2，S.441.

② 〔德〕海德格尔：《哲学论稿：从本有而来》，孙周兴译，商务印书馆，2012，第502页。〔译文同时参考了德文本：Martin Heidegger, *Beiträge zur philosophie（vom ereignis）*, Frankfurt am Main：Vittorio Klostermann，1998。〕

③ GA6.2，S.450.

置入涌现之中而持立，进入敞开域中而自行敞开。"① 这种意义上的存在一如植物的生长那样，具有出自自身，展开、获取自身并最终回返到自身之中的生命力，因而作为"涌现"，φύσις 所刻画的正是意愿自身、获取自身的具有内在动力的存在。正因如此，在"可能的安静之力"这个说法中，存在明确地与"kraft"（力）联系起来。至于这种力为何是安静的，是因为按照海德格尔对运动与静止的理解，形而上学意义上的静止并不像物理学意义上的那样意味着运动的结束，而是运动达到最高聚集的持存状态，因而存在的力量是安静的。概而言之，"喜欢之能力"所表示的是存在自身意愿自身、获取自身的能力，而其在自身内部聚集着的运动性也将自身标示为一种"可能的安静之力"。另外，值得指出的是，存在所具有的这种意愿自身的能力也使存在与人的关系完全倒转，存在不再通过人来显现，而是作为存在的守护者，人接受存在所赠予自身的本质。正是在这种意义上，海德格尔指出："存在本身有能力喜欢着担当思想，因而有能力担当人之本质，也就是担当人与存在的关联。"②

然而，海德格尔认为，这种藏于前苏格拉底哲学家，诸如阿那克西曼德、赫拉克利特与巴门尼德的残篇与箴言中的本源存在被柏拉图把握为理念，由此为西方哲学带来了"使……可能"的歧义性，只在亚里士多德哲学中还保留着些许根芽。《物理学》中 φύσις 被规定为 κίνησις 即运动状态，而正如我们在第一节中所分析的，运动作为 ἐνέργεια 是可能性的持存化。因此，"ἐνέργεια 同时也是对 φύσις 之本质的最后保存，是一种向着涌现的归属"③。但由于亚里士多德毕竟是在柏拉图的影响下继承早期希腊的存在概念的，因而他所讨论的并非存在自身而是作为存在者之本质的存在。这就使得他只将 φύσις 划归为生长物的存在，而 ἐνέργεια 也只是在制作意义上的带出自身，在这种意义上"被亚里士多德带入本质概念中的'φύσις'本身只可能是开端性的'φύσις'的一个衍生物"④。正因如此，20 世纪 30 年代中期之后，海德格尔时常会使用一个古体的存在概念 Seyn（存有）来替代

---

① GA6. 2，S. 216.

② 〔德〕海德格尔：《路标》，孙周兴译，商务印书馆，2000，第 371 页，译文有改动。

③ GA6. 2，S. 473.

④ 〔德〕海德格尔：《路标》，孙周兴译，商务印书馆，2000，第 350 页。

Sein，以凸显本源意义上而非作为根据或在先者意义上的存在，并明确地将其与可能性相连："存有是可能性，是绝不现成的东西，但总是在本有过程的拒予中有所允诺和有所拒绝者。"① 可以说，通过将存在规定为"喜欢之能力"与"可能的安静之力"，海德格尔最终跳出了柏拉图与亚里士多德所开启的西方形而上学传统，回到了西方哲学的"另一开端"，也即存在未被遮蔽的历史阶段。

结　语

概而言之，通过变革传统哲学中作为非现实性的可能性，赋予其存在论意义，可能性成为海德格尔哲学中一个衍变着的核心概念：前生存论时期，海德格尔结合制作活动重新阐释了亚里士多德提出的"可能性作为可能之物的现实化"这一运动定义。通过将制作之对象的可能性解释为"对……的准备"也即有用性，将制作主体所具有的可能性解释为在实践活动中对自己的实现与完善，他使可能性成为存在者之存在的规定性；这种发现主导了基础存在论对此在的生存论分析，可能性作为此在之存在的规定性内在于此在自身的结构之中，从而使此在区分于现成性存在者，不断地超越、生成和实现自身，但作为此在自身的生存论可能性只是一种变装的先验主义，无法完成克服实体存在论的任务；因而随着海德格尔从此在到存在自身的思想折回，可能性被直接等同于存在自身，作为一种"喜欢之能力"与"可能的安静之力"标示着存在由意愿自身、获取自身而来的运动特性，从而彻底克服了西方形而上学将"存在"视为实体的哲学传统。在这种意义上，可能性不仅贯穿着海德格尔思想发展的始终，而且显示着他克服传统实体论哲学的探索与历程。

---

① 〔德〕海德格尔：《哲学论稿：从本有而来》，孙周兴译，商务印书馆，2012，第502页。

意向性：以还原而超越

——兼论现象学是否能被理解为一种内在主义哲学

黄子明*

内容提要　"意向性"作为现象学中的核心概念，表明意识与对象的本源的统一性，是对近代认识论二元论前提的破除。意向性作为意识的基本特征存在于直接进行把握的意识行为中，却为自然的反思所遮蔽，必须经过"还原"由现象学态度的反思揭示出来。意向性概念是破除自然思维之成见的出发点，这种自然思维试图在分离的意识和对象之间寻求一致性关系。还原并不改变现实意识的本质结构，只是纠正自然的反思中对意识关系的理解。实施悬搁的意义并不只是单方面对对象世界去实在化，而是根本上对意识与对象之关系的去实在化理解。悬搁的实际效果并不是消除对象世界，而是消除自然反思造成的两个世界之间的"隔阂"。"内在性"与"超越性"的张力关系取代自然实在意义上的"内在"与"外在"对立关系来解释意识本质。中止存在设定不是通过排除外在世界而封锁于内在世界中，而是通过解封超越的世界而实现解锁内在的世界。还原非但不会造成主体中心主义和内在主义，而且是克服它并通向超越性的必经之途。对现象学作内在主义误释的根源正在于固守在自然的思维中去理解还原的意义。

关键词　意向性　还原　超越性　现象学　内在主义

意识的"意向"特性是胡塞尔从布伦塔诺那里继承过来的，而布伦塔诺又是从经院哲学的传统中借用了这个概念，关于这个概念的含义和思想价值，以及它在布伦塔诺哲学中与在胡塞尔现象学中的差异问题，从现象学诞生之初就一直伴随误解和争议。这个概念一度被视为现象学背负的形而上学教条的表征，无视直接被给予之物，或者被认为是胡塞尔简单地从

---

*　黄子明，中山大学哲学系副研究员，研究方向为现象学、美学。

布伦塔诺的意向概念继承而来，尽管布伦塔诺本人并未使用"意向性"一词。海德格尔在1925年夏季学期的马堡大学讲课稿中说，我们厘清这些概念"不是为了在布伦塔诺面前争得胡塞尔的原创地位，而是为了保护旨在理解现象学的最基本的考察和步骤，以免它从一开始就遭到上述这样一些解说的败坏"（GA 20，S. 36）[1]。

"意向性"是现象学中最重要的概念，胡塞尔说它是一个看似明白易懂同时又难以理解的概念（Hua Ⅲ/1，S. 201）[2]。这一概念的定义初看起来极为简单，所有意识都是"关于某物的意识"，意识"在自身中承载着它的对象"，意识结构具有"对象 - 指向性"[3]（Hua Ⅰ，S. 72[4]；Hua Ⅲ/1，S. 73f.，188；GA 20，S. 37）。这个素朴的定义初看起来似乎只是宣布了一个平庸而浅显的事实，甚至是不值一提的，现象学家早就指出过，对这个貌似平凡的定义的不经意的理解会致使人们对其深刻内涵的错失[5]。现象学何以要提出并如此强调意识的"意向性"本质？究竟在何种意义上可以将"意向性"称为一种哲学发现的伟大成就？"意向性"这一看似平庸的概念

---

① Heidegger, M., *Prolegomena zur Geschichte des Zeitbegriffs.* Gesamtausgabe Band 20，Vittorio Klostermann，Frankfurt am Main，1979，S. 36.（该书以下称"GA 20"，后文引用时仅括注书名和页码，下同。）

② Husserl, E., *Ideen zu einer reinen Phänomenologie und phänomenologischen Philosophie.* Erstes Buch: *Allgemeine Einführung in die reine Phänomenologie.* Hua Ⅲ/1，Text der 1. - 3. Auflage. Neu hrsg. von K. Schuhmann，1976，S. 201.（以下称"Hua Ⅲ/1"）

③ 关于"意向性"是否作为意识的普遍特性的问题，人们似乎有理由认为也许有的意识体验具有对象 - 指向性，有的则没有这种指向性。胡塞尔在《逻辑研究》"第五研究"第15节曾以"感受"（Gefühle）为例说明这个问题。他区分了非意向的"感受感觉"（Gefühlsemp-findungen）和意向的"感受行为"（Gefühlsakte），前者被视作后者的内在展示性内容，"感觉"经过立义而形成感受行为的对象性内容。二者虽然都是关于"感受"的说法，但并非在同一个属意义上的两种不同感受类型，"感受感觉"只是"感受行为"的实项内容。Husserl, E., *Logische Untersuchungen* Ⅱ. *Untersuchungen zur Phänomenologie und Theorie der Erkenntnis.* Hua ⅩⅨ/1 - 2，Hrsg. von U. Panzer，1984，S. 401ff.（以下称"Hua ⅩⅨ/1"）这一结论适用于所有类型的意识，即"意向的体验"和"非意向的体验""并存"并不意味着二者是同一个现象学属下的可并列的不同体验种类，而是意味着"非意向的体验"是伴随着"意向体验"的实项组成部分。

④ Husserl, E., *Cartesianische Meditationen und Pariser Vorträge.* Hua Ⅰ，Hrsg. von St. Strasser，1950，S. 72.（以下称"Hua Ⅰ"）

⑤ Sokolowski, R., *Introduction to Phenomenology*，Cambridge University Press，2000，p. 9. 中译参见〔美〕罗伯特·索科拉夫斯基《现象学导论》，高秉江、张建华译，武汉大学出版社，2009，第9~11页。

究竟蕴含着何种深刻的理论洞见，以至于从这种结构出发可能建立一门完全不同于传统思维范式的认识科学？

一 意向性与两种态度

这一问题需要回溯至近代哲学中笛卡尔转向以来的认识论传统的思想困境。胡塞尔 1907 年在哥廷根大学的五篇演讲中将这个传统中认识反思的问题概括为：意识如何能够超越自身"切中意识框架内无法找到的存在"，"认识如何能够确信自己与自在的事物一致"？（Hua Ⅱ，S. 3ff.，20）① 近代认识论正是围绕着这一认识的切合性之可能性问题而展开的。然而这一提问方式隐含地预设了一个前提，即那种将意识和对象分属于两个世界的思维模式。这种模式意味着：一方面，我们的内心是一个自足的世界，我们经历着内在的心理事件，我们的意识只能与自身打交道，心灵只能认识心灵之内的东西；另一方面，世界是外在于意识的未知的存在，它只是偶尔与意识发生关系。这样一来，意识切中外在客体就成为一件极为可疑的事情。认识论转向就归结于，如何从一种"纯粹的内在性"推演出"客观的外在性"（Hua Ⅰ，S. 45）。自笛卡尔以来的认识论正是在这一前提下展开各自路径不同的认识反思。

胡塞尔的意向性正是针对着意识的内在性困境和两个世界模式的陷阱。意识的"意向性"表明，意识对对象具有"敞开性"，从一开始就指向它的对象，对象就是朝着意识显现的。现象学从开端处就对认识论传统中这一未加审查的前提进行了釜底抽薪式的否决，因为在既有的两个世界的模式下是不可能找到圆满答案的。意识的意向性首先破除这个顽固的前提，为解决认识之可能性的问题扫清障碍。

"意向性"并不是出自现象学的独断设定，而是依据于对我们意识生活的直观洞察。先验的还原涉及两种"态度"的三个思维层次的划分："直接的自然态度"、"自然的反思"和"现象学态度的反思"构成了意识态度的三个层级。

---

① Husserl, E., *Die Idee der Phänomenologie. Fünf Vorlesungen.* Hua Ⅱ, Hrsg. von W. Biemel, 1973, S. 3ff., 20. （以下称"Hua Ⅱ"）

（1）"素朴－自然的直接的态度""自然的精神态度"属于"日常的前理论生活"（Hua Ⅰ，S. 72；Hua Ⅱ，S. 17；Hua Ⅲ/1，S. 56ff.，107；Hua Ⅵ，S. 146ff. ①）。胡塞尔表示，必须从反思中区分"直接（geradehin）进行把握的"活动（Hua Ⅰ，S. 72），在其中一切意识行为现实地被执行。我们在"看"的行为中构成看的对象，在回忆行为中回忆起一段过去的经历，在判断行为中形成判断的对象。我们在这些行为中直观地朝向"实事"（Hua Ⅱ，S. 17）。意向性已然是这些直接的意识行为的普遍结构，对象的意义在行为执行中构成起来。然而我对自身意识的这种功能以及意识与对象的本源的统一性没有觉知，我素朴地把世界及其中的对象视作为"在那儿"（da）、"在手的"（vorhanden）、"现实的"存在物（Hua Ⅲ/1，S. 62，107），我们素朴地生存于自然态度的诸经验及其设定行为中，这里的自我是一个直接投身于世界的自我（Hua Ⅰ，S. 72）。在这个层次并不会产生认识批判的悖谬（Hua Ⅲ/1，S. 120），因为它并不涉及对认识的反思，全部的兴趣都在对象本身。直接的自然态度并不构成与现象学态度对立的认识论立场，现象学态度非但不会取代它，而且相反，现象学乃至一切理论态度需要立足于它，因为它作为"自然的前理论生活"构成一切反思的课题领域，是现象学工作的现实基础。概言之，意向性以匿名的方式贯穿于直接的意识行为之中，而我们在执行意识行为时却对其意向性不关注、不自知。

（2）"自然的反思"，也称"自然的思维"（Hua Ⅰ，S. 72；Hua Ⅱ，S. 19f.；Hua Ⅵ，S. 219），已经是一种"自然的理论态度"，在其中行为"执行"被中止。在反思中，我们不再直接朝向素朴行为中的对象，而是朝向行为本身，朝向对象的被给予方式"如何"。自然的反思将素朴的自然态度中的设定未加考察地带入认识批判，"它将客体设定为存在着的，要求认识在认识上切中实事状态"，认为存在着的实事状态并不"内在"于认识，认识之谜归结于认识的"超越"问题（Hua Ⅱ，S. 34f.）。认识"如何能够超越自身去有效地切中它的客体"，如何确知在主观体验之"外"的认识之物的存在（Hua Ⅱ，S. 20），这正是自然的思维所提出的问题，认识被置于

---

① Husserl, E., *Die Krisis der europäischen Wissenschaften und die transzendentale Phänomenologie. Eine Einleitung in die phänomenologische Philosophie.* Hua Ⅵ. Hrsg. von W. Biemel, 1954, S. 146ff. （以下称"Hua Ⅵ"）

两个世界的框架里进行解释。自然的反思"完全本质地改变了原先那种素朴的体验，这种体验的确失去了'直接'（geradehin）的本源样式"（Hua Ⅰ，S.72）。胡塞尔认为，素朴的自然态度中的设定并不产生悖谬，只有在自然主义反思将这种设定进行"哲学的绝对化"时才会产生悖谬（Hua Ⅲ／1，S.120）。概言之，自然的反思遮蔽了意识的意向性本质。直接的自然态度和自然的反思都是"立足于被预先作为存在着的而给定了的世界这一基地上的"（Hua Ⅰ，S.72），而现象学的态度使我们离开这一基地。

（3）"现象学态度的反思"也称"先验的反思"（Hua Ⅰ，S.72），就是通常所说的先验还原的态度，它与自然的反思同属于理论态度。我们并不生存于其中，并不需要在前理论生活中现实地执行现象学态度。在现象学的反思中，直接的意识行为被中止，反思指向这些行为的结构。还原并不改变直接自然态度中的诸意识结构，只是在反思中不再保持这种素朴的信仰的有效性（Hua Ⅰ，S.59；Hua Ⅲ／1，S.63ff.，107；Hua Ⅵ，S.147ff.）。现象学态度不再将意识和对象都视作现成之物，世界作为有效性现象的全部的显现意义都被保留下来，"意识本身具有的固有的存在，在其绝对的固有本质上，未受到现象学排除的影响"（Hua Ⅲ／1，S.68）。现象学的态度去除自然反思的遮蔽，揭示出直接的意识行为中默默运作着的意向性结构。概言之，现象学态度"朝向"意识的"朝向性"（意向性）本身（Hua Ⅰ，S.72）①。

---

① 胡塞尔终其一生不断重述先验现象学的导论，这三个层次反复出现于不同文稿中，但往往根据具体语境的需要仅提到其中两个层次，或者将某两个层次合并：在《现象学的观念》讲座稿的"第一讲"中将"自然的思维态度"与"哲学的思维态度"（natürliche und philosophische Denkhaltung）［也称"精神态度"（Geisteshaltung）］进行对比，前者并不关心认识批判，属于直接的自然态度，涉及日常经验以及建立在其信念之上的自然科学，后者是一种反思的态度，涉及被批判的"自然的反思"（natürliche Reflexion），以及作为特殊的"哲学思维态度"的现象学；在《纯粹现象学通论：纯粹现象学和现象学哲学的观念》第1卷（以下称《观念》Ⅰ）中"自然态度"的概念被首次提出，指的是直接的把握活动中的自然态度（Hua Ⅲ／1，S.56ff.），而"自然的反思"则被描述为对自然设定的"哲学的绝对化"（Hua Ⅲ／1，S.120f.）；在《笛卡尔沉思与巴黎讲演》中，"自然反思"和"先验反思"（natürliche und transzendentale Reflexion）正是指还原前后两种不同的反思态度，它们有别于直接行为中的态度（Hua Ⅰ，S.72ff.）；在《欧洲科学危机和超验现象学》（以下称《危机》）中，使世界存在作为主体性全体之统一成就成为主题的是"素朴－自然的直接态度"（naiv-natürliche Geradehineinstellung）和一种一致性反思的态度，其理想即现象学的反思态度（Hua Ⅵ，S.146ff.）。

　　人们往往会觉得自然态度是惯常的、自然而然的态度，而现象学态度则是神秘的、"不正常的"，至少是"不自然的"，悬搁和还原只不过是现象学家无中生有的方法操作。通过对上述三个层次的区分，我们可以初步说明何种态度下的设定才是"正常"的。在素朴的意识现实中，看到的东西只能是"看"的行为的对象，被判断的事态只能是判断行为构成和朝向的对象，行为的作用和行为对象有着本源的关联性和统一性——即使是面对错觉、错判等情况，依然可以在意向性的统一性中得到解释。直接的意识生活默默地运作着意向性而不自知，只是素朴地持有对象存在的信念。如果以自然态度的实在设定进行认识反思，就会把本来是出自意向作用的对象性成果当成是已然在手的存在（vorhanden），并将其与心灵的存在相对置，从而将"物体"与"心灵"都视作"实在之物"并予以同等地位，视作相互外在地分开（Hua Ⅵ，S.219），认识的问题成了在两种切断了本源联系的实在之间重新寻求有规则的联系或建立符合关系的问题。显然，"自然的反思"的前提及其相关结论并不符合我们素朴意识的现实情况。概言之，意识的"意向性"作为意识的基本特性就存在于我们素朴的直接的意识生活中，但是自然的反思由于深陷实在化的迷雾而无法洞见意识的这一本质。意向性须经过"还原"被揭示出来，我们是在现象学态度中才知道"意向性"的。"意向性"被称为还原的成果，但不是在被发明之物的意义上，而是在被揭示之物的意义上被称为还原的成果。还原并不改变直接的意识结构中的任何东西，只是纠正自然反思中对意识关系的曲解，还原即是对认识批判的一种"拨乱反正"，拨的是自然反思的二元论的"乱"，返的是直接意识活动的意向统一性的"正"。

二　意向性与还原

　　现象学态度与自然态度的区别在于前者实行了"悬搁"和"还原"，而先验还原以"悬搁"为前提，悬搁就是中止自然态度中的存在设定（Seins-setzung）。胡塞尔以"普遍悬搁"代替"普遍怀疑"（Hua Ⅲ/1，S.65），悬搁并不意味着存在设定的对立面，它不是否定、猜测、假想、怀疑或不定状态等任何一种对存在的执态（Hua Ⅲ/1，S.63ff.）。悬搁恰恰是要放弃所有这些肯定、否定、怀疑、猜测的存在执态，彻底扬弃这种从对实存的直接兴趣出发进行认识批判的总思路，而不是依然在该思路框架之下做出否定、怀疑或是猜测的选择。对这些执态的选择无非还是对一种自在存在的兴趣，而悬搁是对这种未经考察的存在设定持完全的中立态度，从而另外寻求存在的坚实基础。

悬搁究竟是针对何种态度下的存在设定？胡塞尔关于中止存在设定的一些看似矛盾的说明需要在上述区分的三个层次中才能得到合理的解释：一方面，对于直接的自然态度而言，我们既不可能也没必要去改变其设定执态，"我们并未放弃我们的设定，我们并未改变我们的信念，这类信念始终如是"，这个被置入括号的自然世界依然持续地"对我们存在"、"在手地"存在，并作为被意识的"现实"永远存在着；另一方面，对于自然的反思而言，我们必须排除由这种设定所带来的认识批判的困扰，我们在反思中"使其失去作用""排除了它"，"设定是一种体验，但我们不利用它"（Hua Ⅲ/1，S. 63ff.）。到了《笛卡尔式的沉思》中，胡塞尔的表达更为清楚而成熟，在反思中进行悬置并不意味着这些执态"会从我的经验领域中消失"，经验到的世界"继续像它以前所显现的那样显现着"，"只是我作为哲学上的反思者，不再执行经验中的自然的存在信仰，不再保持这种信仰的有效性，尽管与此同时该信仰还在那里，并为注意的目光所同时把握"（Hua Ⅰ，S. 59f.）。这意味着，反思中的我以不带信仰的方式注视着持有信仰的素朴行为本身。悬搁并不意味着"虚无"（Nichts），世界由素朴经验中的"存在着的"（seiend）转变为反思中的"存在现象"（Seinsphänomen）（Hua Ⅰ，S. 72）。"悬搁保持着它所排除的东西"，它们作为"纯粹现象"在"先验的经验领域"获得了坚实的基础，"我们并未失去任何东西，而只是得到了整个绝对存在"（Hua Ⅲ/1，S. 107）。

现象学悬搁对于存在设定的这种双重态度与其彻底主义的哲学诉求并不矛盾。"普遍悬搁"既不同于极端怀疑论，又不同于温和怀疑论。一方面，现象学对反思中的存在设定的彻底悬置不同于古代的极端怀疑论，后者将思辨理性的悬搁的要求混淆地用于直接的经验生活，导致以否定或怀疑方式对待经验生活中世界的存在意义。另一方面，现象学对素朴的意识生活中的存在设定的保留绝非休谟式的温和怀疑论，后者并没有从学理上阐明反思态度对于直接态度的越界的不合理性，仅仅诉诸对常识理性的妥协，造成思辨的态度和实践的态度的"分裂"，表现出哲学上的不彻底性。在胡塞尔这里，对直接自然态度中存在设定的保留与对反思的态度中存在设定的排除之间不存在"分裂"，后者正是对前者的解释体系，因而是可以说明和包容前者的。胡塞尔的现象学态度是彻底的，他用一张细密的先验思维之网去捕获躲在任何角落中的自然主义思维的幽灵，在批判与建构的交错中形成了先验现象学的初步成就。

"悬搁"常常被误以为是单方面施加于对象世界，将其排除后只剩下孤独的自我，因而现象学被指责为唯我论。其实现象学的悬搁是针对自然世界和经验自我的两方面设定进行的，只不过胡塞尔对自我这一侧的悬搁往往被批评者选择性地忽略了，而对世界的悬搁却被片面地理解。胡塞尔在不同文本和讲座中反复强调过对经验自我进行悬搁的必要性，"我这个人""作为世界之物的自我""我的心灵生活"都被还原到先验现象学的自我（Hua Ⅰ，S.64f.；Hua Ⅱ，S.44；Hua Ⅲ/1，S.66ff.，179；Hua Ⅵ，S.178ff.；Hua ⅩⅢ，S.111，154f.[①]），并以此反驳其他人将其视为"唯我论"的指责[②]。心理自我是一个世间客体，而还原后的意识不再是世间关系中的客体。在直接的意识生活中，意识是一种构成对象的"意向作用"（Noesis），"自然的反思把原先作为体验却并非对象性的东西当成了对象"（Hua Ⅰ，S.72），于是在一个被当成对象的虚假的"主体"和真正的对象性之间寻求关联，这是二元论思维的症结。还原揭示出来的主体是一个在其"直接"的意识模式中匿名的执行的主体，是功能自我，它执行着种种意向作用，这才是真正意义上的主体。还原后的自我不是一个孤独的自我——这种"孤独自我"恰恰是自然反思的成果，而是在自身中承担起世界的"有效性意义"的先验自我，先验现象学的领地不是一个围绕着封闭

---

① Husserl, E., *Zur phänomenologie der intersubjektivität* I. Hua ⅩⅢ, Hrsg. von I. Kern, 1973, S.111，154f.（以下称"Hua ⅩⅢ"）

② 胡塞尔指出，这些指责意见是对现象学悬搁的误解，以为现象学排除了所有其余世界，剩下的仅是"孤独的自我"（solus ipse）。但是实际上现象学的悬搁意味着，"正如排除了所有世界一样，也排除了我自己、我的心理状态和心理行为，它们作为我的心理状态和心理行为，恰恰是自然"（Hua ⅩⅢ，S.154）。这些批评意见所指的自我恰恰已为现象学悬搁所排除。唯我论的错误就在于，将心理学的和心理主义的内在性与现象学的意向内在性相混淆，将现象学视作唯我论的意见恰恰是在经验自我的意义上理解现象学的先验自我。

自我的领域，先验哲学问题是由世界与自我的"相关性"形成起来的哲学问题（Hua Ⅰ，S. 65）。

悬搁的意图不是通过排除外部自然世界而退回到内在心灵世界，这恰恰是在自然的思维中去理解还原的结果。悬搁的真正效果是回到作为"现象学的剩余"（phänomenologische Residuum）的"纯粹意识"的领域，即"先验的经验领域"（Hua Ⅰ，S. 66）。这个领域不是以孤独的自我为基础和开端，而是以"意向活动"（Noesis）与"意向相关项"（Noema）的意向性关联为基本结构。现象学的思路不再是在意识和对象之间寻找或论证一致性关系，因为这种思路的前提是自然思维下的二元论，即默认双方从根源上是"割裂"的。现象学的悬搁悬置了所有存在设定，因为这种设定才是主客二元对立的根源。所有的意向相关项都是在相应的意向作用中构成，只有在这种意向成就中才能回过头来理解对象的存在。以感知行为为例，被感知对象不是自在的存在者偶尔获得意识的感知召唤，也不是意识携带主观的先天观念或先天形式而使对象显形，而是在感知作用的执行中作为被感知者形成其感性方面的意义——当然这种意识作用不需要兑现为每次的现实的意识事件，而应该在对意识体验进行本质还原和先验还原的意义上加以理解，对象作为现象的意义并不依赖于每次事实上的主观体验事件，而是相对于还原后的意识体验来说的。

我们根本不能说，对象"进入意识"，或者意识与对象"发生关系"，对象"被纳入意识之中"（Hua ⅩⅨ/1，S. 385），因为所有这些类似的表达方式都在自然思维下将意识关系理解成思维与对象的偶尔"邂逅"。"意向相关项的本质和意向活动的本质彼此不能分离"，"意识（体验）和实在存在绝不是……彼此偶尔'发生关系'或'相互联系'。只有本质上同源的东西，只有二者各自的本质有相同的意义时，它们才能在严格的意义上是有联系的，才能构成一个整体"（Hua Ⅲ/1，S. 105）。"如果意识是与存在完全分离或可分离的东西，这种关系将是不可能的。完全分离、仅仅偶然联系的事物是独立可变的"（Hua ⅩⅩⅩⅥ，S. 56）[①]，绝不可能通过建构"僵硬的规律"而将意识与世界外在地联系起来（Hua Ⅰ，S. 117）。胡塞尔将这

---

① Husserl, E., *Transzendentaler Idealismus. Texte aus dem Nachlass* (1908 – 1921). Hua ⅩⅩⅩⅥ, Hrsg. von R. D. Rollinger in Verbindung mit R. Sowa, 2003, S. 56. （以下称"Hua ⅩⅩⅩⅥ"）

种意向性关联称为"意向活动 - 意向相关项的统一性"（noetisch-noematische Einheit）（Hua Ⅰ，S. 79），与此相似的，海德格尔则将意向性中 Intentio（意向行为）与 Intentum（意向对象）之间的关系称为相互"共属性"（Zugehörigkeit）（GA 20，S. 59ff.）。海德格尔指出，意向性并不意味着，意识一开始仅仅是一种作为状态的心理过程以非意向性的方式运行，然后才获得一种意向性的属性，意向性不是追加于体验之上的关系特性，为的是建立体验与非体验的外在对象的联系（GA 20，S. 40），也不是"发生在物理事物与心理过程之间的一种偶然的、事后的对象化关系"（GA 20，S. 48）。"意向性"理论和还原的方法意味着将认识论传统中的问题颠倒过来处理，不是在两个实在领域之间寻找一致性，而毋宁是在意向行为与意向对象的统一性的前提下描述对象在行为中的构成。意识并非自身封闭的实体，对象也并非单纯地自在存在，而是从把握该对象的意识活动中获得其可理解的结构。

这种对意向关系的新的理解首先要区别于自然的思维对意识关系之理解。首先，意向关系并非"实在的关系"（Hua ⅩⅨ/1，S. 385）。这种理解的问题在于否定了对象与意识本质上的同源性，在一种完全的外在性意义上理解二者的联系，因此断绝了对象作为意向成就的绝对被给予的内在性意义。其次，关系的两侧并非"两个可以用相同方式在意识中实项地找到的实事"，类似于"一个心理内容与另一个心理内容之间的相互套接关系"（Hua ⅩⅨ/1，S. 385ff.）。这种理解的问题在于否定了对象与意识行为之间的绝对区分，在一种绝对的心理实在的内在性意义上理解意向性，从而抹杀了对象对于意识行为的超越性。这第两点往往更多地被忽视，甚至于现象学反而被误解为一种新的心理主义。

因为自然的反思在认识论传统中有根深蒂固的影响，意向性关联的两侧依然会被置入二元论框架而被曲解：一方面把意识活动理解为内在的"心理事件"，另一方面又把对象性视作内在的感觉存在或内在代现物。胡塞尔在不同文本中反复澄清对于意向活动以及意向对象概念的这些误解。

一方面，意向活动一侧不能被理解为"心理之物"。意向体验并不是经验自我的实项的心理组成（Hua ⅩⅨ/1，5. LU，S. 356ff.），意向体验是构成对象的意识作用，不是"心理复合物"，不是"感觉束"或"感觉流"（Hua Ⅲ/1，S. 196），因为这些东西只具有心理内容，而并不包含作为精神之要素的"意义"内容。超越的客观性是意向作用的成就，不应当像休谟那样将之诉诸心理学的解释（Hua Ⅱ，S. 20）。由于"Psychisches"一词所含有的歧义和形而上学成见，它作为一种在通常理解中的世间之物并不形成与对象的意向性关联，胡塞尔认为应以"noetisch"代替它（Hua Ⅲ/1，S. 194f.）。

另一方面，意向对象一侧不能被理解为某种内在"感觉"或是内在"图像"。首先，意向对象不是我们实项内在体验中的"感觉要素"（Empfindungsmoment），例如对象的客观颜色不能被混淆为我们对颜色的感觉，我看到的是颜色本身而不是对颜色的感觉（Hua ⅩⅨ/1，S. 358ff.）。在《观念》Ⅰ中他将这种区别进一步表述为"质素层次"与"事物因素"的区别（Hua Ⅲ/1，S. 192）。这种混淆消除了对象显现于其中的感觉体验和显现着的对象本身之间的差别，将对象内容还原为内在的感觉内容，从而取消了对象之于意识作用的超越性意义。其次，意向对象不是作为外在事物之代表的内在的心灵"图像"或"符号"（Hua Ⅲ/1，S. 207f.；Hua ⅩⅨ/1，S. 436ff.；Hua ⅩⅩⅩⅥ，S. 106f.）。如果我们不能超越意识直接的内在给予之物与外在对象联系起来，我们又如何能够确定作为代表的内在图像与该实事是相联系的呢？这种"中介理论"作为"三元论"不过是"二元论"的一种妥协方案，并不能真正解决二元论的问题。与其将超越性归之于某种与实事相似的内在图像，不如说超越性就包含在意识与实事本身的本质关联中。意识不是通过内在的意向对象指向超越的对象，在二者之间做出区分是荒谬的（Hua ⅩⅨ/1，S. 439）。

总之，意识对象在体验流中保持为自身同一的，它既不是体验的实项"内在"组成，也不是从"外部"进入这同一个体验之流，而是作为"意义"（Sinn）显现于意识的体验之流中，作为意识综合的意向成果而存在（Hua Ⅰ，S. 80）。"在心灵之内"或是"在心灵之外"这样的描述并不适合意向对象（Hua ⅩⅨ/1，S. 387），意向对象的存在根本不是凭借这种内外两个世界的模式来理解的。

三 还原与超越性

（一） 还原与两个世界

对胡塞尔现象学存在一种极为广泛的误解，即认为胡塞尔是一个内在主义者，他通过悬搁把心灵和世界分为两个彼此独立的领域。这实则是对悬搁和还原的非常表面的理解，没有认识到这种将内在世界与外在世界进行划分的模式完全不适用于先验现象学。

现象学的悬搁是否会导致一种内在主义？我们需要先弄清楚内在主义的前提是什么。它不正是自然的反思中对内在心灵世界与外在世界的存在设定吗？如果单纯地设定、承认一个独立的外部实在，也就会对等地形成对于一个自在的内在世界的设定和承认。认识问题的根源并不在于主体中心主义单方面地造成作为另一方的世界的失陷，从而形成或是怀疑论或是独断论的哲学立场，毋宁说是，自然反思中对两个世界的划分造成的"隔阂"才是横亘在意识及对象之间的真正障碍。将自然和精神分裂为两个世界的"二元论"，是理性问题不可理解的原因（Hua Ⅵ，S. 61f.）。悬搁并不只是单方面针对对象世界的去实在化，而是根本上针对意识与对象之关系的去实在化理解。所以悬搁的实际效果并不是消除对象世界，而是消除两个世界的划分而导致的"隔阂"。只有通过悬搁和还原扫除这种自然思维设置的障碍，才得以揭示意识与对象之间的意向性通道。所以，先验的悬搁和还原不是通过排除外在世界而封闭于内在世界中，相反，是在根本地去实在化理解的意义上，通过解封超越的世界而同时解锁内在的世界，这是同一个过程不可拆解的两个方面。

实施悬搁和还原并不是将意识研究抽象地限制在"空洞的心灵生活"中，并不是让我们的目光从世界及其对象转移到内心体验上来，转移到心灵对对象的表征之物上来，这是站在已被现象学态度超越的立场来理解现象学的操作。在两个世界之间做非此即彼的选择只不过是自然思维的成见，"人们必须摒弃这种来自自然思维的、误以为理所当然的成见，即一切被给予之物要么是物理的，要么是心理的"（Hua XXⅣ，S. 242）①。悬搁并不是从外在世界退回到内心世界，而是根本上扬弃以这种内外两个世界的模式来理解意识关系的路径。现象学的还原是通过排除绝对的外在主义来克服内在主义，而不是一种新的内在主义形式。

（二） 内在性与超越性

取消"内在"与"外在"之间的隔阂并不是将意识活动与其对象的差异消除，回到某种混沌的统一，而是代之以现象学还原意义上的"内在性"与"超越性"去描述它们之间既关联又有差异的关系。

认识之谜就在于"超越"之谜，胡塞尔1907年在哥廷根大学的五次讲座中通过重新界定"超越"与"内在"的意义而找到超越的认识之有效性的基地。他提出两种"内在"和两种"超越"概念：第一种较为狭窄的"内在"仅仅指作为体验的真实组成部分的"实项内在"，第二种则是"绝对自身被给予的内在"，后者包含了前者，还包含了对象性的绝对直观和把握，是排除了任何有意义的怀疑的"内在"，只有对第二种内在的超越才是对被给予之物的非法超越。胡塞尔明确指出，认识批判的"致命错误"就在于将绝对明见的被给予性范围仅仅限制于"实项的内在"，从而将本来是属于第一种超越之可能性的问题混淆于第二种超越之可能性问题（Hua Ⅱ，S. 35f.），存在要么被视作内在于体验的实项成分，要么就被归于绝对的超越，这种局限正是自然反思的后果。

这里不是单纯罗列概念的多种义项，而是要在两种内在之间开拓出意向对象的合理存在区域。在这两种内在与超越之间，对象赢得了一种在自然思维中不曾发现的特殊的存在特性，即"内在的超越性"②。对象的存在

---

① Husserl, E., *Einleitung in die Logik und Erkenntnistheorie*. Vorlesungen 1906/07. Hua XXⅣ, Hrsg. von U. Melle, 1984, S. 242. （以下称"Hua XXⅣ"）

② 在《逻辑研究》第一版时期，胡塞尔主要在第一种意义上使用"内在"，即"实项的内在"，同时期的"现象学的"或"描述的"概念涉及的是"实项的"体验内容（Hua XIX/1, S. 411）。在完成了先验转向之后，现象学的"内在"便不再局限于"实项的内在"，现象学概念扩展到意向的体验领域。参见 Boehm, R., *Immanenz und Transzendenz*, in: R. Boehm: *Vom Gesichtspunkt der Phänomenologie*, The Hague: Martinus Nijhoff, 1968, S. 141 – 185。Husserl, E., *Aufsätze und Vorträge*（1911 – 1921）. Hua XXV, Hrsg. von T. Nenon und H. R. Sepp, 1987, S. 173f. （以下称"Hua XXV"）

不再以"内在"和"外在"的关系模式被理解：它既不"在心灵之内"，因为它是超越于实项的体验流的；也不"在心灵之外"，因为它是意识的绝对被给予之物。它是在绝对被给予性之内又超越于实项内容的存在。将意向内容与心理之物作本质区分，将意识现象学与意识心理学明确划界是胡塞尔现象学的核心思想原则，是他从《逻辑研究》时期以来始终坚持的基本立场。胡塞尔强调，"现象学还原的含义并不是指将研究限制于实项的内在领域内，限制于在绝对思维的这个（Dies）之中实项地被包含之物的领域内，它的含义根本不是指限制在思维领域内，而是指限制在纯粹自身被给予性的领域内"（Hua Ⅱ，S.60）。将胡塞尔现象学作一种"内在主义"的误读忽视了两种"内在"之范围的本质差异，没有把握到还原后揭示出来的真正起点，始终是在"实项内在"的意义上、在"心理之物"的意义上理解"意向内在"，错失了胡塞尔借助意向性概念赋予意识以超越性对于认识批判的意义。

存在一种误解将现象学的"内在的超越性"与"外在的超越性"对立起来，并以此指责现象学是一种"内在主义""主观主义"。其实先验悬搁的实施就已经杜绝了作这种理解的可能，悬搁绝不是一步到位的空洞的态度反转，它不仅意味着对存在设定本身的中止，而且一切与存在设定有关的论断或是思维方式都要随之中止，这就包括以"内在"和"外在"的关系模式来理解认识。现象学的"内在性中的超越性"恰恰是要克服自然的反思造成的"内在"与"外在"之间的对立，是要以意向性意义上的"内在性"（Immanenz）与"超越性"（Transzendenz）的张力关系来取代自然实在意义上的"内在"（Inneres）与"外在"（Äußeres）的对立关系以对意识进行解释。因而"内在的超越性"不能再在实在关系的模式中被理解为"外在的超越性"的对立面。"意向性"概念向我们揭示出对象世界的这两面性。自然的反思不理解认识结构的这种内在张力，按照一种实在化思维去理解这种两面性，于是就设定了两个世界，以为意识关系中存在着一个内在的心灵世界和一个外在的对象世界，然后就有了认识中"内在性"与"外在性"的不可调和的矛盾。这是自然反思对我们自身意识的误解导致的，真实的情况是：只有一个世界，只不过这个世界对于我们有内在性和超越性这两个面向。

（三）　先验的客观性

要实现"世界"意义的有效保留，当然不能直接依赖于自然经验的"事实有效性"及其存在设定，一种"绝对的实在"就如"圆的方形"一样是悖谬的（Hua Ⅲ/1，S. 120），而是要通过还原使世界的存在成为先验主体的"有效现象"（Geltungsphänomen）（Hua Ⅰ，S. 58）。

如前所述，现象学还原后的先验主体不是一种唯我论意义上的自我，而是一种"执行的主体"。只有通过还原才能消除主体与世界的对立，才能揭示出这种功能主体，从而彻底克服自我中心的困境。某些为胡塞尔现象学方案辩护的学者认为，先验还原的缺陷可以通过在意识结构中加入视域、生活世界或是他人自我乃至主体间性等要素来弥补。这种想法还是一种自然思维下天真的解决思路，他们没有意识到，内在与外在、自我与他人的区分首先都要在先验意识的构成中吸取它的意义（Hua Ⅵ，S. 84）。只有在执行的先验主体性的基础上，主体间性才能作为主体固有的一种存在方式而得到理解，而不是在一种在先的孤独自我的基础上填补某种社会属性，不是对偏倚的孤独自我的修复。悬搁和还原非但不会造成主体中心主义，反而是克服主体中心主义的必经之途。绕开"还原"所添加的任何东西都不过是一种主体无法消化的外来的"实在"，除了强化自我中心的困境外别无他果。

悬搁并不是把世界变成主观的虚构产物①，并不是回到贝克莱式的"主观观念论"（Hua Ⅲ/1，S. 120），而是走向一种"先验的观念论"，"先验现象学"就在于系统阐明意识的内在性运作是如何形成客观的超越性成就的，

---

① 胡塞尔后来意识到，在《纯粹现象学通论：纯粹现象学和现象学哲学的观念》第 1 卷中的用语如"排除世界"（Ausschaltung der Welt）、"剩余物"（Residuum）并不适当，因为它们极易诱导人们产生这样的误解，以为现象学的主题不再是世界，而只是"主体的"行为、"显现的方式"，然而先验的研究包含着"按照其所有的真实存在"的世界本身［Husserl, E., *Erste Philosophie*（1923/24）. Zweiter Teil: *Theorie der phänomenologischen Reduktion*. Hua Ⅷ, Hrsg. von R. Boehm, 1959, S. 432.（以下称"Hua Ⅷ"）］。"从对世界的天真探索转向对先验自我学的意识领域的自身探索并不意味着远离世界……而是这样一种转向，它使得我们对世界的真正彻底的研究……和对绝对的、最终意义上的存在者的彻底的科学的研究得以可能。"［Husserl, E., *Aufsätze und Vorträge*（1922 - 1937）. Hua ⅩⅩⅦ, Hrsg. von T. Nenon und H. R. Sepp, 1989, S. 178.（以下称"Hua ⅩⅩⅦ"）］

世界的有效意义就来自这种构成的成就（Hua Ⅰ，S. 65）。胡塞尔在《危机》中将近代思想史总结为"客观主义"（Objektivismus）与"先验主义"（Transzendentalismus）两种理念的斗争史："客观主义"从自然经验设定的世界出发，追问关于世界的无条件有效的"客观真理"；"先验主义"与此不同，将预先给定的世界的存在意义视为"主观的构成物"，"客观真理"以及"世界的最终的存在意义"必须彻底追溯到先验主体的意识成就中。"自在的第一性之物"不是处于那种不言而喻的世间性的客观性中，而是处于一种"客观化的主观性"中（Hua Ⅵ，S. 70f.）。客观世界只有通过先验悬搁才能摆脱形而上学的虚设，摆脱一切自然设定的悖谬，通过由还原揭示出来的意识的构成性成就而获得"对我所具有的全部意义及其存在效果"（Hua Ⅰ，S. 65）。在先验主体构成世界的同时，每一个具体的先验自我①也在构成其自身"习性"和"人格"的规定性。

"现象学的悬搁"并不使我们面对"虚无"，而是相反，经过悬搁之后世界才能在确然的基础上成为对我有效的世界。我们根本不可能在不排除绝对的外在超越性的情况下而获得世界意义的真正有效的超越性。扎哈维指出，"胡塞尔对一种先验观念论形式的承诺——而不是将他谴责为一种典型的内在主义形式——正是阻止他的理论成为内在主义的原因"②。

四　还原及其先验哲学的效应

我们现在可以更加明确胡塞尔与布伦塔诺的意向概念的区别。在布伦塔诺这里，意识的意向本质仅仅作为区分心理现象和物理想象的标准，意向存在就是一种心灵的"内实存"（Inexistenz），心理现象在自身中包含着对象物。这种对"意向"的运用不过是沿袭经院哲学关于心理的、内在的事物与现实的、外在的事物的区分模式，胡塞尔说他"仍然囿于自然主义

---

① 具体的先验自我在胡塞尔这里并非指经验性的自我。胡塞尔的先验自我是通过还原呈现出来的具有构成性功能的主体性，区别于"心理学自我"（psychologische Ich）和"作为人的我"（Ich-Mensch）。胡塞尔在"第四沉思"中论述先验自我自身的构成问题时提出先验主体具体化为"人格自我"（personales Ich）（Hua Ⅰ，S. 101ff.）。

② Zahavi, D. , "Internalism, Externalism, and Transcendental Idealism", *Synthese*, Vol. 160, No. 3, 2008, p. 359.

传统的先入之见"，"他只是从形式上将意向性心理学作为任务提出来，却根本没有完成这个任务的方法"（Hua Ⅵ，S. 236f.）。胡塞尔的"意向性"正是通过摒弃这种划界而找到认识论的出路，还原后的意识"失去了一切心理学的意义"，还原所揭示的"绝对之物"不是自然科学意义上的物理存在或心理存在。意向概念在布伦塔诺那里的使用无非表明对其起作用的笛卡尔形而上学的残余，导致对"意向性"可能带来的深刻内容的错失。在现象学的考察中，我们要放弃的正是这种来自自然思维的、误以为自明的想法，即"一切被给予之物要么是物理的，要么是心理的"，两个世界的划分是认识论一切误解的根源。

胡塞尔一生涉及的话题领域众多，涵盖了逻辑学、认识论、感觉理论、心理学、伦理学、历史学、人类学诸多领域，涉及方法论、形而上学、交互主体性等诸多经典主题，成果非常丰富。但他的现象学思想并不是由各自为阵的课题研究零星拼合而成，而是由一些基本原则，特别是先验还原的原则贯彻始终，各个课题的思考进路之间因为共同的思想原则而构成内在关联的思想体系。意识的"意向性"绝不是一个孤立的课题，它所表达出来的意识与对象的本源的统一原则是整个现象学思想生发的基点，这个概念所蕴含的洞见足以对传统认识论以及形而上学进行重构，现象学的思想果实都是在这个根基上生发出来的，真正的现象学只能是先验的。

现象学还原思想首先改变了传统的"符合论"真理观。认识不再被理解为自足的意识与自在的客体之间的符合，这种符合论是以意识与对象的分离为前提的。胡塞尔将认识活动视为"充实的综合"，即认识中最初的空乏意指的行为在后来的直观化行为中得到充实，是同一个被意指的内容在先后的空乏意向和充实意向中实现动态的重合（Deckung）。这里不存在意识与对象之间的符合，而是"含义意向与含义充实之间的关系"（Hua ⅩⅨ/2，S. 538ff.），即先后两套不同的 Noesis-Noema 之间的相合。在传统符合论基础上建立起来的直观与思维、感性与知性的对立不再具有自明的合理性，"事物与智性的相即"（adaequatio rei et intellectus）转变成了直观充实的问题，"符合论"被更具合理性的"充实论"取代。

所有建立在"两个世界"模式基础上的论断都不再成立。洛克的"第一性质"和"第二性质"的区分正是这种思维的产物，按照这种区分，诉诸感官的性质是"纯主观的"，只有诉诸几何学和物理学的性质才是"客观的"，第二性质只是第一性质的"记号"（Hua Ⅲ/1，S.82f.）。这种粗糙的划分缺乏经过彻底考察的依据，实际上第二性质的观念并不是单纯主观的，它具有对实项内在的超越的客观性，而第一性质的观念也并不是完全客观的，它始终是在意向作用中获得其构成性意义。自然思维中的"外感知"与"内感知"的区分（包括洛克的"感觉经验"与"反省经验"的区分）是建立在事先被确定的外在事物和内在世界之区别的基础上（Hua ⅩⅨ/2，S.751ff.）。"内感知"与"外感知"等概念表达的是"起源于常识的""天真的形而上学和人类学"观念（Hua ⅩⅨ/2，S.673）。胡塞尔主张用"内在的感知"和"超越的感知"代替"内感知"和"外感知"的可疑说法（Hua Ⅲ/1，S.78），即朝向意识体验自身的和朝向超越的意向对象的感知，而不是朝向内外两个实在世界的感知，并对"外在"经验与"内在"经验的平行论提出质疑（Hua Ⅵ，S.222）。

在构成对象性关系的客体化行为之间的关系及转化的问题上，胡塞尔反对将设定的行为理解为在无设定的单纯表象的基础上通过添加新的判断质性而形成，而是需要通过"变样"（Modifikation）改变整个意向行为的信念方向（Hua ⅩⅨ/1，S.463ff.，Hua Ⅲ/1，S.249ff.）而形成。在任何一种行为奠基关系中，最终形成复合行为的统一的总体质性。胡塞尔成熟期的先验发生学进一步深入先验主体的发生历史中，将主体作为诸习性的基底，在一种动态发生中揭示先天认识在先验主体间性中的基础。

从胡塞尔出发的还原思想辐射到经典现象学家的最具原创性的思想发现之中，我们可以看到胡塞尔的先验现象学与其他现象学家之间的深刻关联。

将胡塞尔的先验哲学视作一种内在主义，与海德格尔和梅洛-庞蒂的存在主义哲学（作为外在主义）相对立，这是对胡塞尔还原思想的极大误解和对存在主义哲学的浮表理解。实际上，如果不能理解胡塞尔的先验现象学是如何通过还原克服内在主义的，就不能真正理解存在主义哲学在主体投身世界的道路上究竟走了多远。

海德格尔虽然在《存在与时间》中放弃了对"意向性"和意识现象学

的引用，似乎是要与胡塞尔的先验现象学分清界限，但其思想却表现出与还原思想的深层共鸣。"'在之中'不是此在时可有时可无的属性，好像此在没有这种属性也能同有这种属性一样存在得好好的。并非人'存在'而且此外还有一种对'世界'的存在关系，仿佛这个'世界'是人碰巧附加给自己的。此在绝非'首先'是一个仿佛无需乎'在之中'的存在者，仿佛它有时心血来潮才接受某种对世界的'关系'。""在之中"的关系表明的并不是两个现成的存在者之间的偶尔"聚会"，此在就在世界中存在，所以才能接受对世界的"关系"（GA 2，S. 77）①。当此在朝向和把握某物时，"此在并非从它最初被包裹于其中的内在领域出发，而是按照它原本的存在方式，此在总是已经'在外'"，此在与存在者的照面并非离开内在的领域，而是此在的"寓居于对象的'在外存在'就是真正意义上的'在内'"，"此在本身就是作为认识着的'在世界之中在'"（GA 2，S. 83）。他在《现象学之基本问题》中表述了关于世界与自我的理解："只有当此在存在时，世界才存在。只有当世界存在时，当此在作为'在世界中'而存在时，才有对存在的理解。只有在这种理解存在的情况下，世内存在者才作为在手之物和上手之物被揭示出来。作为'对此在的理解'的'对世界的理解'就是'对自我理解'。自我和世界同属一个存在者，即此在。自我和世界不是两个存在者，就像主体与客体，或者我与你，而是自我和世界是此在本身在'在世界中存在'的结构统一中的基本规定。"（GA 24，S. 422）②"此在本质上包含着在世，所以此在的向世界之存在本质上就是操劳（Besorgen）。"（GA 2，S. 77）

胡塞尔的先验现象学绝不是被海德格尔和梅洛－庞蒂的存在主义哲学超越的环节，而是它们的基础。梅洛－庞蒂在《知觉现象学》的前言中已指出二者的思想关联，他认为整部《存在与时间》就是对胡塞尔的"自然的世界概念"和"生活世界"的一种解释，"现象学的还原就是一种存在主义哲学的还原：海德格尔的'在世界中存在'只出现在现象学还原的基础

---

① Heidegger, M., *Sein und Zeit*. Gesamtausgabe Band 2, Max Niemeyer Verlag Tübingen, 1976, S. 77.（以下称"GA 2"）

② Heidegger, M., *Die Grundprobleme der Phänomenologie*. Gesamtausgabe Band 24, Vittorio Klostermann, Frankfurt am Main, 1989, S. 422.（以下称"GA 24"）

上"（PP，S. Ⅸ）①。如果没有经过还原思想的洗礼，"在世界中存在"的思想极易受自然思维的歪曲而被庸俗化为两种存在者之间的外在关系。莫兰等学者认为，海德格尔哲学是对胡塞尔的先验现象学的发展，他与胡塞尔的思想关联程度比他自己承认的要高②。

在质料价值伦理学的问题上，舍勒首先是排除了一般的质料伦理学对最高的善或最终目的的设定，又从现象学的先天理论批评了单纯形式先天的伦理学。经验作为后天、形式作为先天只不过是自然思维的成见，伦理的质料内容可以作为价值先天的载体，价值在人的情感中被先天地把握。舍勒和胡塞尔一样，认为不可将"人格"设想为像任何事物或实体那样的存在，人格不是作为对象被设想为在体验之外的东西，而是在行为中被一同体验到的生命体验的统一（GW2，S. 371）③。基于意识行为与"心理之物"、意向体验与实项体验的区别，我们可以理解为什么舍勒在考察情感行为时坚持认为人的情感行为作为意向行为不能还原为"状态性感受"，也不是面向"状态性感受"的（GW2，S. 259ff.；GW10，S. 371ff.）④。

梅洛－庞蒂将还原的理念深入对知觉结构的剖析中。他同样认为问题的关键在于理解意识和自然、内部世界和外部世界的关系（PP，S. 489）⑤。他批评自然思维中的表象论和原子主义感觉论，反对将知觉经验理解为由感觉组成的成见。知觉作为基础的意识活动以其直接性结构揭示人的"在世之在"的意义。在主体与世界的关系问题上，梅洛－庞蒂认为，"世界与主体是不可分离的"，"主体是世界中的存在，而世界乃是'主体的'，因为世界的结构及其连接是通过主体的超越性运动显现出来的"，主体和客体

---

① Merleau-Ponty, M., *Phénoménologie de la perception*, Gallimard, 1945, Ⅸ. （以下称"PP"）中译参见〔法〕莫里斯·梅洛－庞蒂《知觉现象学》，姜志辉译，商务印书馆，2001，第10页。

② Moran, D., "*Heidegger's Critique of Husserl's and Brentano's Accounts of Intentionality*", *Inquiry*, Vol. 43, 2000, pp. 39–66.

③ Scheler, M., *Der Formalismus in der Ethik und die materiale Wertethik. Neuer Versuch Der Grundlegung eines Ethischen Personalismus. Max Scheler Gesammelte Werke Bd. 2.*, Francke Verlag Bern und München, 1980, S. 371. （以下称"GW2"）

④ Scheler, M., *Schriften aus dem Nachlass 1. Zur Ethik und Erkenntnislehre. Max Scheler Gesammelte Werke Bd. 10.*, Bouvier Verlag Herbert Grundmann Bonn, 1986, S. 371ff.

⑤ Merleau-Ponty, M., *Phénoménologie de la perception*, Gallimard, 1945, S. 489. 〔法〕莫里斯·梅洛－庞蒂：《知觉现象学》，姜志辉译，商务印书馆，2001，第536页。

只是显现的结构的两个抽象因素（PP，S. 491ff.）①。如果将胡塞尔的"意识现象学"与梅洛-庞蒂的"身体现象学"视为不同的研究领域甚至思想立场，其实还是在沿袭笛卡尔式的身心二元论，而无视现象学对于传统的概念对立的解构以及二人的思想渊源。梅洛-庞蒂正是通过还原的思想揭示出身体性活动之于人与世界之统一关联的意义。

在美学方面，杜夫海纳的审美经验现象学将审美对象与艺术作品区分开来，并将审美对象归结为知觉对象。如果将艺术作品与审美对象的区别理解为"实在对象"与"观念对象"，"外在对象"与"内在对象"，或是"知觉对象"与"想象对象"的区别，那就会重新陷入自然思维的窠臼中，"又回到已被意向性理论驳倒的心理主义"②。审美对象具有比艺术作品更深层的意义结构，但前者不是在后者的感性材料的基础上添加来自主体的审美的意义形式。审美对象也不是单纯"内在地"虚构出来的想象对象、观念对象，而是在艺术作品"身上"由审美的知觉构成起来的知觉对象。杜夫海纳通过将审美对象还原为特殊的"审美知觉"对象而克服审美内在主义带来的审美意识二元论的困扰。

将胡塞尔现象学视作"内在主义""主观观念主义""唯我论"的解释已经成为过去时，这种误释的根源正在于固守在自然的思维中去理解还原的意义。先验现象学的最大成就恰恰在于克服二元论下的内在主义、主体中心主义，而自然主义的理解反倒把它解决问题的途径当成产生困境的原因，这岂不是错失了这一思想潮流的最具价值的部分。胡塞尔已经在自己的时代为哲学的进步做出不凡的成绩，他的出色的后继者们也在这个根基上结出自己的硕果。准确定位经典现象学家之间的共同思想原则，并在这一原则下揭示他们的思想成就，这对于表明现象学的工作价值至关重要。过度强调现象学家之间的差异而忽视他们的整体性联系，会使得现象学作为一个思潮被碎片化，也使其思想价值黯然。我们的研究不能仅仅聚焦于

---

① Merleau-Ponty, M., *Phénoménologie de la perception*, Gallimard, 1945, S. 491ff. 中译参见〔法〕莫里斯·梅洛-庞蒂《知觉现象学》，商务印书馆，2001，第538~539页。

② Dufrenne, M., *The Phenomenology of Aesthetic Experience*, translation by Edward S. Casey, Evanston, 1973. *Phénoménologie de l'expérience esthétique*, Presses Universitaires de France, Paris, 2011, p. lii. 中译参见〔法〕米·杜夫海纳《审美经验现象学》，韩树站译，陈荣生校，文化艺术出版社，1996年，第8页。

他们之间原创性的争夺，而更应该将现象学运动视作为一场世纪天才之间的灵魂默契，他们以敏锐的洞察力抓住了西方思想传统的问题，统一在共同的原则之下又在各自不同的方向上推进着卓有成效的工作，共同参与到这场对自身传统的深刻反思中。

哲学解释学"问答逻辑"的存在论维度及其意义

——从"独白"到"对话"

徐　鹏[*]

内容提要　对"问答逻辑"发生形态的追问要采取辩证法和现象学的双重视域，由此，解释学逻辑的还原之路必依循辩证法的历史发展脉络：对话—独白—对话。其中，"独白"向"对话"的回归是伽达默尔的功绩，此阶段的逻辑进程则表现为思辨逻辑向本源的问答逻辑的溯源。此溯源首先通过黑格尔的"独白"与柏拉图的对话之间的关系来展现思辨逻辑如何回归到问答逻辑（对话逻辑）。在此，"独白"作为思想与自身的对话，虽凭借运动辩证法（思辨逻辑和形式逻辑）完成了对思想自身的展露，但也显露出思辨逻辑为澄明思想自身的运动需借助形式逻辑（陈述语句）的不足。英国的新黑格尔主义者科林伍德采用问答逻辑批判命题逻辑的方式，指明了思辨逻辑的不足，从而构建起问答逻辑在认识论和方法论上的普遍性。最后，伽达默尔批判地继承和发展了问答逻辑，并依循海德格尔的"本源逻辑学"开显了问答逻辑的存在论维度及其意义。

关键词　哲学解释学　对话辩证法　问答逻辑　思辨逻辑　伽达默尔

　　"问答逻辑"作为以精神科学为研究对象的哲学解释学[①]特有的辩证逻辑，已经受到了足够的方法论层面的关注。[②] 这些关注与此领域的辩证法研

---

*　徐鹏，华中科技大学哲学学院 2020 级外国哲学博士研究生，主要研究方向为解释学、现象学。

①　为保持术语的统一，本文在正文中用"解释学"言称"Hermeneutic"，有关于这个译名的理解，可参见何卫平《关于"Hermeneutik"的译名问题》，载何卫平《理解之理解的向度——西方哲学解释学研究》，人民出版社，2016，第 1～18 页。但在脚注和参考文献中，为尊重作者起见，不做此替换。

②　参见崔若楣《伽达默尔对柯林武德"问答逻辑"的超越》，《东岳论丛》2021 年第 5 期；赵苗苗《论伽达默尔的问答逻辑》，《青年与社会》2020 年第 17 期；赵振鲁《柯林伍德和伽达默尔问答逻辑的共通性探析》，《许昌学报》2011 年第 1 期；刘俊香、王中会《问、答、对话——伽达默尔解释学的内在逻辑》，《江淮论坛》2004 年第 4 期；等等。

究①合力揭示了辩证法的内在发展脉络——"对话—独白—对话"，但都鲜少论述"问答逻辑"暗含的存在论维度。梳理发展脉络可知，辩证法和逻辑学在绝对精神的指引下相互结合，也因绝对精神的指引，黑格尔才将柏拉图的"灵魂的独白"当成思辨辩证法的古典范型。这使得辩证法一直以衍生于对话的"独白"的形态延续其发展，到轻视辩证法的海德格尔那里，存在的"独白"仍旧拥有合法地位。至此，衍生的"独白"俨然还未重返本源的"对话"，这项任务被伽达默尔历史地承担起来，而此任务的逻辑路线则为：思辨逻辑向本源的问答逻辑的溯源。因此，笔者将沿着"独白"向"对话"回归的路线来展现解释学逻辑的溯源之途，并以此视角重新审视柏拉图的对话、黑格尔的思辨逻辑、科林伍德（也译作柯林武德）的问答逻辑和海德格尔的"本源逻辑学"在通向解释学的本源逻辑中分别扮演的角色，从而揭示哲学解释学问答逻辑的存在论维度及其意义。

一 从"独白"到"对话"

目前，学界将辩证法的归途概括为"对话—独白—对话"，而对从"独白"到"对话"的揭示，伽达默尔功不可没。这其实是伽达默尔的《对话与辩证法：八篇关于柏拉图的解释学研究》②、《黑格尔的辩证法：五篇解释学的研究》③和《真理与方法》三部著作协力达到的功绩。在《真理与方法》中，伽达默尔通过阐释柏拉图的对话揭露了"辩证法的进行方式乃是问和答"④，《对话与辩证法：八篇关于柏拉图的解释学研究》则论证了"问答作为对话辩证法的进行方式"的合法性。但是，要想真正讲清"问答是辩证法的进行方式"，还需解决"思辨辩证法（'独白'）如何走向问答"的问题，即"独白"与"对话"之间具有怎样的源流关系？这关系其实就蕴含在柏拉图的哲学之中，在柏拉图的哲学中，辩证法本就经历了从对话

---

① 参见何卫平《简评伽达默尔的解释学辩证法》，《哲学动态》1997年第9期；朱进东《黑格尔辩证法与柏拉图辩证法关系之阐释》，《南京社会科学》2005年第2期；关英菊《对话—独白—对话——辩证法在西方哲学中的历史命运》，《长白学刊》2007年第6期；等等。
② 中译本为〔德〕伽达默尔《伽达默尔论柏拉图》，余纪元译，光明日报出版社，1992。
③ 中译本为〔德〕伽达默尔《伽达默尔论黑格尔》，张志伟译，光明日报出版社，1992。
④ 〔德〕伽达默尔：《诠释学Ⅰ：真理与方法》，洪汉鼎译，商务印书馆，2010，第513页。

向"灵魂的独白"的转变。而当黑格尔在绝对精神的指引下去寻找思辨辩证法的希腊范型时，他必将青睐"灵魂的独白"。正是为了明晰黑格尔何以能在柏拉图哲学中寻到思辨辩证法的范型，伽达默尔才创作了《黑格尔的辩证法：五篇解释学的研究》。

众所周知，自康德的纯粹理性批判揭示了理性必然陷入矛盾之后，康德的后继者（费希特、谢林等）便在矛盾中发现了理性具有源自辩证法的古典本性的超越知性思想的特殊能力。而作为同时代人的黑格尔，虽不满于他们在运用中丧失了辩证法在方法论上的严密性，但还是继续从古代寻求思辨辩证法的范型，并将目光敏锐地投向了柏拉图的对话辩证法。对此"黑格尔声称，他已经以其自己的辩证方法维护了柏拉图证明意见的方式——辩证地审查所有假设——的正确性"①。柏拉图证明意见的方式就是活生生的哲学对话，但很明显，在概念间内在演进的辩证法中似乎又未见"对话"的发生。这一疑惑便触及黑格尔对柏拉图对话的实际改造：在苏格拉底式的对话的基础上衍生出"思想的独白"，即柏拉图所言的灵魂与自身的谈话②或"思想运动的辩证法"③。明晰此意图的伽达默尔言道，"毫无疑问，黑格尔正确地认识到，在苏格拉底对话中，那些合作者所起到的平淡无奇的作用证明了发展着的思想的内在必然性"④。很明显，相对于柏拉图前期的对话辩证法，其后期指向超验的理念世界的"思想运动的辩证法"更能满足绝对精神的诉求。为了阐释黑格尔对古希腊哲学的改造和利用，伽达默尔援引了黑格尔对"古今之争"⑤的论述：

　　古代的研究者通过对他的生活的每一细节都作详尽的考察，对呈现于其面前的一切事物都作哲学的思考，才给自己创造了一种渗透于事物之中的普遍性。但现代人则不同，他能找到现成的抽象形式；他

---

① 〔德〕伽达默尔：《伽达默尔论黑格尔》，张志伟译，光明日报出版社，1992，第3~4页。

② 柏拉图在《智者篇》263e处把思维描述为灵魂同自己的内部谈话。

③ 柏拉图的辩证法分为前期的对话辩证法和后期的"思辨辩证法"，思辨辩证法体现的就是思想的运动，即思想从其自身开始的运动。

④ 〔德〕伽达默尔：《伽达默尔论黑格尔》，张志伟译，光明日报出版社，1992，第4页。

⑤ 关于解释学中"古今之争"的历史及其意义可参见何卫平《解释学与"古今之争"》，《武汉大学学报》2014年第4期；另参见何卫平《理解之理解的向度——西方哲学解释学研究》，人民出版社，2016。

掌握和吸取这种形式，可以说只是不假中介地将内在的东西外化出来并隔离地将普遍的东西（共相）制造出来，而不是从具体事物中和现实存在的形形色色之中把内在和普遍的东西生产出来。①

寥寥数语，黑格尔便道明了古今之间的差别和联系：古代辩证法强调个人直接从感觉上升到普遍性，以致产生出可供现代人概念化地产生共相的抽象形式。恰在柏拉图的哲学中，思想是自我充足的，"它可以努力认识纯粹的思想普遍性中的实在之真理，并且不会受到感性知觉的干扰"②。这使得柏拉图的哲学在古代是如此的特别，以致黑格尔将柏拉图反对智者而力图纯粹独立地在思想中展现普遍性的做法，视为柏拉图试图在普遍性和其对立面的同一中展露普遍性。虽然，亚里士多德也善于将不同规定置于同一概念之下，但相比于柏拉图，亚里士多德所言的统一的内部规定并不是流动的，因而若不按照伽达默尔首先默认接受的黑格尔的断言——"古代哲学能够比现代思想所可能达到的更加接近思辨真理的流动性"③ ——至少可以说，柏拉图的哲学相比于亚里士多德的哲学更接近于思辨的流动性。事实上，晚年的柏拉图认为，理念世界的僵死状态没有真正的真理，于是需要灵魂来调和理念之间的运动。对此伽达默尔言道，"思想着理念之间相互关系的 logos（逻各斯）必然是一种思想运动，从而必然是一种被思想之物的运动"④。相比较于古代哲学意识将精神沉浸于实体中，以致精神还未经验自身为自为的，也还未意识到其与运动之间的反思关系，更未意识到自身的运动，柏拉图哲学反而展露出思想从其自身开始的运动。从此反差中，黑格尔发现了"运动本身就是一切存在者的辩证法"⑤，而希腊哲学真正的思想决定去思的开端就是思想运动的辩证法。

---

① 〔德〕黑格尔：《精神现象学》（上卷），贺麟、王玖兴译，上海人民出版社，2013，第72页。

② Hans-Georg Gadamer, *Hegel's Dialectic—Five Hermeneutical Studies*, Translated and with an Introduction by P. Christopher Smith, Yale University Press, 1976, p. 8.

③ 〔德〕伽达默尔：《伽达默尔论黑格尔》，张志伟译，光明日报出版社，1992，第7页。

④ 〔德〕伽达默尔：《伽达默尔论黑格尔》，张志伟译，光明日报出版社，1992，第14页。

⑤ 〔德〕黑格尔：《哲学史讲演录》（第一卷），贺麟、王太庆等译，上海人民出版社，2013，第281页。

借助思想运动的辩证法，黑格尔意图运用它的两个形式（思辨的思维和知性的形式推理）让知性的僵死范畴流动起来。并且，在黑格尔的构想中，知性的形式推理和思辨思维分属于精神，① 也必导致它们协力指向精神。为对这两种形式做出具体区分，黑格尔分析了陈述判断。在陈述判断中，宾词总是作为内容而成为主词的偶性（accidens），这似乎意味着思想在循环往复中偶然碰到了被判断的主词，即宾词外在于主词并且主词还可从其他方面被宾词陈述。② 那么，陈述判断作为知性判断的通常结构也仅是一种外在的形式，以致在知性判断中，"概念常被认作思维的一个单纯的形式，甚或认作一种普通的表象"③，这也是黑格尔直接将知性判断统称为形式的推理（raisonnement）的缘由。对此，在《黑格尔与古代哲学家的辩证法》中，伽达默尔对形式的推理也有类似的分析："raisonnement"具有一种否定的含义，这种否定含义一直保留到今天德语的"raisonnieren"中，并且"raisonnieren"因没有肯定否定之中的肯定因素，而陷入了其空有其表的否定之中。足以看出，形式推理的缺陷就在于，附属于主词的宾词和主词彼此并列杂陈地非本质地交织在一起，致使主词沉沦于附属的宾词而忘却自身。于是，"像这样的知识，不是停留在事情里并忘身于事情里，而永远是在把握另外的事情"④，以致把概念当成主观思维中没有内容的单纯形式。

异于知性思维所理解的，思辨思维所具有的确定的内容和具体的东西，是有差别的规定的统一。黑格尔是在柏拉图的对话中发现了能赋予概念以内容和具体性的思辨辩证法，"在他的较严格的纯哲学的对话里，柏拉图运用辩证法以指出一切固定的知性规定的有限性"⑤。就是说，"柏拉图的思辨辩证法也包含着一种对于一方面是存在与非存在，另一方面是差

---

① 参见〔德〕伽达默尔《伽达默尔论黑格尔》，张志伟译，光明日报出版社，1992，第17页。
② 参见〔德〕伽达默尔《伽达默尔论黑格尔》，张志伟译，光明日报出版社，1992，第18~19页。
③ 〔德〕黑格尔：《小逻辑》，贺麟译，商务印书馆，2018，第329页。
④ 〔德〕黑格尔：《精神现象学》（上卷），贺麟、王玖兴译，上海人民出版社，2013，第53页。
⑤ 〔德〕黑格尔：《小逻辑》，贺麟译，商务印书馆，2018，第179页。在此句话之后，黑格尔举了柏拉图在《巴曼尼得斯篇》中如何从一推演出多，又将多规定为一的事例。据此可见，柏拉图的辩证法中含有明显的思辨性。

别与非差别的矛盾和对立的洞见"①，并且于矛盾的洞见中产生了一个更高的统一体。从《第七封信》中可看出，柏拉图达到同一的道路就是可能与诡辩相遇的活生生的哲学对话，对话的力量通过对偏见的反驳来展现关于事物真实关系的思想。正是柏拉图对话中的思辨性，促使黑格尔在陈述问题中看到了迫使我们回到主词的宾词，以此超越了主词和宾词之间的差别。因而，思辨的思维不是用作为其他事物的宾词来陈述主词，而是让主词沉浸在自身所是的内容中，并在宾词中发现自身的运动。真实的东西也只是这个产生自身、推导出自身并返回自身的辩证的运动，这其实就是辩证的思辨的本质：思想从决定思想开始，继而被推进到自身的潜在矛盾中，最终在自身的纯化中发现自身。② 以此，黑格尔凭借着柏拉图对话中暗含的思辨性，使得沉溺于宾词而忘却自身的主词重新回到了自身，即将知性的形式推理发展到思辨思维。③ 但显然，思辨逻辑不可脱离形式逻辑，因为"现实的事物之所以为真，只是凭借这些形式，通过这些形式，而且在这些形式之内才是真的"④，正是此二者共同构成了"思想运动的辩证法"。

但是，伽达默尔并不认为黑格尔以正确的途径打开了希腊哲学中的"思想的自我反思"。事实上，凭借着绝对精神的事先指引，黑格尔仅能在"灵魂的独白"中寻找能使知性概念流动起来的自我反思，从而促使黑格尔用"对话的思辨性"来保证实际发现的"思想运动的辩证法"作为思辨辩证法的范型的合法性。这完全是出自黑格尔对柏拉图的误解，⑤ 实际上，

---

① Hans-Georg Gadamer, *Hegel's Dialectic—Five Hermeneutical Studies*, Translated and with an Introduction by P. Christopher Smith, Yale University Press, 1976, p. 21.

② 参见 Hans-Georg Gadamer, *Hegel's Dialectic—Five Hermeneutical Studies*, Translated and with an Introduction by P. Christopher Smith, Yale University Press, 1976, p. 19.

③ 黑格尔论述思辨逻辑与形式逻辑的关系时提出，"思辨逻辑内即包含有单纯的知性逻辑，而且从前者即可抽得出后者"，思辨逻辑并不是简单的形式的统一，而是有差别的规定的统一。参见黑格尔《小逻辑》，贺麟译，商务印书馆，2018，第182页。

④ 〔德〕黑格尔：《小逻辑》，贺麟译，商务印书馆，2018，第333页。

⑤ 黑格尔将柏拉图《智者篇》中的259b错误地译为"困难而真实的工作在于揭示出另一物就是同一物，而同一物也就是另一物，并且是在同样的观点之下"〔〔德〕黑格尔：《哲学史讲演录》（第二卷），贺麟、王太庆等译，上海人民出版社，2013，第200页〕，原文的意思是不具备关于某方面的详细说明而以一种暧昧的意义把同一看作差别并制造矛盾显然是无意义的。参见〔德〕伽达默尔《伽达默尔论黑格尔》，张志伟译，光明日报出版社，1992，第26页。

《智者篇》中的同一与差别乃是说与他物存在关系的事物与他物一方面是同一的，同时另一方面是有差别的，这显然与黑格尔综合的单纯同一体是毫不相同的。① 即便出现了偏差，但黑格尔在希腊人那里发现的东西——思辨性（Spekulative）②——确实抬高了辩证法的地位。思辨性正是解释学辩证法与黑格尔辩证法之间的共同点。③ 而值得注意的是，伽达默尔所言的思辨性乃是辩证性，这一点乃是伽达默尔从《精神现象学》前言中所强调的思辨性与辩证性之间的区别将会在绝对知识的立场上被自我扬弃的观点中发现的。④

虽然，黑格尔的辩证法依循着语言的思辨精神，但是"他只想考察语言那种规定思想的反思作用，并让思维通过有意识认识整体性的辩证中介过程达到概念的自我意识"⑤。"语言规定思想的反思作用"必将诉诸陈述（Aussage），必将导致语言被置于"陈述"的统摄之下。这一点在思辨性必需借用宾词结构的外观（形式推理或否定的辩证法）才得以现实化中已被发现。也正如柏拉图在《第七封信》中对认识工具（名称、描述、影像甚至于知识）的论述一样，语言逻辑本性的思辨性的现实化不可脱离命题或语句的外在形式。在这里，认识工具和存在本身的区分与黑格尔关于形式推理和思辨思维的区分具有相似性：认识工具和陈述判断都具有证明自身为真的欲望，却又都是思想决定去思的外在保证。但在黑格尔的哲学中，思辨逻辑须与形式逻辑相结合才能完成思想的运动，而活生生的哲学对话则直接统摄了形式的和思辨的过程，单凭自身就展露出语言之逻辑的思辨

---

① 参见 Hans-Georg Gadamer, *Hegel's Dialectic—Five Hermeneutical Studies*, Translated and with an Introduction by P. Christopher Smith, Yale University Press, 1976, p. 23。
② 参见〔德〕伽达默尔《伽达默尔论黑格尔》，张志伟译，光明日报出版社，1992，第 38 页。
③ 参见〔德〕伽达默尔《诠释学 I：真理与方法》，洪汉鼎译，商务印书馆，2010，第 654 页。在关于意义整体或者真理全体都需要经过扬弃的辩证过程才得以展现这一点上，解释学辩证法和黑格尔辩证法关于思辨性的看法没有原则性的区别。但是，伽达默尔和黑格尔关于思辨性的观点还是有本质不同的，前者强调解释学经验面向未来的无限开放性，对应于"恶无限"，而后者是从"真无限"的角度来把握客观真理，以此形成首尾相接的圆圈。参见何卫平《通向解释学辩证法之途》，生活·读书·新知三联书店，2001，第 355~359 页。关于"恶无限"的论述参见 James Risser, "In the Shadow of Hegel: Infinite Dialogue in Gadamer's Hermeneutics", *Research in Phenomenology*, 2002, pp. 86 – 102。
④ 参见〔德〕伽达默尔《诠释学 I：真理与方法》，洪汉鼎译，商务印书馆，2010，第 658 页。
⑤〔德〕伽达默尔：《诠释学 I：真理与方法》，洪汉鼎译，商务印书馆，2010，第 659 页。

性。这虽意味着与思辨辩证法对应的思辨逻辑无法实现对话逻辑（问答逻辑）的全部功用，但并不意味着"独白"和对话之间存在着根本的对立。因为，受绝对精神的指引，黑格尔仅能依赖柏拉图后期的衍生于对话的"灵魂与自身谈话式的独白"来表露思辨性，这也解释了为何衍生的"独白"能先行完成对话的事务。①

总而言之，在"灵魂的独白"乃是哲学对话的衍生方式的基础上，伽达默尔才将"独白"的实际效用归结为先行完成对话中的语言之逻辑的思辨性。据此，伽达默尔才真正踏上了一条回归哲学对话的道路，与此同时开启了解释学逻辑的溯源之途——开始于思辨逻辑落脚于问答逻辑（对话逻辑）。这里值得一提的是，思辨逻辑向问答逻辑的溯源并不意味着伽达默尔对思辨逻辑的摒弃，而仅意味着问答逻辑比思辨逻辑更加接近事情本身，更能展现语言逻辑之思辨性。因为"在这里没有任何演绎推理，只有某种通过对内容的理解而达到的东西所实现的问题和回答的转换"②。然而，伽达默尔并不是直接凭借着柏拉图的对话便将思辨逻辑溯源到了问答逻辑，而是借助了科林伍德的作为方法论的问答逻辑对命题逻辑（思辨逻辑）的批判。

二 问答逻辑的方法论维度

伽达默尔针对问答逻辑的来源说："我们在这方面能够援引的几乎是唯一的人，乃是 R. G. 科林伍德，他在一篇对实在论的牛津派的机智而卓越的批判文章里，曾经提出一种关于'问和答的逻辑'，只可惜他的这一想法并未得到系统的发挥。"③ 其实并非仅有科林伍德触及"问答"，伽达默尔在后续的论述中还提到亚里士多德的《论辩篇》中有关于问题概念的定义④，科林伍德在自传中也提到康德放弃了纯粹命题逻辑而转向了问答法⑤。那么，伽达默尔如此言说定有其独特的考量：作为英国新黑格尔主义者的科林伍

① 参见〔德〕伽达默尔《诠释学Ⅰ：真理与方法》，洪汉鼎译，商务印书馆，2010，第522页。
② 〔德〕伽达默尔：《伽达默尔论黑格尔》，张志伟译，光明日报出版社，1992，第32页。
③ 〔德〕伽达默尔：《诠释学Ⅰ：真理与方法》，洪汉鼎译，商务印书馆，2010，第522~523页。
④ 参见〔德〕伽达默尔《诠释学Ⅰ：真理与方法》，洪汉鼎译，商务印书馆，2010，第531页。
⑤ 参见〔英〕柯林武德《柯林武德自传》，陈静译，北京大学出版社，2005，第37页。

德放弃思辨逻辑而投身问答逻辑的做法，成功地架构起了思辨逻辑通往作为普遍方法的问答逻辑的桥梁。科林伍德正是在运用问答逻辑对依附于直陈语句的命题逻辑的批判中才告别了思辨逻辑，从而投身于更亲近事情本身的问答逻辑。

科林伍德认为，传统逻辑、18～19 世纪的观念论逻辑和 19～20 世纪的符号逻辑都将纳入命题逻辑之中。① 而命题逻辑致命的错误就是将命题称为具有真假属性的"思想单元"，"所谓'思想单元'的意思是，一个命题可以分解为主语、系动词和谓语等等"。② 这其实还是延续着逻辑与语法之间的历史关系，将命题逻辑与语法的陈述句进行了关联，具体表现为"在命题与直陈语句之间存在，或必定存在，或在构造合理使用得当的语言中应该存在一一对应的关系"③。可是，这两者的对应关系并没有完全实现，这方面只需看到小说中的陈述句仅是陈述而不表达命题便可明了。而反观以问答为形式的柏拉图的对话，句子作为对话的形式，不仅包含陈述句，还包含疑问、祈使等语言表达，这样的对话才更符合生活世界中主体间思想交流的源始样态。当然，科林伍德并没有思考到生活世界的源始层面，但是他确实从柏拉图问答式的对话中看到了提问活动的重要性④，这促使其构建问答逻辑以道别命题逻辑，包括属于观念论逻辑的具有直陈语句外形的思辨逻辑。

由此，思想将由对话中的问答揭露，在科林伍德的"问答"中，问题和答案之间具有严格的相关性，这构成了判断命题"逻辑矛盾与否"和"真假与否"的依据。借用科林伍德关于"为什么我的车开不动了"⑤ 的举例可直观地描述问题和答案的相关性：当我检查到"火花塞没有毛病"时，这个答案仅是对"毛病是否出在火花塞上"的回答，而不是对"为什么我的车开不动了"的回答。那么，任何一个作为回答的命题必然对应一个与

---

① 参见 R. G. Collingwood，*An Autobiography*，Oxford University Press，1939，p. 34。原文为"According to propositional logic（under which denomination I include the so-called 'traditional' logic，the 'idealistic' logic of the eighteenth and nineteenth centuries，and the 'symbolic' logic of the nineteenth and twentieth）"。

② 〔英〕柯林武德：《柯林武德自传》，陈静译，北京大学出版社，2005，第 36 页。

③ 〔英〕柯林武德：《柯林武德自传》，陈静译，北京大学出版社，2005，第 37 页。

④ 参见〔英〕柯林武德《柯林武德自传》，陈静译，北京大学出版社，2005，第 36 页。

⑤ 参见〔英〕柯林武德《柯林武德自传》，陈静译，北京大学出版社，2005，第 34 页。

自身严格相关的特定和明确的问题，分析命题自身的真假意义和彼此的矛盾也都要关涉于命题所要回答的问题。从此出发，科林伍德便界定了"真"命题具有四点含义①，从中可以看出，科林伍德想表达的仅是："真"乃是由问答组成的综合体，而非"正当答案"。虽然"正当答案"严格相关于所回答的问题，但还要进行继续的问答，以此形成的作为整体的问答综合体才是"真"。

由此反观命题逻辑可知，在假定命题与直陈语句之间具有一一对应关系和思想单元（命题本身）具有真假属性②的过程中，命题逻辑所犯的致命错误便是，脱离本质的问题将作为答案的命题当成逻辑判断的"思想单元"，从而未将问答综合体作为真正的"思想单元"。据此，命题逻辑对脱离或未认清其问题的命题的意义的寻求显然是无意义的。但是，问答逻辑对命题逻辑（或者思辨逻辑）的批判不是全盘否定，而是对命题逻辑的普遍适用性进行了合理的批判。伽达默尔对此也秉承相同的态度，"如果我们在柏拉图的对话中，在苏格拉底的讨论中找到许多不合逻辑之处——虚假推论，必要步骤的省略，词义含糊，混淆概念等等，那么作为继续探究的基础的合理的解释学的论断是，我们正在研究的是一场讨论"③。讨论就是活生生的对话，在其中只有不断的问答。

批判不是终点，科林伍德以问答逻辑替代命题逻辑的最终落脚点在于将问答逻辑作为"重构历史事件的问题"的普遍的方法论。在针对历史事件时，"'作者是把这个命题当作什么问题的答案呢？'这是一个历史性的问题，因此，只有应用历史的方法才能给予解决"④。历史的方法要求历史学家仅能在重构出作为答案的历史传承物所回答的问题之后，才能确立作者

---

① "1. 命题属于一组问答的综合体，就'真'的恰当含义而言，这个综合体作为一个整体是'真'；2. 在这个综合体中有着对某个确定问题的答案；3. 问题是我们通常称之为合理的或者可以理解的问题，或者用我的话来说，是'呈现出来'的问题，而不是那种含糊不清的问题；4. 命题是对该问题的'正当'答案。"〔英〕柯林武德：《柯林武德自传》，陈静译，北京大学出版社，2005，第39页。

② 科林伍德认为如下四种真假理论均以所述假定为原则：第一种，真假是命题本身的属性；第二种，真假在命题是否相符于所涉及的"事实"；第三种，真假在于命题之间是否"彼此相容"；第四种，真假在于命题是否被认为有用。参见〔英〕柯林武德《柯林武德自传》，陈静译，北京大学出版社，2005，第37~38页。

③ 〔德〕伽达默尔：《伽达默尔论柏拉图》，余纪元译，光明日报出版社，1992，第6~7页。

④ 〔英〕柯林武德：《柯林武德自传》，陈静译，北京大学出版社，2005，第40页。

赋予给历史传承物的意义。"而要做到这一点，处理历史材料的诸种技能训练就是必不可少的了。"① 显然，科林伍德的根本意图乃是从历史传承物中重构出作者的原意，而根据历史客观主义将"历史传承物和作者原意假定为直接相符"② 的原则，重构的道路必然是畅通无阻的。那么，"处理历史材料的诸种技能训练"就是为了给"重演作者的创作过程"创造条件，甚至读者的个性或现代性也仅是重演历史的媒介。③

但是，科林伍德的重演并未让问答逻辑得到全面的发挥，在重构"历史事件的进程和历史人物的意图"的问题时，明显存在着有着两种不同答案的两个不同问题："某个重大事件进程的意义问题和这个进程是否按照计划进行的问题。"④ 科林伍德的那种按照历史事件和个人意图相符合而重建的回到作者原意的问题，只有在绝对精神的指引下才得以可能。⑤ 实际上，仅在很罕见的场合下，意图和事件的意义才能真正地一致。据此，伽达默尔批判地将问答逻辑应用到了整个精神科学领域，而对文本的应用所产生的重构就分别为：作者意图的重构和文本意义的重构。

伽达默尔认为重构作者的思想乃是一项还原的任务，"正是历史主义的诱惑才使我们把这种还原视为科学性的美德，并把理解认作是一种仿佛重复文本形成过程的重构"⑥。凭借科学的认识理想，历史主义认为读者可以经历与作者相一致的心理创造过程，这显然是解释者遗忘了自身的历史性。从效果历史意识出发，伽达默尔当然关注文本和事件的意义的开放性，从而他才说"以原作者意见为目标的解释学还原正如把历史事件还原为当事人的意图一样不合适"⑦。但是不合适并不表示不可能，根据问答严格相关的原则，重构作者原意的问题应严格相关于回答，但现有的回答都未能经

---

① 〔英〕柯林武德：《柯林武德自传》，陈静译，北京大学出版社，2005，第40页。
② 参见〔德〕伽达默尔《诠释学Ⅰ：真理与方法》，洪汉鼎译，商务印书馆，2010，第525～526页。
③ 参见〔英〕柯林武德《历史的观念》（增补版），何兆武、张文杰、陈新译，北京大学出版社，2010，第433～434页。
④ 〔德〕伽达默尔：《诠释学Ⅰ：真理与方法》，洪汉鼎译，商务印书馆，2010，第524页。
⑤ "人的行为（外）形成他的人格（内）"以及后文的"伟大人物曾志其所行，亦曾行其所志"。参见〔德〕黑格尔《小逻辑》，贺麟译，商务印书馆，2018，第293～295页。
⑥ 〔德〕伽达默尔：《诠释学Ⅰ：真理与方法》，洪汉鼎译，商务印书馆，2010，第526页。
⑦ 〔德〕伽达默尔：《诠释学Ⅰ：真理与方法》，洪汉鼎译，商务印书馆，2010，第527页。

受问答逻辑的检验。"所以，如果我们理解了某个命题的意义，即重构了该命题所实际回答的问题，那么我们一定可能追问提问者及其用意，对于后者来说，文本或许只是其所谓的回答。"① "文本或许只是其（作者原意）所谓的回答"除了表明文本意义和作者原意之间的差异性之外，还含有文本意义和作者原意之间的切合性。只是历史性的解释者无法裁断这种切合性在何种程度上得以实现，但可以合理推断的是，在比作者更好地解释文本所达到的结果中是可以存在作者的原本意图的。由此可知，伽达默尔只是将作者原意无限期地悬置在了开放的文本意义之后。

于此，文本本身的意义便合理地成为理解的首要任务，那么就亟须解答"如何重构文本本身的意义问题"。若按照重演的方式必将导向主体主义，针对这一弊端伽达默尔做出了很好的规避。他根据"问题提出自身的本源性"重构了文本自身的问题，认为解释者首先要做的就是走进文本中，在解释者和文本的相互作用之下，文本给出问题，解释者遭遇问题并开放出意见。为达到对文本本身问题的通达，解释者还须对呈现在面前的问题进行不断的提问。正如伽达默尔所言，"重构文本应是其回答的问题，这一做法本身是在某种提问过程中进行的，通过这种提问我们寻求对传承物向我们提出的问题的回答"②。"提问过程"本质上就是问答辩证法实际地发生，解释者遭遇文本提出的问题并将其"提"出来，后面的提问是解释者将问题内化的过程。内化乃是理解，而谁想理解，谁就得不断提问，可见提问和理解之间实际存在着互为目的的循环关系，提问为了理解，理解产生提问。当然切不可脱离文本本身的能动性来看待解释者的提问，若如此相对主义便在不远处恭候着。

若如上描述的重构文本是其回答的问题仅仅被单纯地重构，那么这纯粹是历史主义的功劳，而实际发生的事情为："对传承物的理解总是已经包含现代与传承物的历史自我中介的任务。"③ "现代与传承物的历史自我中介"所展现的历史意识已经不再是排除个体主观性而追求客观性的历史意识，相反，古今的融合展现的是效果历史意识对客观历史意识的取代。重构给定

---

① 〔德〕伽达默尔：《诠释学 I：真理与方法》，洪汉鼎译，商务印书馆，2010，第 526 页。
② 〔德〕伽达默尔：《诠释学 I：真理与方法》，洪汉鼎译，商务印书馆，2010，第 528 页。
③ 〔德〕伽达默尔：《诠释学 I：真理与方法》，洪汉鼎译，商务印书馆，2010，第 527～528 页。

文本是其回答的问题若想摆脱单纯的重构必然要抛弃第一等级的历史主义①，进而拥抱第二等级的历史主义。效果历史意识的实现方式就是在文本和解释者之间起中介作用的理解的视域融合，那么"一个被重构的问题决不能处于它原本的视域之中"②，而应是文本和解释者之间的视域交融。此在的历史性也就在于我们意识到后人将以不同的方式对文本进行理解，我们无法摆脱的命运便是带着当代的视域去重构文本的问题。这才是真正的理解活动：我们重新获得的是一个包含我们自己的概念在内的历史概念。值得注意的是，涉及解释者视域的重构文本本身的问题并不导致任意的解释，甚至能比作者更好地解释文本。当解释者重构出文本给予我们的问题时，解释者便通过自身使得文本作为一个对话者同我们进行问答。在问答中，解释者遭受的文本问题途经悬而未决的状态，这使解释者的意见得以展开并接受文本的置疑。与此同时，文本问题的方向意义全程限制着答复的方向，在持续的问答之中视域得以交融，意义得以开显，这就是理解中一直发生的事情。在此事件中，解释者能将那些对于作者来说是毫无疑问的因而未曾思考过的东西带入问题的开放性中，③ 在此意义之上，解释者确实能比作者更好地解释文本。

综而述之，科林伍德用问答逻辑对命题逻辑（思辨逻辑）的批判使得问答逻辑在方法论上呈现出普遍化的倾向。但是，科林伍德的问答逻辑并未超越认识论和方法论的维度，也未能摆脱相对主义的困扰，更未得到全面的发挥。对此，在认可问答综合体才能通达事情本身的"真"④ 的基础之上，伽达默尔不仅批判地继承了问答具有严格的相关性以及问题具有优先性和开放性的观点，还依据效果历史意识克服了科林伍德所导致的相对主义。据此，问答逻辑在方法论上获得了系统的发挥。值得注意的是，在伽

---

① 第一等级的历史主义中的"历史性"概念立足于主客二分的"认识论－方法论"，以黑格尔、施莱尔马赫、兰克、德罗伊森和狄尔泰等为代表；第二等级的历史主义中的"历史性"立足于海德格尔的"存在论－生存论"，以海德格尔和伽达默尔为代表，其对应的历史意识是效果历史意识。参见李永刚《历史主义与解释学——以"历史性"概念为核心的考察》，人民出版社，2016。

② 〔德〕伽达默尔：《诠释学Ⅰ：真理与方法》，洪汉鼎译，商务印书馆，2010，第528页。

③ 参见〔德〕伽达默尔《诠释学Ⅰ：真理与方法》，洪汉鼎译，商务印书馆，2010，第528页。

④ 参见 John P. Hogan, "Hermeneutics and the Logic of Question and Answer: Collingwood and Gadamer", *The Heythrop Journal*, 1987, pp. 266 - 267。

达默尔的问答逻辑中，问题概念与事情本身之间具有的本源关系开显出问答逻辑暗含的存在论维度。而要想洞悉问题概念与事情本身之间的本源关系以及问答逻辑的存在论维度，就需要准确地掌握解释学问答逻辑的内涵和实质。

三　解释学的问答逻辑的内涵与实质

针对认识论和方法论上的问答逻辑，伽达默尔言道："我已经超出了科林伍德所提出的问答逻辑，因为我认为世界定向并非仅仅表现在从说话者之间发展出问题和答案，而且这种世界定向也是由所谈的事情产生出来的。是事物'提出问题'。"[1] 可见，问题与事情本身之间具有某种本源联系，为了凸显此联系，我们亟须解析解释学问答逻辑中的问题和答案及其相互关系。

何谓问题？伽达默尔针对问题的本质仅提及了问题的方向意义和有界限的开放性。答复要想有意义必须符合问题的方向意义，"问题的意义就是这样一种使答复唯一能给出的方向，假如答复想是有意义的、意味深长的答复的话"[2]。可见，问题的方向意义起到了保证对话不偏离事情本身的指引作用，即可具化为共同意见的指引和被问东西（事情本身）的指引。问题被提出就期待在合乎逻辑的哲学对话中被解决，在对话中，对话双方所达到的共同意见随着继续的对话而得到充实，并进一步指引着双方达到对事情本身的无蔽；此外，问题开启了被问东西的存在，[3] 被开启的事情本身又指引着问题在途经对话的过程中不偏离自身，不被苛求凸显自身的意见所裹挟。除此因素之外，在对话中被开启的存在被带到悬而未决的状态以致正反方保持均衡，[4] 继而凭借着肯定一种可能性并且否定另一种可能性的理由，问题在意见抉择中被解决。对此，问题的开放性的实质就是开放出被问存在的可能性，让各种可能性在公平竞争中实现某一可能性为暂时的解决。但开放不是无限的开放，问题视域和提问者给问题的开放性划定了

① 〔德〕伽达默尔：《诠释学Ⅱ：真理与方法》，洪汉鼎译，商务印书馆，2010，第6页。
② 〔德〕伽达默尔：《诠释学Ⅰ：真理与方法》，洪汉鼎译，商务印书馆，2010，第512页。
③ 参见〔德〕伽达默尔《诠释学Ⅰ：真理与方法》，洪汉鼎译，商务印书馆，2010，第512页。
④ 参见〔德〕伽达默尔《诠释学Ⅰ：真理与方法》，洪汉鼎译，商务印书馆，2010，第513页。

两种界限①：问题视域展现的是被问及的东西所带来的限制，历史性的"前见"展现的是提问者对问题开放性的限制。问题视域是关于被问东西的特定背景，问题在开启被问东西的存在的同时，便把被问的东西抛入了古今交融的世界图景之中。问题便在此背景之中开放出参与背景构建的被问东西的可能性，与此同时被问东西的背景又限制着可能性的展开。再者，提问者被动地遭受问题便是说问题主动提出"需要"（braucht）②人，人被"需要"就意味着提问者对问题的开放性有一种反向限制。在对话中，苏格拉底式的博学的无知便是极力削弱提问者对问题开放性的限制，海德格尔描述的"理解的前结构"也包含着其对揭露存在的真理的特殊意义。"博学的无知"和"理解的前结构"促使伽达默尔在批判启蒙主义对前见的贬斥的基础上，提出了作为理解条件的历史性的"前见"。这一"前见"的事实要求我们在保持开放的态度的同时，还需将自己的见解放入与他人整个见解的关系中，③以求对自己的"前见"达到有意识的同化。因而，历史性的"前见"对问题的开放必然也有一种限制，当然伽达默尔不认为这是一种弊端。

单从理论的自洽性和圆满性而言，问题的方向意义和有界限的开放性足以说明问题的本质，但在这两点之外确实还隐藏着一些未发掘的分别源自柏拉图和海德格尔的思想。从此而来包含着两个隐含的本质因素：问题的"无目的的目的性"和本源性。问题的无目的的目的性可以有两方面的考虑：问题本身的无目的的目的性和问答双方的无目的的目的性。问题将被问的东西置于悬而未决的状态并让正反意见保持均衡，它从不预设何种意见为真，反而让意见公平辩争以达到某一符合方向意义的意见的抉择。问题就是这样从不预设的开放中达到对方向意义的符合，这与伽达默尔对柏拉图理念知识的解读是一致的，"只有当理念的知识意味着不确定的确定（每一个理念凭借它而在这样一个系统中获得其完满的定义）时，人们才能

① Holger Gutschmidt 认为问答逻辑所立足的"视域"是由理解、前见和趣味构成的，反过来便可以说这三者构成的"视域"必然将限制问题的开放性。而笔者主要从被开放的东西和提问者两个方面来考察限制问题开放性的因素。
② 问题"需要"（braucht）人源自海德格尔的存在对人的"用"（Brauch）。
③ 参见〔德〕伽达默尔《诠释学I：真理与方法》，洪汉鼎译，商务印书馆，2010，第381页。

谈论它"①，并且"确定性"总是在"不确定"中被寻求、被发现。很明显，有界限的开放性便是"不确定"，方向意义便是"确定"，问题只有首先被问、被开放才开显出确定的意义。因此，问题的无目的的目的性就是"不确定的确定性"，这也吻合问答双方的无目的的目的性。问题"需要"人来进行对话，对话双方要想问题的展开遵循着对话辩证法而不是诡辩，那就必须像苏格拉底一样保持"博学的无知"，即抛弃证明自身意见为真的目的从而听任超出对话双方的逻各斯的指引。② 正是这个关于事情本身的逻各斯指引着问答双方经由无目的去通达事情之无弊的目的。

伽达默尔未曾用本源性来修饰问题概念，需界定的"本源性"根源自海德格尔的存在论生存论。伽达默尔针对问题本身言道，"问题概念是指那些真实的和真正有明确目的的问题（Frage）可以还原和可以归属的抽象图式"③。这里提到了两种问题④：一种是指向内容同一性的抽象图式的问题（Problem），另一种是最初揭示该内容的问题（Frage）。这一区分在海德格尔的《存在论（实际性的解释学）》中有其来源，"提出追问（Fragen）；追问决不是突发奇想；追问也不是今天'常人'道听途说和从书本中读到并带着深思的表情来设置的通常的'问题'（Problem）。追问形成于所探讨的'事情'（Sachen），而事情只是眼睛所能看到的此（da）"⑤。可见，Problem（问题）是与Sachen（事情）缺乏直接联系的通常的理性抽象的产物，与之相关的新康德主义提出的问题史只有在承认问题的同一性是一种空疏的抽象并使自己转为提问（Fragen）时，才可能是真正的历史；⑥ Fragen则是直接关联于事情的具有自身展现的有意义的源生的问题，以此形成的问答逻辑可使衍生的Problem重新回到其意义的起源处。

---

① 〔德〕伽达默尔：《伽达默尔论柏拉图》，余纪元译，光明日报出版社，1992，第208~209页。
② 参见〔德〕伽达默尔《诠释学Ⅰ：真理与方法》，洪汉鼎译，商务印书馆，2010，第520页。
③ 〔德〕伽达默尔：《诠释学Ⅰ：真理与方法》，洪汉鼎译，商务印书馆，2010，第531页。
④ "Problem"是理性抽象的产物，这类问题超越历史指向问题中内容的同一性，具有一种静态或名词的特征；"Frage"是关联于"Sachen"的有其动机和意义来源的具有历史处境的问题本身，这类问题与回答紧密联系，关于这一点可从"die Logik von Frage-Antwort"的用法中看出，这里的"问-答"强调的是一种动态或动词的"问和答"的关系，两者联系在一起从而对应于对话辩证法。
⑤ 〔德〕海德格尔：《存在论（实际性的解释学）》，何卫平译，商务印书馆，2016，第5页。
⑥ 参见〔德〕伽达默尔《诠释学Ⅰ：真理与方法》，洪汉鼎译，商务印书馆，2010，第530页。

同存在论生存论中的 Fragen 需要"用"（braucht）① 人被提出一样，伽达默尔也表示真正的问题需被提问者遭受后提出，这一致的"用（需要）"人方式指向的也是同一的被问存在的意义。可见，伽达默尔沿袭了海德格尔关于问题和事情本身之间的亲缘性，这便赋予了问题本身一种"本源性"抑或存在论意味。

那么，对答复的内涵以及问题对答复的优先性的探究，更能凸显出问题在问答中的核心作用，相应的更能凸显问题与事情本身的亲缘性。何为答复？"我们一般不说对于提问有突然想法，而是说对于回答有突然的想法，即突然想到了谜语的答案。"② 在我们的体验中，往往出现的情形是我们突然想到了问题的答案才联想到要解决的实际问题，茅塞顿开的心理感受很好地印证了这种切身性的体验，这说明"每一个突然的想法都具有一种问题结构"③。再从问答双方参与的对话来看，答复又是对话双方关于事情本身所能达到的"不确定的确定"，即共同意见。但是，突然的想法和共同意见还只是答复"显"的一面，答复显然还有"隐"的一面。"问题的出现好像开启了被问东西的存在，因此展示这种被开启存在的逻各斯已经就是一种答复。"④ 答复作为"展示被开启存在的逻各斯"意味着只要问题开启了事情本身的存在并途经悬而未决的状态，那么就已经是一种答复。这种"隐"答复实则是问答逻辑中答复本来的意指，它正是科林伍德描述的能使人们继续进行追问的那种"正当答案"。正因为隐显答复都隶属于进一步的追问，问题才显示出对答复的优先性。这种优先既是时间上的又是逻辑上的：时间上的优先表现在，我们对答复的巧合感源自对问题的遗忘，突然的想法使我们回忆起了相关问题，关于被开启存在的问题也总是先于共同意见的达成；逻辑上的优先表现在，答复总是对应严格相关的问题，答复要想有意义就必须放弃任何目的性从而途经悬而未决的状态，从而符

---

① 海德格尔在《从一次关于语言的对话而来》中将"寂静之音需要（braucht）人之说话"中的需要（brauchen）明确表达为用（Brauch）。参见〔德〕海德格尔《在通向语言的途中》，孙周兴译，商务印书馆，2004，第 24、120 页。关于追问必须由人提出来的表述可参见〔德〕海德格尔《存在论（实际性的解释学）》，何卫平译，商务印书馆，2016，第 5 页。

② 〔德〕伽达默尔：《诠释学Ⅰ：真理与方法》，洪汉鼎译，商务印书馆，2010，第 517 页。

③ 〔德〕伽达默尔：《诠释学Ⅰ：真理与方法》，洪汉鼎译，商务印书馆，2010，第 517 页。

④ 〔德〕伽达默尔：《诠释学Ⅰ：真理与方法》，洪汉鼎译，商务印书馆，2010，第 512 页。

合开启被问存在的问题的方向意义。

因而，在问答逻辑中，关涉事情本身的问题处于核心地位，这类问题自己提出自身，提问者只能被动接受。据此，"提问"俨然衍生于问题本身，但提问者在问题主动提出时并不完全处于被动的状态，"继续提问的艺术"（die Kunst des Weiterfragens）[①] 就是提问者的主动行动——追问（hinausgefragen）。因此，追问同样衍生于问题本身，再由问题对答复的优先性可知，问题、提问、答复和追问四者的辩证循环构成了问答逻辑的本质。在其中，答复作为"继续的提问"给问题、提问和追问三者提供了稳固的联结，使得三者以答复为媒介辩证地接近事情本身。

综上而言，由"问"和"答"的本质以及问题对答复的优先性可知，"问答逻辑"便是以"问"为主导，由问题、提问、答复（继续提问）和追问四者构成的辩证体系。在其中，问题的核心地位意味着问题与事情本身之间的本源关系乃是问答逻辑的根基，这便暗示出问答逻辑具有的存在论维度。据此，问答逻辑的根基亟待被解蔽，对此的解蔽恰能澄清解释学问答逻辑所暗含的存在论维度。

四 问答逻辑的存在论维度及其意义

将问答逻辑的实质归于问题、问题的衍生概念（提问与追问）和答复之间的辩证循环，意味着问答逻辑的重心又回到了本源性的问题之上。在《存在与时间》中，海德格尔正是在解析出问题的基本构成环节为"问之所问"（Gefragtes）、"被问及的东西"（Befragtes）和"问之何所以问"（Erfragtes）之后，才正式提出存在的问题。而在存在问题中，"问之所问"是存在，"被问及的东西"是存在者本身（此在），"问之何所以问"是存在的意义。对此海德格尔实际想说，在此在被抛之际，存在一同将存在问题抛给了此在，而生存论-存在论的构建就是对存在意义的直接答复。于是，生存论-存在论本质上就是"问-答"的过程，也就是说"问-答"必然具有存在论的意义。即便在海德格尔后期的思想中，人对

---

① 参见〔德〕伽达默尔《诠释学 I：真理与方法》，洪汉鼎译，商务印书馆，2010，第518页。

寂静之音的"倾听"（Hören）和"应合"（Ent-sprechen）① 也体现出一种本源的问答（对话）。虽然，问答逻辑并未成为海德格尔存在论逻辑的实际指称，但是，它实际上扮演着存在论逻辑的角色，即"本源逻辑学"（Ursprungslogik）② 的外显。

众所周知，解释学从方法论上的局部解释学经由施莱尔马赫上升为普遍解释的方法，后由海德格尔实现了存在论的奠基。实际上，海德格尔的存在论的解释学是解释学的现象学（或现象学的解释学），更准确地说，海德格尔在存在论上完成了解释学和现象学的融合。但是，解释学的存在论化并不是从马堡的《存在与时间》开始的，在弗莱堡早期，《形式化与形式显示》一文就展露了一种现象学的解释学，继而《对亚里士多德的现象学诠释——解释学处境的显示》以解释学处境描述了存在论的解释学，最后《存在论（实际性的解释学）》表露了存在论、逻辑学和解释学在本源上的统一。从这一过程中可以发现，海德格尔在解释学存在论化的过程中，还阐述了一种"本源逻辑学"（Ursprungslogik）。但是，海德格尔并没有在马堡时期和弗莱堡晚期凸显"本源逻辑学"，甚至在"纳托普报告"和《存在论（实际性的解释学）》中也未详细阐述。

虽未详细论述，但在《对亚里士多德现象学的诠释——解释学处境的显示》中，海德格尔明确地提出了"Ursprungslogik"（本源逻辑学）一词。在此词出现的前文中，我们可以找到"本源逻辑学"（Ursprungslogik）的含义，"这就是说，作为实际性之存在学，哲学同时也是对称呼（Ansprechen）和解释（Auslegen）的范畴阐释，亦即逻辑学"③。其中"称呼和解释"指向的是"被称呼存在和被解释存在之方式（Wie）中实际生命的存在"④，据此可见，实际性之存在论和"本源逻辑学"具有原始统一性，即"本源

---

① 海德格尔在《语言》（收录于中文本《通向语言的途中》）中将"应合"描述为"有所承认的应答（Entgegnen）"，这实际描述的便是存在与人之间源始的"对话"，只不过海德格尔的"对话"实乃存在的"独白"。

② 详见〔德〕海德格尔《形式显示的现象学：海德格尔早期弗莱堡著作选》，孙周兴编译，陕西人民教育出版社，2016，第97页。

③ 〔德〕海德格尔《形式显示的现象学：海德格尔早期弗莱堡著作选》，孙周兴编译，陕西人民教育出版社，2016，第93页。

④ 〔德〕海德格尔《形式显示的现象学：海德格尔早期弗莱堡著作选》，孙周兴编译，陕西人民教育出版社，2016，第93页。

逻辑学"将随着存在论一起得到澄明。这也应和于海德格尔所言的，拆解性的回溯（解构①）可以深入阐明的原始动机源泉之处，并且彻底的本源逻辑和各种存在学的开端经过解构的途径可以一起得到批判性的澄明。② 这意味着海德格尔在阐释一种现象学的解释学的同时，不仅表露了存在论和逻辑学就是实际生命之存在的解释学（解构），还揭示了存在论、逻辑学和解释学在本源上的统一。

据此，当伽达默尔将海德格尔的存在论解释学拓展到人的精神领域的同时，"本源逻辑学"便以问答逻辑的形式拓展到了精神科学领域。只不过在伽达默尔的解释学中，事情本身已不再是神秘的存在本身，而是我们周遭的文本本身或历史流传物本身。于是，问答逻辑也顺而成了探究文本本身的意义或流传物本身的意义的解释学的本源逻辑。相应的"存在论、逻辑学和解释学"三者之间本源的统一也被伽达默尔发展为"现象学、问答逻辑（辩证法）和解释学"的统一，本源的问答逻辑便从此三方面开显出新的意义。

在辩证法方面，轻视传统形而上学的海德格尔必将带着轻视的眼光对待辩证法，而师从海德格尔的伽达默尔并没有延续海德格尔对传统的傲慢。相反，伽达默尔栖身于传统之中，并于辩证法从"对话到'独白'"的传统中发现了一条重返哲学对话的道路。于此，伽达默尔以开放的哲学对话告别了黑格尔的"精神独白"和海德格尔的"存在独白"，从而开拓了一条通往本源的问答辩证法的道路。最终在海德格尔的"存在论－逻辑学－解释学"的基础之上，完成了问答辩证法与现象学的解释学在存在论上的统一。

从现象学的角度而言，胡塞尔建立现象学的目的在于为哲学甚至科学奠基，但是胡塞尔最终抵达的却是先验自我构造的现象学，从而依旧处于以笛卡尔和康德为代表的凸显自我意识的传统之中。海德格尔觉察出先验自我构造对于自我意识的强调，于是建立起"存在－此在"的现象学以化解先验自我的构造。对此，海德格尔前期试图通过"此之在"（Da-sein）所

---

① "解释学就是解构。"参见〔德〕海德格尔《存在论（实际性的解释学)》，何卫平译，商务印书馆，2016，第121页。

② 参见〔德〕海德格尔《形式显示的现象学：海德格尔早期弗莱堡文选》，孙周兴编译，同济大学出版社，2004，第93~94页。

蕴含的"存在的意义在此敞开"的含义来突破自我意识的传统。但是"此之在"中的"此"（Da）显然具有"此时此地"的意义，这意味着作为存在的意义的接收者的此在具有了用以接收存在意义的康德意义上的时空形式，此举实则还未能彻底摆脱先验自我的困扰。而在后期，海德格尔虽将目光转向了"存在"，但这一转向所带来的却是存在对人的抑制。这从后期的"人之说话的任何词语都从听（Gehör）而来，并且作为这种听而说话"①中可以看出，存在用人之际主要发生的是存在的"独白"。所以，伽达默尔才描述道："海德格尔从事独白，我从事对话。"②（Heidegger macht Monolog, ich Dialog.）因而，不管是海德格尔的前期还是后期，此在（人）都未能在主动与被动之间达到平衡。而随着本源的问答逻辑成为人与事情本身之间的纽带，事情本身便在对话中得以澄明，以此消解了先验自我的构造和事情本身的"独白"，从而在本源层面凸显了人与事情本身之间发生的实际性的对话，于对话中，人在主动与被动之间达到了平衡。

从解释学角度来谈本源的问答逻辑的意义需以语言为视角。虽然，海德格尔和伽达默尔最终都走向了存在论的语言，但是，伽达默尔并没有沿着海德格尔的存在的语言的道路走向神秘主义，而是转向了我们生活于其中的语言。但由于海德格尔在存在的语言中并没有凸显"本源逻辑学"，从而显得大陆哲学向语言转向后似乎丢失了应有的逻辑。对此，在《诠释学Ⅰ：真理与方法》中，伽达默尔正是在谈论问答逻辑之后才转向语言本体论，这乃是伽达默尔有意为之。这一用意一方面表现为问答必须付诸本体的语言，另一方面随着问答逻辑的存在论化，大陆语言哲学获得了一种存在论的逻辑，以此区别于英美语言哲学中的认识论和方法论意义上的逻辑。

结　语

总而言之，随着黑格尔的"独白"重返哲学开端的"对话"，伽达默尔开辟了一条思辨逻辑通向本源的问答逻辑的溯源道路。在这条道路上，"独白"重返活生生的哲学对话乃是重要的路标，它指示出问答逻辑对于需借

---

① 〔德〕海德格尔：《在通向语言的途中》，孙周兴译，商务印书馆，2004，第26页。
② 薛华：《大象无形——忆伽达默尔》，《哲学研究》2013年第12期，第86页。

助陈述语句的外形才能完成"语言之逻辑的思辨性"的思辨逻辑的本源性。继而，科林伍德以问答逻辑批判命题逻辑的方式，贯通了思辨逻辑向问答逻辑溯源的通道，从而开启了问答逻辑作为普遍方法的维度。在此基础上，伽达默尔批判性地完善了问答逻辑的实践维度，并以问题与事情本身之间的本源性揭露了问答逻辑内含的存在论维度。最后，凭借海德格尔的"本源逻辑学"，问答逻辑的存在性维度得到了充实。据此，本源的问答逻辑才能以亲近事情本身的样态重返哲学的开端并凸显其在辩证法、现象学和解释学的语言本体论三个方面的意义。

无条件的虚拟式：一个关于激情的研究[*]

H. 普列斯纳/文　邓晓芒[**]/译

内容提要　虚拟式通常是有条件的，即本来要发生的事由于缺乏某种条件而没能发生。但普列斯纳认为，有条件的虚拟式在人身上依赖于无条件的（定言的）虚拟式，前者可纳入模态逻辑的可能性范畴来考量，后者则属于人格的定位性（Positionalität），它使个体的人的生命成为一场独特的富于创造性的冒险，而超越于一般动物的生命。自我与他人之间由于这种不可替代性而获得了互相理解，即能够理解为可互相替代的。这种主体间关系正是基于无条件的虚拟式：我本来也可以成为他，但我没有成为他。

人格的这种悖论式的结构是人与动物的根本区别，他是唯一的，因而又是社会性的，由此形成了康德所谓"反社会的社会性"。在这个"二律背反"中，偏向于个体的创造性和偏向于社会地位的稳定性是两种不同社会的组织形式，它们的原则在表现于对象化活动时形成了突破语言和遵从既定语言的不同的行为动机，但这两者在人的"偏心的定位性"的能动结构中正是同一激情的两面。人所特有的这种激情及带来的危险在语言上就表达为无条件的虚拟式。

某些语言（如希伯来语）中没有虚拟式，这并不说明虚拟式在其生活中是无关紧要的；相反，凡是虚拟式显示出来的地方，它就泄露了人的某种可能性，但又只能在语言表述的镜子中来设置这种可能性。它为想象力和幻想活动创造了空间。这种由虚拟式激发起来的激情也不同于斯宾诺莎的 amor dei intellectualis［智性的爱］，它并不被置于直陈式之下，而是从中产生了人的独特的可能性，产生出人对于非现实的东西的理解力。它基于人的某种只在语言中泄

---

* 本文为德国现象学哲学家赫尔穆特·普列斯纳（Helmuth Plessner, 1892 – 1985）的论文集《另类眼光——哲学人类学的诸观点》（*Mit anderen Augen*，*Aspekte einer philosophischen Anthropologie*，Philipp Reaclam jun. Stuttgart, 1982.）中的一篇，原标题为"Der Kategorische Konjunktiv, Ein Versuch über die Leidenschaft"。

** 邓晓芒，华中科技大学哲学学院教授，研究方向为德国古典哲学、中西文化比较和文化批判。

露的天然不平衡，也就是人的向世界开放的本质的天然不平衡。

关键词 无条件的虚拟式 可能性 偏心的定位性 激情 语言

"这本来是要发生的，但这是不行的。"这句话常常是对自己软弱性的一种无聊的辩解。并且，本来是一定得发生的事却没有发生，这种情况通常不像智性的计划已作过担保的那样罕见。要判断什么行、什么不行，这在每个个别情况下依赖于个人的能力和当时情势的共同作用。它摆脱了普遍的规定，除非人们觉得必须认真强调，我们的整个生命过程在有条件的虚拟物的半明半暗的为难处境中都面临着危险，这种危险是受环境束缚的动物尚可避免的。在这里，我们并不涉及冒险生涯的这种有条件的虚拟式，至少一开始不涉及它。只有当这种有条件的虚拟式表明，它对人本质上处于其下的无条件的虚拟式有依赖性时，才被涉及。这一看法可以更具体地加以阐明和论证。

一

人的定位性（Positionalität）可以通过人称代词来进行变格。这些人称代词，正如不难看出的那样，使"我"这个词的双重理解成为可能，"我"能够使自己与别人处于固定的对立位置，在其中，恰好只有通过我 his et nunc［当场］才能使被占据的我的某种卓越地位仍然保留着。在这点上"我"和"这里"是等值的，"我"标志着一个我的冲动由以出发并且一切视角都会聚于其上的地点。这个无形的事实状况在其抽象性中往往只是给人带来糊涂。但具体地通过自己有血有肉的存在，通过对另外一个物体的侵入提供阻碍的存在，却使人清醒：我的身体代表着我，在某种人的方式、一种不可替代的方式下，我就是它，它帮我取得了一个唯一的定位。

但这个定位能把自己体现为唯一的，这显然就把自己从每一个处于同样定位中的人都可替代的背景中提升起来。在这里，逻辑上的考虑最初并没有重要意义。虽然这些考虑也有它们的位置，并且必须用来从理性上支持这种悖论式的肯定性，也就是说，必须是可以作为自我来理解自己的那种存在者，才能对别人具有理解力，更确切地说，只有作为一个处于像我一样的定位中因而本来可能立足于我的地位上的存在者，才能对别人有理解力。

自我概念在一个人心中启发了对于它可通过另一个（具有同样理解力的）人来替代这一点的理解力，而这不仅建立在某种逻辑上可理解的联系以及相关性的意义上，而且建立在自己的自我性（Ichhaftigkeit）之上的。并且在心理发生学意义上，就像对自己的自我性的理解在时间上走在对其他人称变位（你、他、我们）之前且为它们提供根据那样。在这种意义上，人称的诸形式不能相互利用。幼儿听到自己的名字时知道是在叫自己，他与母亲处在某种直接用"你"称呼的关联中。因此当人们提出人称形式的时间顺序问题时，无可怀疑，事情已被置入了一个主体间的环境之中。但是这样一来，在人称的形式框架之中，自己的自我这种卓越的定位就可以在我于此所占据的位置（即一个空的位置，它也可以由另一个人像它已经被占据的那样来占据）的双重意义上，而且是在一个内部尺度之中来解释。我直接就是这种内部尺度，并且将它作为向我内心退缩的可能性来拥有。——这种情况对单个人来说可能领悟得早，也可能领悟得迟，甚至也还可能原封不动地隐藏在他的二律背反的结构中。不过，对自我性的这种二律背反结构的缺乏了解并没有使他摆脱对他独特的个体性及其原则上的可取代性之间的矛盾所感到的窘迫。由自己的内在尺度所促成的不可替代性只有按照他对自己的可替代性的了解才对个体显露出来，唯一性只有在不知唯一性为何物的某种背景下才明确表达出自身。个别的主体性和一般的主体性即主体间性，是相互包含的。每个人作为个体是不可取代地立足于他可能的可取代性中的，他本来可以做，但他没有去做。

二

要防止一种误解：个别性并不把自己限制于表面上可看到的标志，特别是在高等动物那里，行家将会考虑到这些个别标志，在这方面猎人和牧人与动物保护者做得同样好；而且也不只是考虑对于所考察的种类抽引出来的那些特殊界线的标志，如像马那样善跑的动物的标志，或像豹那样阴险的动物的标志。甚至单个个体也有它特殊的反应形式，特殊的气质、激动性、温存、恐惧和记忆。这样一些个别的行为标记给它的性格打上了烙印（如果我们执意要用这种表达方式的话）。当然，这是以不同于人的方式而赋予这一个体的。

如果我们说，一个人是一个性格或者具有一个性格，那么我们就暗示了一些道德上的品质，它们可能是由他的性格学上的特点所造成的，但并不局限于这些特点。这些特点带给我们的损失，与它们对我们所搞的恶作剧、对我们的意图的干扰和拆台以及把我们导向错误决定的分量相同。这种类型的性情自然也可能是有益的。迅捷的理解力、果断性、聪慧、毅力、忍受力、耐力不仅是道德上的名称，也是体质上的名称。天赋有这些体质的人就可能从中得到好处。在个别性范围内对这一切所作的改造，只有对与自己的体质保持着距离或本应当保持距离的个体来说，对那在任何情况下都不以他像现在既存的那样存在着为满足的个体来说，才有可能，——除非他放任自流、听天由命、自暴自弃。

只有人才对自己勉为其难，因为他自己与自己相对待并被选定来承担某种匮乏，这种匮乏从纯生物学的角度来看并不划算。在这种匮乏中他向自己证明了他意识到自身的个别性。这个别性获得了一个中心，对此，当我们把自己看作有责任的能力者时，我们就以此为目的。这种能力可以达到多么远，这在具体情况下还可以讨论，尤其是当意志自由的主题掺入进来的时候。但毕竟，不应当将自由原则与建立在个别中心的朴素经验之上的对责任能力的要求混为一谈或同等看待。每个人，如果他要把自己理解为"我"、理解为他的主动性的源泉和他的环境的汇聚点的话，都必须把自己作为中心来经验。

退缩至自己个人内心的这种经验是人的一种特权，是动物所不具备的。虽然动物有感觉并遭受到情绪袭击——在挑衅的境遇中，在竞争、贪婪、害怕、犹疑的境遇中，这些情绪侵袭着它，但它们并没有独立性。动物能够像人一样具有（例如说）癖好，但既不能与癖好作斗争，也不能使它得到转化和升华。它们的个别性并不能使它们自己成为独立的，即使这种个别性对于它们当时的社会联合来说是可以察觉到的。动物首领懂得维护自己的地位，并且被尊重。不过，如果一切社会结合，从季节性的角色配置和群体构成，到一雌一雄的家庭，在一切本能的确定性上都显示出对于

"外来"的变化有一种值得注意的不稳定性和无抵抗性的话，那么这可能是荷尔蒙的不稳定作用或周围世界的境遇所造成的。这些个体虽然相互认识，但恰好不是"作为"个体来认识。自我定位的佯谬对它们来说是隐藏着的，因此本能机制必须为秩序操心，换句话说，社会联合的保持并不依靠个体。这在一定条件下会导致怎样的毁灭性后果，对于现代动物生态学已经是很清楚的事了（康拉德·洛伦兹：《所谓恶》）。

然而，什么是克服这些灭种的趋向和灾难的东西，对此是通过在动物群体和人的群体之间的比较而以对后者来说毋宁说是不利的方式得到确定的。但这种不利并非出自总是被反复强调的原因，即认为在冲突的境遇中破坏了人身上的动物天性，而是由于这个事实，即人的个体性的意识使人开发出无穷的、已经不再有什么节制的能量，个体只有按照他承认一个别人可以对他作一般取代的程度才存在。这种结构上的二律背反是他的同类中的社会对抗的根子。

康德在一篇 1784 年发表的文章《以世界公民的眼光写一部通史的想法》中，对这种社会对抗的作用作了如下阐述："大自然用来实现他们一切素质之进化的手段，就是他们在社会中的对抗，只要这种对抗最终毕竟成了这个社会的某种合乎规律的秩序的原因。我在这里把这种对抗理解为人类的反社会的社会性，也就是人的这种想踏入社会却又与那经常有分裂社会的危险的普遍阻力相联的倾向。这里所说的这种素质显然就存在于人的天性之中。"接着他马上又说，"对于通过荣誉欲、统治欲和拥有欲推动人在他既不能愉快地忍受但也不能离开的邻人中争取一个地位的那些动机来说"，人成了他的力量的发条，并因此被迫走上这样一条道路，这条路不顾单个人的恶劣意图及其总是反复由此产生的灾祸，而让人的类去完成某种公民自我统治的理性奇迹：在某种民族联合体中使公民得到和平。通过这种大自然哄骗人类去达到的世界历史的调节性理念，哲学也迎来了自己的千禧年，"却是可由哲学理念自身来促成其作用的千禧年"。

三

且不谈黑格尔的理性狡计的先例是否以如此乐观主义的形式（根据我

们的经验它带有社会不公平的超国家组织的狰狞面目）而得到我们完全的拥护，在关于康德的对某种存在于历史中的意义的信念发出一切赞赏的同时，我们的注意力本应当只关注于那些相对抗的冲动，即他作为事实而假定的荣誉欲、统治欲和拥有欲，而不去纠缠它们的根据。一个这样的根据必须提防两件事：

1. 把所谓的癖好假定为对每个人以同样的方式起作用的；

2. 忽视其中的动物性成分。

第一点，尽管每个人把自己了解为个体，但由此而被赋予的退回内心的可能性并没有给他带来同样内在的、与容受主体间性的周围其他人相对立的活动空间。个体性在每一种社会形式中都被指示着去找到一个立足点，以看出根据何种尺度社会得以维持其秩序，并且同样地，得以解释其地位划分。在这一点上，achieved（争取）和 ascribed（归咎于）地位是没有什么区别的。固然，后一原则①的扩展在一切社会按欧洲模式而发动起来的进程中强化了承认个人价值的意向，强化了一大批越来越"向上爬"的人对他们的起跑条件的不满，但这必须不对整体产生败坏道德的作用，尤其是当涉及对哪怕只是稍许具有专门知识的劳动的尊重、对职业保障和防病防老的足够措施操心的时候。在就业机会上的更高的分化程度和适应新的工作机会的巨大可塑性，甚至将给功能社会也提供类似于多少被判定为死亡的归咎于地位（ascribed status）型社会以其僵硬的限制所提供的那样一些容纳能力，惰性和贪图安逸的力量在两种社会体系中都同样巨大，只不过它不得不寻找别的借口。人类的生命依赖于安贫乐道、依赖于人们看不见而只是"当作自己的职责来做"的事情毕竟是太多了。

那么，不满足者、不安分子、革新者、颠覆者、天才人物呢？人类的生命对他们的依赖并不更少。毋宁说，人类通过他们而找到了推动自己去完成自己的业绩的激情的规定性力量。他们威胁着既定的秩序，绝非总是出于个人的虚荣心，更多的是出于对事业的热爱，是被某种灵感所诱惑，被某种幻想所吸引，是出于对不公正的义愤。纯粹的虚荣狂总是很少见的，

---

① 此处应为"前一原则"。——译者注

甚至在政治中，人们也不能总是把那揪着上帝衣角却烧焦了自己（和别人）的手①的人称为没有良心的无赖。在这上面点燃起来的激情——说起来是人类的光荣——是不胜枚举的，只是我们不要试图因此而把激情本身的问题贬值，并把激情的上千的诱因逐个提供给具体的研究。

<h1 style="text-align:center">四</h1>

在康德那里，关于荣誉欲、统治欲和拥有欲的谈论随处可见，而并没有迁就它们作为激情的标志。我们每一个人或多或少都受到它们的侵袭，但这一切都可能泛滥为激情。如果它们超过平均一般的限度的话，还会成为真正的炽情，并给它们的牺牲者带来无数灾难。对此就需要考察一下上面提到的第二点，即动物性成分。联系到我们根据在自我和主体间性之间不可解的二律背反而一开始就被称为无条件的虚拟式的东西，我们将会更好地懂得什么是激情。

如果我们在对人的动物性进行性格描述的尝试时走一条普通的与动物相对照的路，那么我们将每一步都在动物那里看到由某种限制性和对某个环境的适应性来担保的对于人类行为的优点。人的行为则又因他的能够摆脱自身并获得对自身关系的能力而对他的弱点作了补偿——并且不只是补偿。与人的这种超出自身的能力相联系的是人自己的肉体和客观世界的某种对象化活动，其语言表达方式遵从着当时的语言。自己的肉体和物质的客观世界由其坚固性而只构成特殊的阻抗性的区域，针对这些区域，那些非物质形式的转瞬即逝的区域向外和向内都通过语言表达出自身，也就是说，甚至这些区域也取决于语言的表达并提供着阻抗。

于是，对象化的能力建立了一个分水岭，它把我们行为的动机划分为服从语言的以及不服从语言的，从它那里，这两种动机吸取力量的程度正与我们抑制这些动机的程度相同。——但当对象化上升为物化，因而把感情的动机尽可能地引向枯竭时，这一效应也可能颠倒为相反的东西。与对象化（和物化）的能力相应——这一点经常被忽略——，有某种被对置、

---

① 西方谚语，意即弄巧成拙，或成事不足败事有余。——译者注

反物化以及把握性的能力，它与客观化的能动性格是相一致的。正如前面所说的，人的那种能动性要留待人的偏心的（exzentrisch）定位性来解释一样，这后面一种把握性的、忍受能力的、热情的、激情的直到自损的能动性也是如此。但它与纯粹的忍受力和耐受力是有区别的，因为当它仅仅在忍受并直接处于被动地沉沦之危险的时候，热情就在某物身上，在一个人、一件事之上，在最奇特的东西之上点燃起来，并使人成为它们的牺牲品。集邮者、滑雪者、演员、登山者都可能像那些伟大的恋人一样陷入自己的激情中去，而凡是像某种怪癖一样从外部起作用的东西，对于他们都是他们的生命，都具有为此而献身的价值。当然，个人投入的程度、危险的程度，甚至事物对于真正热情的可信性等级的程度，都起了某种作用。人们不可能设想一个狂热的跳棋游戏者，虽然可能设想一个狂热的戏剧演员（他或许不必冒任何风险）。但将一切都寄望于一张牌上的赌徒则简直是致人死命的激情之典型，他可以赢，他就会赢。

五

我们直到现在还没有回头拾起开篇的无条件的虚拟式这一主题，并回避了探讨它与激情这种人所专有的天赋和危险的联系。康德所论及的那些很容易变成激情的癖好如荣誉欲、统治欲和拥有欲，在人的定位形式中是如何被确定的，他没有说。尽管他明显地将它们的对抗及它们与邻人的矛盾关系归之于人。看来至今所提到的那些属人的性情还不足以解释人的狂热的把握性，即他的尺度要素。在自我主体和主体间性之间的二律背反上，在这一纯粹事实"我存在和立足于何处"之上，每个人都可能（本来可能）立足，可能点燃狂热的虚荣心和权力欲。但恰好是作为被假定的事实，作为理性的自明性和必然的可能性，"本来可能"对简单的"可能"的反叛被缓和了，它失去了自己的爆破力。在人的这种就位特点中去猜测激情的起源并尝试把它们这样统一起来，好像情绪枷锁的难以理解的后果偏偏可以归咎于这种特点似的（这是根本错误的）。我们必须把这种后果与人的定位结构的整体相比较，这种结构恰好不仅仅在现实性和可能性的模态中来理解，而且在非现实性的模态中表现出自己的特征。我们的语言根据对现实性的关系而给这个结构的谓语划分了层次，区分出两种可能性形式，即"可能"和"本来可能"。如果说直陈式被用来束缚现实性和可能性的话，虚拟式则在可能性内部提供了一个活动空间，不可能性则重新又清楚地表现出直陈的性格。

虚拟性形式弱化了、缓和了谓语的强度，并以同一方式避开了谓语对过去时（法兰克福方言：der"hätte mer"-Verein）[①] 和将来时的承诺。但以这种弱化它赢得了对现实性和可能性都以同样方式封锁着的想象力的领域。"这可能会发生，只要……"，"这本来可能存在"，"这本可以更多些"，"这本来会是很好的"——每一种说法都是对想象力的呼吁。在事实和可能性之间，虚拟式建立起了一个非现实的边沿地带，一个与那两个范畴漠不相关的地带，而那两个范畴则把那根据时间的三种样态来划分的世界在其不容改动的直陈式的严格性中加以表达，即表达为过去一度存在、现在一直存在和将要到来的模态。虚拟式把这种僵硬性打破了，它给了非严格性、自由的幻想以活动的空间。

有些语言缺乏虚拟式，例如希伯来语，像曼内斯·卡塔格纳所强调的，[②]并非毫无根据地暗示出由此而来的被束缚于那位对他们民族说话的上帝的情况。如果生活被上帝的全在统治着，那么生活就无法用好的良心来使自己逃脱这种统治。但是，切不可以引诱人这样错误地想象，似乎人因为钉在自己的十字架上，就找不到使自己从中得到解放的手段和途径了一样。人并不与他的语言完全重合，语言即使在阻碍他看的地方，也仍然是他的工具。一定的语言所具有的蒙蔽作用，不只是通过与别的语言类型的比较的方式而得到抵销，也不只是试图从一种语言到另一种语言的走马观花就

---

① 意为"本来可以具有"的结合体。Hätte 作为 haben 的虚拟式，既可以理解为过去时（本可以具有），也可以看作将来时（将可以具有）。——译者注

② 参见曼内斯·卡塔格纳《论希伯来语的结构》，《学术总汇》15 卷，（1962），第 1 期，第 39 页："但对于习惯了印欧语言的思维来说，最令人吃惊的是虚拟式的缺乏现象。在可能的世界、仅仅是有条件的现实的世界和非现实的世界方面不存在特殊的语言形式……由于同时在某种时态上的连贯性是不可能的，所以例如在可能的条件式和非现实的条件式之间作出语言形式上的区分就仍然是不可能的。这就只能说，似乎希伯来语仅仅是为了清楚的肯定句、为了清楚的断定和否定，而在任何意义上都不是为了疑问而创造出来的。……于是，一方面是断然的是或否的明白如昼，一切的缺乏都只是可能的和大概的东西；另一方面，就只是现实东西的比喻性质：在本体论意义上的真正的现实性被唯一地赋予了唯一的上帝。"

使之吐露真相的，而是甚至努力熟悉一门语言并掌握它时，一开始就显露真情了的。在一种语言中可说的东西是双重地受限制的，一是受到另一种语言中的可说性即它的等值性的限制，然后还受到不可说性即语音表达的构架所投下的阴影的限制。支配单词的格预先确定了等值的格的结构，并同时引起了格的悖论和荒谬。

从这种观点出发，就不可能从关于有些语言没有能力构成虚拟式的结论中推出作为人的一种富有启发意义的表达形式的虚拟式是无关紧要的。这种形式正好不仅对那些使用它的人类是富有启发的，而且对于在其中显露出来的人类的一般可能性来说，也具有楷模的价值。当我们对语言学的原子主义结论——它在洪波尔特看来无疑起着重要作用——所产生的语言的绝对化加以反驳，否定某种自身中已分裂出一条鸿沟的语言体时，我们并没有亵渎洪波尔特和比较语言学的精神。在既可以成为语言的启发作用的主人，又是其遮蔽力量的主人的人面前，语言仍然是他所支配的手段。凡是虚拟式显示出来的地方，它就泄露了人的某种可能性，并且仅仅在语言表述的镜子中来设置这种可能性。

虚拟式的形式，我们说过，呼吁着想象力，它不仅弱化着空间，而且为幻想的活动创造了空间。但如果我们回想一下，我们直到现在所进行的一切思索都是为解释激情现象及其作为人的可能性之谜的，这种可能性通过激情而增强、归之于激情并以激情为基础，——那么这个幻想的提示对于进一步的分析将会是大有帮助的。

六

斯宾诺莎在其《略论神、人和人的幸福》第二部分中，研究了激情的起源。从某种关于想象、信念和清楚知识的分类出发，他看到了一切与健全理性相冲突的激情的产生。想象是一种屈从于谬误的知识类型，它从来不产生在我们确信无疑的地方，而只产生在涉及猜测和意见的地方。从第二种知识等级中，从对我们仅凭理性来把握但还没有被我们领会的事物的信念中，产生出良好的期望。但清楚明白的知识不是通过合乎理性的思考，而是通过某种对事物本身的感知和享受而产生的。从它里面就产生出真诚坦率的爱及其一切后果。"然而我们把知识设定为心灵中一切激情的最近因，因为我们认为，当一个人根据前此的理由和指示还既不能把握也不能认识的时候，他就能够被推动去爱、去期望，或产生任何一种别的意志模态，这完全是不可能的。"

他让最低阶段的激情的起源从惊奇感开始。所谓惊奇感，他指的是以第一种方式来认识事物的人所感到的震惊。如果把对激情的关系表达为使意志冲动的发动过程成为中心，那么这个例子就失去了奇特性。"因此我们事实上可以推出，心灵中的爱、恨、悲和其他激情每次都是以不同方式引起的，即根据心灵每次关于事物的知识形态而引起的，并且由此得出，当灵魂一旦认识了那庄严极境，那么这些激情中任何一种还会在心中引起最微弱的激动的事就将是不可能的了。"①

在这样一种发源于 amor dei intellectualis〔智性的爱〕在其中发展起来的境界的令人安慰、使人焕发神光的力量之上，将会带来谁知道激情可能做出什么不敢相信的事情的危险。——这是令人沮丧的，正如 19 世纪和 20 世纪的经验以其高度工业化社会的残暴行为所做出的那样。由于高度发达的智力和功能化显然不仅只和返璞归真以及对本能冲动的唤醒达到协调，而且甚至可能相互促进，所以理性的这种冒险从根本上只能使已经经受过这场冒险的少数人理解。对斯宾诺莎来说，这种境界的对立面是 perturbatimes animi〔动物性的冲动〕、affectus〔情绪〕、passiones〔热情〕。因为我们并不是在同样程度上相信他的对立方面的渗透力，我们必须对 passio〔热情〕作一番区分和仔细的观察。

斯宾诺莎是在有意贬低的意义上谈到想象的。但每种想象、每种想象的观念都有幻想与之相应，这种幻想能够对智力产生的恰好不只是蒙蔽的作用，而且也是鼓舞作用、激励作用和启发作用。想象力在具有诱骗性和泄露性的"本来能够"这一样态中的摄人力量，我们是在爱和恨中感受到的。爱是一种与所爱的对象合为一体的渴望，恨是对所恨的对象加以消灭的渴望。只有当爱把一切事和人都纳入自己心中时，它在这种意义上也才比恨更伟大，而恨虽然不只是指向人的，但它的对象必须人格化。《暴徒》

① B. 斯宾诺莎：《略论神、人和人的幸福》，卡尔·格布哈特出版社，1965，第 107 页。

中的白鲸是提升为神话形式的亚哈的敌人形象，① 是他的敌人，简直也是人类的敌人。爱将一切纳入自身，正如它能沉湎于一切并把自己丧失于自我瓦解之中。因此爱是激情的典范，是激情的基本模式，它在一切热情中，直到在由统治欲、野心和贪婪所带来的自我异化中，都还是可以认出来的。并且甚至在恨之中，只是反常地作为爱本身的另一种模式（但不是像双关语"仇爱"那样）也可以再次碰到。性对一切人都起作用，我们今天将这点已视为老生常谈了。不过激情有时比性的爆发更能持久，且能由这爆发而得到增长。

认为爱是要和被爱者合为一体、要献身于被爱者，这种旧观念如果是对的话，那么这在我们一开始就密切注视的那种思想的语言中就意味着，加入一种不同于我自身的、在我的位置上泯灭了的主体间性的任何形式的思想。因为"你"应当成为"我"，而不只是成为"我的"，应当成为某种无条件的非现实性，不管它涉及的是人还是事物。相反，恨相信它能满足自身，因为它的目的是消灭它的对象，只是它产生出某种虚无，并随着自己的凯旋而自我泯灭。凡是在恨上面成为在爱的他在之中的爱的东西，凡是成为束缚于他物的存在的东西，都在其自我消灭中否定自身，并揭示出那想象力中的虚构，及其在无条件的虚拟式中的根。难道我们对这也应当说：这发生了，但这本来是不会发生的？

在像这里的这样一种表述中，虚拟式是被置于直陈式之下的。这个"是"没有给"能"、更没有给想象中的"本来能"留下位置。"这发生了"的表述取消了"这本来会发生"的表述，除非我们给虚拟式的形式保留它的严肃性和重要性。直陈式则只会以自明的方式来遮蔽它们。如果我们剥夺这种陈述的内容，将它形式化，那么当激情直接在那本来可能的、作为想象来了解的东西上点燃起来、撕碎一切时，短语"这本来是要发生的，但却没有发生"就成为在一切生活环境中听天由命和不负责任的原则了。激情本身并未在虚拟式中说出来，它在它的表达形式中完全是也必须是自由的，这一点并不能作为证据，用来反对我们关于在虚拟句中直陈地具有（至少在许多语言中可以具有）自己虚拟的地点、关于在幻想和激情之间具

---

① 美国19世纪伟大的小说家赫尔曼·梅尔维尔（1819～1891）的著名小说《白鲸》被改编成电影《暴徒》（*Moby Dick*），其中讲述了捕鲸船船长亚哈与一头白鲸斗智斗勇的故事。

有亲和性的命题。这似乎就表明，整个思维过程被彻底误解了。如果说，从某种语言没有能力构成虚拟的形式推论出使用这语言的人没有能力产生热情，这是胡说八道的话（好像人从头到脚都是他所说的语言似的），那么试图在激情的语言表达方式中——这种表达方式本来与其强烈程度不同，因为情绪为了保持其热度，当它要表达为语言时，需要陌生化到诗意的东西中去——寻找虚拟式的优先权，这就是可笑的了。

其实意思是，在虚拟式中明显产生了某种对人来说是独特的可能性，产生出人对于非现实的东西的理解力，与这种非现实的东西相一致的，是人的某种只处于物质的语言物相重叠中的特征的天然不平衡，也就是人的被双重破坏了的、向世界开放的本质的天然不平衡。

外在性反思与内在反思

——对黑格尔逻辑学草案中反思概念之系统历史的一种概述[*]

内容提要　按照黑格尔的方法论理想，《逻辑学》中思维规定的运动必须具有内在性和连贯性，而不能求助于任何外在的添加。有一种意见认为，纯粹的思维规定为了向前进展需要借助一种"外在性反思"，这种看法虽然与黑格尔的方法论理想相冲突，却可以在《逻辑学》的一些段落中找到文本依据。为了澄清方法论理想与外在性反思的关系，并为黑格尔在《逻辑学》中对外在性反思的运用提供根据，本文首先区分了作为主观心理行为的"外在性反思"与本质论中的"外在反思"，指出真正外在于逻辑规定进程的是前者；其次，梳理了自耶拿时期以来黑格尔关于逻辑学构想的发展以及其对反思概念的转变，指出在早期黑格尔确实将思维规定的彼此过渡建立在外在性反思的基础上，但在后来的体系草案中，通过成功构想并实施一门成为主体的实体哲学，主体所实行的外在性反思的功能已经被概念自身的反思（内在反思）彻底代替；最后，通过对比《逻辑学》前后两版存在论的某些段落，可以看出晚期黑格尔已经明确意识到运用外在性反思与逻辑进程的内在

---

[*]　本文译自 Walter Jaeschke, „Äusserliche Reflextion und Immanente Reflexion: Eine Skizze der systematischen Geschichte des Reflexionsbegriffs in Hegels Logik-Entwürfen", *Hegel-Studien*, vol. 13, 1978。中译得到作者本人的授权。此处的摘要和关键词为译者所加。译者在翻译过程中得到了武杨、张有民、陈修竹以及蒋凯扬等学友的帮助，特此致谢。文中的"存在逻辑学"、"存在逻辑学草案"和"存在逻辑第二版序言"中的"存在逻辑""存在逻辑学"原文为"Seinslogik"，相当于我们汉语学界通常讲的"存在论"（Seinslehre），类似的表述还有"本质逻辑学"（Wesenslogik）。"存在逻辑学草案"是指耶拿时期黑格尔撰写的一系列逻辑学草稿，国内一般将之翻译为《耶拿体系草稿》，当这一表述仅仅是泛指黑格尔在耶拿时期撰写的那些草稿时，不加书名号或双引号，当该表述特指某一年的逻辑学草案时，则加书名号。"存在逻辑第二版序言"是指黑格尔 1832 年修订过的"存在论"。——译者注

[**]　瓦尔特·耶什克（Walter Jaeschke，1945－2022），德国波鸿大学哲学系教授，曾任黑格尔档案馆馆长。毕波，复旦大学哲学学院博士研究生，研究方向为胡塞尔现象学、德国古典哲学。

性相冲突，而《逻辑学》对外在性反思的提及和运用只是黑格尔早期逻辑学构想的遗留痕迹。

关键词　黑格尔　外在性反思　内在反思　逻辑学草案　方法论问题

《逻辑学》（*Wissenschaft der Logik*）对黑格尔哲学而言是基础性的著作，如何恰当地理解这部著作所遵循的方法可以被看作解读《逻辑学》的基本问题。解决这一问题的困难一方面在于，在一个个逻辑环节的发展过程中重构出各自的论证；另一方面则在于理解黑格尔对《逻辑学》（*Logik*）方法的普遍规定——只要人们试图不只是满足于修正与阐明黑格尔的各种表述，而且还想系统地讨论借此所描述的那种立场。众所周知，相对于重构一个个论证步骤，人们更经常采用的方式是通过解释黑格尔在方法论上的一系列反省（Reflexionen）①来阐明《逻辑学》。但是，当人们试图以此方式来澄清《逻辑学》时，人们发现，这条道路几乎不会比第一条道路能让我们走得更远。这里的首要阻碍是轻率地信奉作为《逻辑学》方法的"辩证法"，或者是任意地拒斥它。相对于笼统地谈论辩证法，在"被规定的否定"这个概念上的具体做法则更具优势，因为黑格尔已经明确规定了它的方法论意义，但即使是这种具体的做法，单独来看，也并不适合用来全面表述黑格尔的方法论理想。

在《逻辑学》的导论中，黑格尔称，被规定的否定是获得科学进展唯一的前提条件；但从他的解释中可以推断出，按照他自己的理解，这种论证的方式仍然超出了一种必要的区分，这是一种为了表述《逻辑学》和《精神现象学》的方法差异而必须进行的区分，毫无疑问，这两者之间的方法差异肯定是存在的。黑格尔要求方法应当成为内容的普遍形式，这或许会在逻辑方法与对"意识"这个具体对象的处理之间造成巨大差

---

①　译者在此将"反复思考""考虑"等意义上的"Reflexion"译为"反省"，以区别于作为哲学术语的"Reflexion"概念。在黑格尔的哲学中，"Reflexion"这个术语在词义上经历了较大的转变：早期这一概念主要被束缚在意识模式上，指纯粹有限自我的自身关联；而在晚期思辨逻辑学中，"Reflexion"则指概念自身的逻辑结构，即从与他物的关联中的回归为中介的自身关联（具体见本文第二部分）。就本文而言，作为主观的心理行为的"Reflexion"更适合被译为"反思"，而作为这种心理行为之逻辑结构的"Reflexion"则更适合译为"反映"。但考虑到"反思"这个译名更为通行，所以尽管它具有很强的主观性意味，但译者仍保持这一译法，只在少数地方改译为"反映"。——译者注

异。此外，人们断言《现象学》和《逻辑学》在方法上具有统一性，在此统一性之中，这种必不可少的特殊差异还表现在，黑格尔尽力不去比较如下两方面的知识，即一方面是对于被专题化的意识而言的知识，另一方面是对于先验哲学家而言的自在体（Ansich）的知识，这种比较的做法在《现象学》中较为普遍，而且在费希特和谢林的先验哲学中还被发展为方法。思辨"逻辑学"的对象不再是意识，而是超越于意识之对立的纯粹思维，因此，要实行这种纯粹思维，就不能满足于那种诉诸自我之机能的发展过程的方法，这是一种被谢林称为"自身意识之历史"的方法，尽管这一称呼并不令人满意，但也产生了不小的影响。与之不同，一种思辨"逻辑学"的方案要求的是诸范畴规定关系之内在发生式的发展，这种发展既没有根植于有限思维，也没有在本体论上植根于传统意义，相反，它构成了客观思维，即精神的环节，这是一种思想着自己本质的精神。

毫无疑问，针对这样一种方案的可行性，人们可能会提出相当多的批判性反驳。然而，这里的问题并不在于这一方案是否令人信服地得到实现，而是在于那种实现它所必需的方法论理想是否得到了足够严格的表述，并且也没有向外在性的主观思维这种做法做出太大让步。如果哲学可以伴随对科学性的诉求而出现，那么对黑格尔来说，科学的认识活动必定是内容本性的自身运动。与内容自身的反映（Reflexion）相对的是内在直观的武断主张以及外在性反思的推理（GW 11.7）。[1] 这是思辨"逻辑学"对纯粹本质性之发展所提出的诉求，因而，它主要包含了对思维规定之运动的内在性与连贯性的要求。黑格尔凭借他的要求而提出了对内在性的假定（Postulat），即概念的体系必须通过"纯粹的、无须求助外物的进程"而达到完满（GW 11.25）。连贯性方面在黑格尔的如下定理（Theorem）中得到表述：逻辑规定从否定先前概念的特定内容而得出，并且作为这种内在否定关联的

---

[1] 在文本中插入的引证是《黑格尔全集》（Hegel, *Gesammelte Werke*, Hamburg, 1968 ff.），点前的数字指卷数。[黑格尔此处的原文为："既然哲学应当是科学，那么正如我们在别处说过的，为了达到这个目标，她既不能从一门低级科学（比如数学）那里借鉴方法，也不能听任内在直观的武断主张，或使用一种基于外在反思的推理。毋宁说，只有内容的本性才能在科学的认识活动里面推动自身，因为正是内容自己的反映才同时设定并产生出内容的规定本身。"参见中译本〔德〕黑格尔《逻辑学》（I），先刚译，人民出版社，2019。——译者注]

结果，它必定不会依赖于外在的添加——不依赖于"意谓"（Meinen）或哲学上的推理。这两个假定驳斥了这样一种猜想，它认为，为了能够前进，纯粹思维规定的进展偶尔会需要一种"外在性反思"（äußerlichen Reflexion），或者说，它甚至完全只是以这种"外在性反思"为基础，——而这只是哲学家的反思。单单根据客观思维进程之内在性和连贯性这种严格的理想，黑格尔就能够批判说，康德只是将范畴建立在有限主体的反思之上。黑格尔将这种产生逻辑规定关系所必需的形式活动（Formtätigkeit）仅仅设定在绝对的概念（absoluten Begriff）中，这种概念在《逻辑学》中得到了专题讨论。

毋庸置疑，纯粹思维规定之内在而连贯的关联可以为一个意识而存在。作为一本书，《逻辑学》并不像黑格尔曾经声称的那样，仅仅只是旁观逻辑规定自在自为的独立演进，而不用在意《逻辑学》在论证上的努力，毋宁说，《逻辑学》所进行的就是对这种自身规定的关联体（Zusammenhangs）的理论阐明。黑格尔在这里只是笼统地区分出两个思维层面，即内在的逻辑进程与旁观这一进程的意识，但这种区分却掩盖了必要的科学性阐明与一种单纯外在的旁观性意识之间的差异——而这种差异却是不可扬弃的——，以至于看上去一切阐明都仅仅存在于这种意识之中，假如它们能与逻辑进展本身区分开来的话。尽管对黑格尔来说，一切主体性都处在概念的自身关系中，而且，概念运动所要求的连贯性和内在性是通过对立于外在性反思而从外部得到规定的，但他却经常求助于外在性反思的思想，不仅是在那种不成问题意义上进行求助（求助于作为对照的背景而使范畴关联从中凸显出来的那种外在性反思），所以这就使得旁观性意识与科学性阐明的关系问题变得更为复杂。然而，如果外在性反思的系统性意义并不在于它构成了概念之自身反思的对立面，而是在于，它至少在对范畴架构的构造上拥有一项被严格限定的任务，那么这似乎就会迫使我们去修正之前已经概述过的那种方法论理想。另外，人们也可以尝试通过修正一些方法论反省来避免绝对方法与外在性反思的冲突，这会对方法论理想的严格性有利。然而，在人们有资格以这样那样的方式得出结论之前，必须澄清黑格尔关于外在性反思的讨论在何种程度上会造成与方法论理想的严重冲突，以及是否能够为运用外在性反思这一做法提供系统性的或历史性的根据，而这种运用与之前描述过的方法论是相冲突的。

一

（1）关于外在性反思对于《逻辑学》的功能这一问题似乎很好回答，只要人们指出，黑格尔在生成本质概念的语境中明确把外在反思（äußere Reflexion）作为主题。在这里，他将外在反思这一概念发展为本质之绝对反思的不同形式中的一个。也就是如下三种形式中的一个，即设定性和预先设定性的反思、外在反思以及作为它们之统一的规定性反思，它们是绝对理念之自身解释的语境中自身关联与否定的关系。在这个逻辑语境中对外在反思进行阐明的系统性意义在于，在对设定性反思——在其中，与本质相对的已设定的存在（Gesetztsein）总是已经是一个被否定的东西——的赶超中引入一种结构，在这种结构中，已设定的存在不再仅仅是相对于本质而言的他异性（Andersheit）的映象（Schein），相反，它具有一种不依赖于本质的持存。由于外在反思的概念首次将这种复杂的结构（被关联者的外在性连同它的自身关联一同发生）带入本质概念之中——尽管是以一种仍未得到发展的方式将它带了进来——这个概念标志着从否定的基本思想到概念的展开结构这条道路上的一个重要阶段。①

但是，如果认为黑格尔将这种成就归给了主观的—外在性的反思（他在其他地方将其与内在的思维运动对立起来），那么这则是一种误解。最重要的是，这里有两种论据反对我们将这两个被称为"外在反思"的形式等同起来。黑格尔在这里发展了外在反思的逻辑概念，作为阐明绝对理念的构造性环节，外在反思无法构成主观推理的对立立场（Gegenposition），这种立场对于这一进程而言是外在性的。外在反思之所以被界定为外在性的，并不是由于它和逻辑规定的内在进程相对立，毋宁说，它是由于本质和已设定的存在之关系才被界定为外在性的，这两者都处在更为宽泛的本质概念之中。另外，体系的建筑术（Architektonik）使人们不可能

---

① 对外在反思这一概念的阐述依据于迪特·亨利希的解释：《黑格尔的反思逻辑》，见亨利希《语境中的黑格尔》，莱茵河畔的法兰克福，1971，第125页及以下（Dieter Henrich,„Hegels Logik der Reflexion", in Henrich, *Hegel im Kontext*, Frankfurt am Main, 1971）。

在作为一种概念本体论的《逻辑学》（特别是在其客观部分）中对主观的思维形式进行专题讨论。黑格尔在相关段落的那些表述，也有一些适合去抹平逻辑反思与心理上的外在性反思之间的差异。在当时的哲学讨论中流传一种误解，它将"外在反思"仅仅看作主观的反思；和《逻辑学》中的其他一些段落一样，这个注释①通过批判上述误解，澄清了意识并没有构成《逻辑学》的主题。为了防止将这两种形式的外在反思不恰当地等同起来，黑格尔强调，这里讨论的既不是意识的反思，也不是知性的反思，而是在《逻辑学》中唯一被专题讨论的"反思一般"。当然，思维着的反思（denkende Reflexion）也可以表现为外在性反思。因此，在外在反思概念中并不存在单纯的同名异义：外在的（äußere）"反思一般"构成了作为一种心理行为的外在性（äußerlichen）反思的逻辑结构。外在反思这个概念并不违背内在性与连贯性这种方法论假定。复杂的否定关联构成了逻辑上的外在反思之内在结构，这种否定关联并非建立在一种外在性的—抽象性的反思之否定性的基础上——这是一种与本质相陌生的否定性——毋宁说，它建立在本质之内在的否定性的基础上，这里的本质是概念之纯粹形式活动的一个环节。即使是外在反思，也是一个对于逻辑规定进程而言的内在的反思。

（2）如果人们试图将"外在反思"这个本质逻辑的概念作为解释工具而引入《逻辑学》的其他一些讨论外在性反思的命题语境中，那么就不会出现什么统一的图景。有一个章节包含了对物自身与属性之关系的阐述，这个章节除了讨论本质逻辑的反思外，主要探讨的就是外在反思。单单从语词上看，在此不免让人想到，它与本质逻辑中对反思形式的讨论具有相似之处。黑格尔恶意地评论道，只有放在鼻子前闻一闻，物自身才有味道；这种评论会让人以为，我们只能在心理意义上谈论外在性反思。就像在本质逻辑的开篇中一样，黑格尔在这里又玩弄了"外在反思"这一表述的双重方面。但由于这一原因，单单考虑到心理方面的解释是不够的。假如只有通过一种主观的—外在性的反思才能对物自身进行解释，那么我们就无法看到，物自身的概念如何能够在《逻辑学》内部得到讨论。

---

① 参见中译本〔德〕黑格尔《逻辑学》（Ⅱ），先刚译，人民出版社，2021，第20～21页。——译者注

在反思章中，"外在反思"表示这样一种关系，在这种关系中，本质以一种并不包含它那被直接扬弃的存在（Aufgehobensein）的方式与已设定的存在关联起来，这和设定性反思那里的情况一样。尽管这种外在反思构成了内部的（internen）否定关联的一种复杂结构，但它并不是单纯的否定关系：它在"作出否定时便否定了它的这个否定"（GW 11.253）。①这种结构可以作为批判物自身与实存之关系的范例而起作用。物自身（它在这里首先占据的是反思的立场）的他者被规定为已设定的存在、非本质性的实存，它与作为其本质性实存的物自身发生关系。黑格尔在外在反思的这两个端项（Extreme）中详细展示了这种否定进程：一方面，无本质的实存将自身扬弃在它与物自身之本质性实存的关联中；另一方面，在物自身作为自身关联的反思这个概念中表明了那种自身推离（Sichabstossen）。因此，物自身对待自身就像对待一个他者一样。于是，外在反思作为双重的反思就成了两个物自身的自身关系。因此，它的外在性就被扬弃在物自身的内在反思当中："只有'一个'（Ein）物自身，它在外在反思中自己对待自己，把自己当做一个他者而与之发生关联，而这恰恰构成了它的特性。"（GW 11.329）②

（3）在刚刚讨论的语境中，本来不需要明确指出被阐述的外在反思仍然没有将自己规定为意识（GW 11.332）。相反，在其他段落中，对外在反思的提及并不是通过回溯到本质逻辑的"外在反思"概念来解释的；它提及的是一种超越于逻辑进程的心理行为。在它与逻辑反思的区别中，这种反思应当被标识为"外在性反思"，尽管黑格尔并没有注意到这种语词上相近的差异。这种外在性反思之所以被界定为外在性的，首先是因为它与思维规定内在且连贯的进程相对立。除了这种原则上的对照之外，黑格尔既没有从内容上也没有从方法论上明确规定过它的意义。因此，从一开始就拟定一门关于外在性反思之功能的类型学（Typologie）似乎就不是什么多余的事情，因为它的引入为方法论假定的有效性制造了一些原则上的困难。

---

① 参见中译本〔德〕黑格尔《逻辑学》（Ⅱ），先刚译，人民出版社，2021，第19页。——译者注

② 参见中译本〔德〕黑格尔《逻辑学》（Ⅱ），先刚译，人民出版社，2021，第105页，此处译文略有改动。——译者注

无论外在性反思被称为知性的反思还是意识的反思，抑或是单纯被称为主观的念头、推论或者"意谓"，相对于被归派给《逻辑学》中诸形式的那种功能而言，它在内容上的规定性永远都是第二位的。无论人们是否相信，我们能够证明黑格尔在某些甚至在所有范畴过渡中都求助于这种外在性反思，人们都必须坚持认为，按照黑格尔的观点，这样一种求助与思辨"逻辑学"的理念是无法相融的。如果人们假设，为了使思维运动得以进行，黑格尔已经——甚至在《逻辑学》开端这个如此显眼的位置上——认为"意谓"这个手段是合适的，那么人们就必须将黑格尔没有废除他的方法论理想这件事判定为一种重大的前后矛盾。只要提及外在性反思只是为了通过对照来澄清逻辑进程的内在性与连贯性——也就是将外在性反思作为一种外在于逻辑的反思来避免对外在性反思产生误解，那么在方法论上，对外在性反思的求助不会产生任何异议。

除了以否定的方式说明方法上的符合外，黑格尔似乎也将外在性反思当作工具，用来预先把握（Vorgriffe）那种在概念进程中尚未出现的阶段（Stadium）。从方法论假定出发，必然要求思维规定具有一个必然而严密的推导序列。然而，外在性反思并没有被束缚在每个阶段所达到的概念之规定性上；因此，它就被赋予了一种引导思维规定逐步发展的功能。这种猜想可能还基于如下事实，在存在逻辑和本质逻辑（Seins-und Wesenslogik）中，主体性即自身关联的概念的环节还没有被设定下来，以至于看起来必须将向前进展（Fortschreitens）的否定性建立在外在性反思之上。于是，在形式上，外在性反思与概念的自身运动的关系就对应于先验哲学家与专题化的自我的关系：哲学反思必然先于自我的自身知识或概念的自身联系。与自身意识的构造学说不同，在思辨"逻辑学"中，这种事实上的突出地位并没有被指定为进一步规定逻辑进展的工具。这种预见性的反思与方法论理想相矛盾，并且必然会导致对这种方法论理想的全面修正。但从方法论上看，外在性反思的预先把握所具备的地位无非是对内容进行概观。也就是说，涉及概念本性的外在性反思总是已经经历了逻辑规定的整体。但是，由于外在性反思不依赖于概念的内在进展，所以它所提供的那些信息仅仅具有历史性的价值（*GW* 11. 25）。尽管在概念逻辑的结尾处提到了主观反思，这也只是为了拒绝这样一种显而易见的假象，好像概念运动至少在客观逻辑中是属于外在性反思的（*GW* 12. 252）。

如果人们认为，借此外在性反思在《逻辑学》中的论证性运用的合法性就得到辩护的话，那么这就误解了心理反思在外在反思中的逻辑基础。预见性的结构无法满足对内在性和连贯性的假定；后来在《逻辑学》的最后一章中（例如基于科学的循环结构）有对论证步骤的辩护，但指出这一点还是不够。从结果出发充其量只能证明实事上的正确性，但绝对无法证明外在性反思之预见性运用的合法性。莱因赫尔德（Reinhold）有一种做法是从假设和问题上预设一个第一选择，黑格尔对这种做法进行了谴责，相同的谴责同样适用于对外在性反思的这种运用。黑格尔对这一方法的批判是可以脱离《逻辑学》开端这个特殊问题的；它同样适用于逻辑进展各个阶段中的概念性延续。否则，《逻辑学》就只是由外在性反思对那些以不受控制的方式被构想出来的概念结构的事后构造，就只是对任意推论的概念性理解，而非什么本原理论（Prinzipientheorie）。在《逻辑学》中，新的概念如何从否定中产生出来是一个讨论较多的问题，但这个问题与对这一方法的批判却是不相干的。有一种观点认为，黑格尔将概念发展已达到的状况与我们超越于这种状况的知识相区别作为方法论工具，但不仅是方法上的考虑，甚至就连黑格尔实际的做法也与这种显而易见的猜想相矛盾。通常，专题讨论这种差异对概念的继续规定并不会造成什么影响，它往往是作为对这样一种论证的追溯性解释，这是由那种与方法［理想］相吻合的中介（Mitteln）所做出的论证。即使作为预见性的反思，外在性反思也只有作为一种中介性机构（Vermittelnde Instanz）才具有合法的功能，也就是介于思维规定之内在阐明与主观意识（旁观着这种"演进"的意识，而非作为这种演进之环节的意识）之间的中介性机构。

从外在性反思与"我们的反思"的关系中，我们可以更为详细地刻画它的功能。在"存在逻辑"的修订版中，相较于第一版，黑格尔将他的注意力放在了"已设定的存在"与"我们的反思"之间的差异上。在"存有"（Daseyn）这一章节的开始处可以发现一些阐释，它们对理解这一问题具有关键作用。黑格尔区分了两种形式的规定性："对我们而言在我们反思之中"的规定性，以及"被设定的"规定性。但是，"那种通过一个概念而被设定的东西，仅仅属于概念的内容，而这依赖于对概念的不断发展的考察。反过来，那种在其自身之内尚未被设定的规定性，却是属于我们的反思，它仅仅涉及概念自身的本性，或者说它仅仅是一个外在的比较；我们之所以指出后面这种规定性是值得注意的，目的只在于澄清或预先暗示那个将会在发展过程中把自身呈现出来的进程"①。黑格尔在接下来的语句中澄清了"我们的反思"与"外在性反思"相同一，他在其他地方明确将外在性反思称作"思维着的主观意识之反思"。② 这种反思与"发展性考察"相对，后者构成了内容之内在的继续规定的主观方面。虽然这种内容——作为概念——本身是一种主观的东西。但黑格尔将概念的这种主观性与外在性反思的坏的主观之物（schlecht-Subjektiven），即"与一种主观的、偶然的思维活动的关系"（GW 12.84）严格地区分开来。《逻辑学》的基础是纯粹概念与真实存在的统一，它在自身之内将自己展开在内容与发展性考察的差异中。但它并没有使自己丧失在内容与外在性的主观反思的对立之中。

因此，我们可以为如下事实提供论据，尽管黑格尔经常求助于外在性

---

① 黑格尔：《逻辑学》，第一部分"客观逻辑"，第一卷：存在论。Stuttgart，Tübingen 1832. 99 f. 参见《逻辑学》，由 G. Lasson 出版，Nachdr. Hamburg 1967. Teil 1. 96 f.［中译本参见〔德〕黑格尔《逻辑学》（Ⅰ），先刚译，人民出版社，2019，第 91～92 页。——译者注］——这段文字之所以被详细地复述下来，是因为我们似乎可以对它进行相反的解释。如果"后一种规定性"仅仅与"外在的比较"相关，那么只要"我们的反思"涉及"概念的本性"，它就能被合法地当作绝对方法的环节。但有很多理由反对这一点。这一段的主题首先是对被设定的反思与不被设定的反思之关系进行澄清。即使在下文，也只是区分了"实事本身的进展"和"反思"；我们反思的诸要素之间的内在关系并没有得到考察。回到"得到表述的差异"，重新得到理解的只是被设定的规定性与不被设定的规定性之间的差异。反思的预见性活动并没有被黑格尔描述为逻辑方法的构成性要素；它充其量只是起到了促进概览式理解的作用，但并没有经常模糊概念自身的进展，而且它绝不是这种进展［本身］。"后一种规定性"应当用来"预先暗示那个将会在发展过程中把自身呈现出来的进程"，这句话同样只有在这种"规定性"不仅仅与"外在的比较"相关时才能被理解，——因为这种外在比较并不涉及概念的进程。所谓它不属于概念的内容，这种说法本来就是无意义的，并不需要专门进行说明。——这里所采用的解释存在一个问题，即反思在内容上的具体化，这种具体化应当涉及概念的本性。但是，它提议将那种对概念规定的预见性活动归给反思（相应于《逻辑学》的导论），这种预见性活动是"外在比较"无法做到的，但它也不属于概念的内在进程。另外，如果在涉及概念本性的反思中能见到绝对方法的构造性环节，那么就会出现更大的解释上的难题。也就是说，我们还不清楚这种环节与概念之"发展性考察"是什么关系，它通过与被设定的与不被设定的规定性的原则性区别而与这种考察分离开来。而且，在这种情况下，在方法上相关的区别被置入"我们的反思""外在性反思"本身中。我们必须每次都要审查，"外在性反思"是否仅仅指主观的比较或主体性的那种与方法相吻合的环节。

② 同上，516；Ausg. Lasson. T. 1. 397. Vgl. GW 11. 229.

反思，但是在程序上仍然坚持把概念自身的反思与之对立起来。这样一种论断并没有影响《逻辑学》的独特性，在《存在逻辑》第二版序言中，黑格尔特别揭示了这种独特性：在从内容上对概念进行专题讨论之前或之后，概念已经可以被当作阐明工具来使用，——例如"否定"和"矛盾"［等概念］。即使我们有理由对《逻辑学》中得到专题讨论的概念与操作性的概念在内容上的区分提出异议，并以逻辑规定的"实例化"模式来取代这种区分，但从这种模式出发，不仅无法看到诸多实例化的概念如何像一条看不见的绳子上的珠子那样被串在一起，而且也无法把握黑格尔在论证上对思维规定的介绍与扬弃。从方法论理想来看，并不能排除这样一些理论状况，这是一些在对那种被视为自在自为地被规定的范畴关联进行科学阐明时存在的理论状况，在这些状况中，对概念的继续规定并不单单是通过对内在性和连贯性的要求而被明确确定下来。人们必须从黑格尔几乎持续不停的论证性阐述中得出结论：这种状况成了惯例。但是，通过这种考虑并没有重新恢复外在性反思在之前论证中被否认的权利。因为我们不能按照内容上的专题讨论与操作上的运用这种范例来描述外在性反思与外在反思之间的关系；外在性反思这个说法与本质逻辑这一章的"外在反思"的关系，并不是对一个概念的操作性运用与在内容上对它的专题讨论之间的关系。外在性反思既不是《逻辑学》的说明性词语（Explikativ），也不是《逻辑学》的主题。它出现在《逻辑学》中仅仅归功于这样一种来自当下之反思结构的强制力，——即迫使人们进行一种否定的预备性阐明，这种阐明必定与那种对《逻辑学》不可或缺的跨学科的阐明有着鲜明的区分，后者作为对概念的"发展性考察"并没有被归于我们的反思这一边，而是被归于概念之被设定的规定性这一边，这种规定性属于那种自在自为地被规定的范畴关联。对于这种范畴关联，黑格尔声称，它必须仅仅奠基于纯粹主体性的逻辑概念之中，而这种纯粹主体性是指绝对的形式活动。

（4）在外在反思与外在性反思的逻辑上的—心理上的差异之外，还存在外在性反思与概念之内在运动这两种真正与方法相关的二元性（Dualität）。并非由于它是一种与"外在反思"之逻辑结构相应的一种心理行为，外在性反思才是外在性的。一般说来，它并非一种可以明确界定的认识形式，而是作为不同内容规定的心理行为的集合名词。黑格尔之所以能够将它称为

"外在性的"，是因为他第一次看到，这些逻辑规定奠基于客观思维的一种内在运动之中，这种内在运动被他称为"概念的自身反思"。这种内在反思的可能性是我们能够有意义地谈论外在性反思的前提条件。由于黑格尔假定了一种概念的自身否定，所以他可以将我们的外在性反思贬低为一种在科学上无关紧要的说明性词语，尽管它在形式上与先验哲学的反思相应。对于将外在性反思从它的方法功能中解脱出来，同时对于思辨方法的可能性也具有决定性意义的问题是，黑格尔可以为内在反思的原理提供何种论据，也就是说，反思为何以及如何进入概念本身之中——在一个至少不是明显属于它的系统性位置。《逻辑学》预设了反思在词义上的转变，却没有对导致这种转变的论据进行任何说明，而这种论据对于这种转变的合理性来说却几乎是不可或缺的。

二

（1）《逻辑学》中反思概念的内在差异和方法功能与黑格尔在早期耶拿著作中关于"反思"的说法形成了鲜明的对比。因此，在解释晚期思辨"逻辑学"的预备阶段，一个重要的任务是明确指出从内容上重新规定反思概念并改变其功能的根据究竟何在，——也就是指出，反思概念的变化与这种将逻辑学理解为一门成为主体的实体哲学的崭新构想处于何种关系之中。——在其最早的出版物中，黑格尔这样批判了康德和费希特的哲学：它们作为反思哲学没有超出有限性，从而达到对绝对者的真正认识，他在内容上将这种被批判的反思概念尽可能地归给传统。早期的反思概念与晚期"逻辑学"的根本差异在于，一方面，反思被束缚在意识的模式上，尽管它是指纯粹有限自我的自身关联；另一方面，反思在一种带有贬低的语调中被等同于知性认识，并与理性思辨相对立。① 就像从谢林的《先验唯心

---

① 对于思辨与反思的对立请参见克劳斯·杜辛（Klaus Düssing）《思辨与反思。论谢林与黑格尔在耶拿的合作》（*Spekulation und Reflexion. Zur Zusammenarbeit Schellings und Hegels in Jena*）. In：Hegel-Studien. 5（1969），95 – 128；ders：《黑格尔逻辑学中的主体性问题。对唯心论原则与辩证法的系统性的发展史式研究》（*Das Problem der Subjektivität in Hegels Logik. Systematische und entwicklungsgeschichtliche Untersuchungen zum Prinzip des Idealismus und zur Dialektik*），Bonn 1976. （Hegel-Studien. Beiheft 15. ）75 ff.

论体系》出发一样，从这种构想出发也很难理解晚期的思辨反思概念，——如果人们没有把谢林在其他论证语境中主张的直观与规定的原初统一误解为思辨的反思概念的预先形式的话。人们可以指出，尽管黑格尔和谢林同样都贬低了知性反思，他又是如何在此之外承认知性反思在对绝对者的认识上具有一种有限的系统性功能，但是早期的〔反思〕概念与思辨的〔反思〕概念之间的关联并没有因此而变得更好理解。所有与思辨对立的反思都是有限的、与绝对者必然不相称的反思。因此，从根本上讲，反思被赋予的系统性功能似乎被限制在一种通往绝对者之科学的引导作用上。并且，由于黑格尔将对立项的建立归给了逻辑学的有限反思，因而这种反思作为完整的反思似乎只能具有一种通向体系的科学性导论的功能。〔黑格尔对逻辑学的〕早期构想与晚期构想的差异与对反思概念的不同规定相联系；与反思概念的全面差异相一致的是一种逻辑学构想的差异，这种差异同样是全面的。

但人们必须要问的是，反思概念在早期阶段难道不是已经具有了一种系统性意义了吗？对于这种系统性意义，我们不能在思辨与反思之对立这种限制条件下来探讨它，并在很大程度上用这种主宰性的对比来掩盖这种意义。甚至在《逻辑学》中，黑格尔转而反对一些没有得到详细辨认的批评者——这里指的是谢林——，他们在背后议论反思的一切毛病，但所针对的却只是外在性反思（*GW* 11.254f）。① 如果人们不想满足于如下假定，即黑格尔的转变只是为了从思辨的反思概念这一立场出发掩盖他早期对反思的批判，那么从中同样不能读出，黑格尔早期就已经赋予外在性反思一种肯定性功能；对外在性反思的批判始终没有得到削减。毋宁说，黑格尔自己声称，即使在早期，他也为反思赋予了一种系统性意义，一种超出了单纯的孤立活动与对立活动的意义。

（2）从《差异论文》（Differenzschrift）② 中便可推断出，黑格尔具有一个十分复杂的反思概念，这个概念的复杂程度，比反思与思辨之间主宰性

---

① 中译本参见〔德〕黑格尔《逻辑学》（Ⅱ），先刚译，人民出版社，2019，前揭第21页。——译者注

② 指《费希特与谢林哲学体系的差别》，中译本参见〔德〕黑格尔《费希特与谢林哲学体系的差别》，宋祖良、程志民译，商务印书馆，1994。——译者注

的对比最初所允许我们假定的还要复杂。迄今为止，虽然人们仍然可以怀疑这种更具纲领性意味的陈述对系统修改逻辑学所具有的重要性，因为它并没有被罗森克兰茨（Rosenkranz）的评论所证实，但是对最早时期的逻辑学所流传下来的残篇的最新发现在很多方面都确证了这一点。① 现在，我们可以更为细致地评估逻辑学的功能和地位，因为在手稿中可以看到黑格尔明确提到了作为导论的逻辑学，这份已发现的唯一手稿使我们的评估变得十分简单。尽管，相对于罗森克兰茨的汇报来说，这里的措辞并没有改变，但洞察到手稿语境却有利于我们更为可靠地评价这种说法。从思辨的方面来看，尽管逻辑学只"能"（"kann"）——不是某种历史性的推论——被用于哲学的导论（18b）。② 对于引导性功能来说必不可少的是上升到无限者，但这种上升既不能通过"将有限性的形式建立起来……就像它们是从理性中产生出来一样"，也不能通过将它呈现为"绝对者之反映（Reflex）"来进行——而这毕竟是逻辑学所宣布的任务（18a，19a）。一个可能的出路在于，将这种引导性功能（它是早期逻辑学所能够具有，而且也只有它才具有的功能）归给黑格尔想要从有限者出发来进行的"预备性的回顾"（propädeutische［n］Rüksicht）。这样一来，真正的逻辑学就不是从有限者出发，而是从绝对者开始，并从绝对者过渡到有限者，进而消除有限者，将之提升为无限者。但是，逻辑学应该作为从"思辨方面"而来的导论。人们必须将这种前后矛盾归咎为黑格尔早期表述引导性问题的一种内在缺陷。它们本来很难组合成一个融贯的构想。我们已经无法确定，在实施过

---

① 因为罗森克兰茨（Karl Rosenkranz）（《黑格尔的生活》，柏林，1844，第190~192页）所提到的段落让我们仅仅看到了那种处在与"思辨"对比下的"反思"，吉麦尔（H. Kimmerle）将这种明确性解释为相对于《差异论文》中"令人捉摸不透的"反思概念的一种系统性进步；参见吉麦尔《思维之封闭性问题。1800－1804年黑格尔的"哲学体系"》（Das Problem der Abgeschlossenheit des Denkens. Hegels „System der Philosophie" in den Jahren 1800－1804），波恩，1970。［《黑格尔研究》副刊8（Hegel-Studien. Beiheft 8），第49页。］现在发现的那些来自相同语境的段落并没有被罗森克兰茨所提及，但这些段落却证明了，即使对于这些手稿来说，反思概念也依旧十分复杂。借此也提供了一种系统性的论据来反驳将这些残篇的年代确定在1801/02年冬天，在此期间，人们出于不同的考虑已经进行了这种年代上的断定。参见吉麦尔《黑格尔四到九卷手稿编年》，见于《黑格尔全集》（Hegel：Gesammelte Werke）（第8卷），第353页以下。
② 在这一节出现在文本中的数字（阿拉伯数字连同字母 a/b）是指手稿的分页。该版本收录于《黑格尔全集》（第5卷），感谢出版人 M. Baum 和 K. Meist 让我有机会看到分页情况。

程中，黑格尔有没有成功将这种作为导论的逻辑学构想连续不断地贯彻下去。

但即使逻辑学能够引导我们进入哲学，这种功能也必然没有穷尽逻辑学的系统性意义。在一处迄今为止尚未得到广泛传播的表述中，黑格尔将逻辑学称为"理念之扩展开来的科学"，它"作为理念本身的科学就是形而上学"（1b）。在这一表述与另一处表述之间存在着难以消除的张力，后者宣称：只有从逻辑学"才能过渡到真正的哲学或形而上学"（19b-20a）。如果人们将这两处的表述解释为彼此冲突的，那么只能剩下这样一种情况，即这种最早时期的逻辑学的特殊任务在于对形而上学进行一种系统性的奠基，它可以额外实现一种引导性功能，——就像在《体系草案Ⅱ》中依然保留的那样。黑格尔的那些表述可以使这种解读摆脱各种怀疑，尽管这些表述并没有流传下来。但是，通过规定逻辑学第三部分的系统性任务，这种解读可以获得广泛的支持："一方面要指出对先前已经说明过的知性形式［即第二部分的内容］或有限性规律［即第一部分的内容］的扬弃，另一方面要指出科学性认识活动的基础。"（19b）① 相反，为了只把引导性功能赋予逻辑学，人们就不得不将黑格尔的说法——逻辑学本身已经是绝对理念的科学——当成抽象的离题话（begriffliche Entgleisung）而置之不理。

尽管已经提出的论据可以保证，即使是最早时期的逻辑学，它的系统性意义也没有在引导性功能中被穷尽，但另一反面，不管是从逻辑学的引导性功能方面来讲，还是从它的奠基性功能方面来讲，都不足以仅仅将单纯的对设性（entgegensetzende）反思规定为它的工具论（Organon）。在这两种情况下，这种构想都发现自己陷入了困境之中，因为它无法说出单纯的区分性的（trennende）反思如何能将自己提升为理性的思辨，或者更确切地说，如何凭借有限的反思规定来为形而上学提供一种系统性的奠基，——这个难题即使对于《精神现象学》也仍具有现实意义（aktuell），在这里黑格尔只能通过诉诸一种具有奠基作用的思辨逻辑来予以解决。但是，似乎没有必要让早期的逻辑学承担这样的窘境。逻辑学批判过反思的那些僵化的对立，如果它本该超出这些对立之外，那么在逻辑学内部除了

---

① 在这个地方，通过对"一方面—另一方面"进行歪曲原意的删除，罗森克兰茨关于手稿的汇报（《黑格尔的生活》，第191页）掩盖了逻辑学的双重功能。

区分性的反思，人们还必须指出另一种认识形式，一种可以使我们扬弃反思的诸多对立的认识形式，或者说，在反思概念本身中，我们提到的可能论证黑格尔都有所使用，却并没有因此就混淆了逻辑学与形而上学。

为了评估知性反思的重要性，首先需要考虑的是，逻辑学为了消除它们而提出的那些有限性形式，它们从内容上看只有一部分是有限性反思的形式。在这两种平行的划分中的第二种划分澄清了一种区别，这是一种处于有限性的主观形式——因而也就是知性形式——与有限性的那些超越了主客对立的形式和规律之间的区别。就连对这些普遍形式的提出也不能被归给一种单纯的对设性反思，因为它们是从理性中产生出来的，而且还应当作为绝对者的反映（Reflex）而被提出。单单从这种流传下来的展望中并不能推断出这两种要求是如何得到满足的。但是，如果反思单纯与绝对者相对立，而且它的功能只有在对对立项的孤立过程中才能被见到，那么，反思绝不会满足这些要求。这是一种被削减了的反思，它的唯一职责就在于将那种从绝对者中得来的形式固定为有限性的形式。在逻辑学的第二部分，黑格尔为了克服有限性的形式而设计了一种构想，从这种构想中可以看出，在一种单纯孤立性的知性反思之外，逻辑学必须运用另一种认识形式——即使我们同时还可以从中察觉到，黑格尔仍然在与获得一种合适方法这一难题作斗争。另外，反思的对立通过理性、思辨而得到扬弃，就理性或思辨是否定性的认识活动而言，它们已经构成了逻辑学第三部分的工具论（18b，19b）。黑格尔对 1802 年夏季学期所作的预告容易使人想到逻辑学（＝反思）与形而上学（＝思辨）之间的这种具有一定之规的（schematische）对立，但这种对立已经被破坏了。逻辑学——作为理念之科学——总是已经超越了区分性的反思；它既没有以反思为起点，也没有停留在反思身上。

如果人们将黑格尔的构想仅仅理解为以引导性的方式提升到无限者，那么他的构想就会遭到这样一种反驳，即在思维运动的这一阶段，理性仍旧无法发挥任何作用。黑格尔可以使理性一同参与到逻辑学中，因为他把逻辑学全部奠基在对绝对理念的直观中，这是一种被预先设定下来的（vorausgesetzten）直观："固定而清楚的直观活动"，这是"哲学思考的第一条件"（2b）。黑格尔并没有将认识形式的首要对立放在反思和思辨之间，而是放在直观与反思之间。黑格尔所构想的并不是作为这两者［直观与反思］之统一的思辨，相反，他构想的是那种与反思仍然有所区别的直观，这种直观把握住了由绝对理念自身所筹划的"形象"（Bild）（1a），并且，这种构想同样包括那种将"绝对者的形象"（19a）始终放在对设性反思面前的东西。只有那种被预先设定下来的反思，才会使我们能将有限性的形式呈现为"绝对者的反映"。如果人们可以认为直观的这种奠基功能源自谢林的影响，那么这也无法免除如下任务，即我们要明确指出黑格尔早期逻辑学构想的功能，特别是对直观概念的采用向我们指明了一个特别黑格尔式的要点：尽管固定的、清楚的直观活动是条件，——但是，只有当绝对者没有被固执于直观的那种不活动的统一体中，而是将差异设定在绝对者之中时，真正的哲学才得以开始。反思的任务就是为意识必不可少地建构并产生出绝对者（GW 4.16 ff, 32）。

目前为止，我们只考虑了那种将直观和思辨分派给反思概念的论证思路。从这个视角来看，逻辑学不再作为反思的体系（systema reflexionis），而是——更为复杂地——作为科学的部分而出现，在这个部分中，基于对"一个"理念（Einen Idee）① 的那种被预先设定下来的直观，反思将那些被扬弃在绝对者中的对立建立为有限性的诸形式，却是以这样一种方式建立的，以至于这些形式总是在绝对者的形象中保持统一，并被否定的—理性的思辨所扬弃。现在，反思概念在其系统性方面的分量似乎被直观和思辨所限制，而在其内容规定方面的本质性东西却并未发生改变。但反思不是单纯地把自己僵化在诸对立面之中，从在某种程度上讲，这种自身僵化已经被直观和思辨从背后悄悄克服掉了：反思本身就是思维之运动，也就是将规定性设定下来并且将被设定下来的分裂（Entzweiung）再次扬弃在绝对者的统一之中。固执于对立之中这种说法所描述的只是反思在形式上的本质，它想要以命题的形式将绝对者记录下来。这种反思被贬低为"可恶的""孤立的""坏的"反思。这种限制暗示了，这样的反思并没有满足黑格尔对反思的构想。真正的反思是"合乎理性的""哲学的"反思，——是"绝对的"反思："坏的反思是对立面之规定性的持续存在；绝对的反思是

---

① 这里大写化的不定冠词"Einen"标示一种"质的统一性"，具体可参见康德《纯粹理性批判》，B143，中译本参见〔德〕康德《纯粹理性批判》，邓晓芒译，杨祖陶校，人民出版社，2004，第96页。——译者注

对这些规定性的扬弃，绝对的认识活动就是那种分离到对立面之中的反思，但它又把对立面撤回，并绝对地消除了对立面。"（2b）这种特殊理解下的绝对反思构成了逻辑学的工具论，——因此，它不仅仅是一个由孤立性反思所主宰的通往科学的前院（Vorhof），相反，它本身就是关于绝对者之理念的科学。在逻辑学的框架内对有限性形式的专题讨论总是保留在反思的统一性中，这种统一的反思是分裂以及扬弃分裂的全面运动；相反，坏的反思在黑格尔的意义上是前科学的。

我们之所以要重新回到黑格尔前思辨的逻辑学草案的方法论意图上，是为了说明《逻辑学》中的反思概念的形成过程。假如反思概念只能在对坏的反思的批判形式中得到指明，那么它与思辨的反思概念的差异就很难被消除。这一点也适用于下述情况，即逻辑学的系统性意义无非就是这里所规定的那样，但被归给反思的只有分裂的功能，扬弃那些被自身设定下来的对立面这一功能并没有同时归给反思。然而，由于黑格尔已经把反思理解为对绝对者之理念的建构，也就是理解为绝对反思，所以从最早期的《逻辑学草案》① 开始，一种与思辨的反思概念的系统性关联就已经令人满意地形成了，尽管这两种反思绝不能被等同起来。

因此，在反思概念内就存在了一种二元性；这种二元性还不是指晚期的内在反思与外在性反思之间的二元性——因为这两种形式都是认识活动的形式——但这也不仅仅是纯粹自我与经验自我之间的二元性，而是在一种更为广泛的系统性意义上的二元性。在绝对理念之统一体（这种统一体是在实体本体论［substanzontologisch］上被构想出来的）内存在着区分，黑格尔把绝对反思当作对这些区分进行设定和扬弃的中心概念，当他这样做时，他在这里就开始暗暗地将反思概念从自身意识概念以及从知性概念中抽离出来。但是，黑格尔似乎没能完全掌握对绝对反思概念的这种重新表述所具有的系统性意涵。绝对者将自己设定在显相自身之中这种运动，即"同一性向总体性的自身建构"（GW 4.32，74），在内容上与绝对反思恰好重合，但绝对反思并没有被归给纯粹但有限的主体。根据对外在性反思之功能的特殊规定，一种以纯粹主体性这种模式为导向的结构，就连同外在

---

① 即指《体系草案Ⅰ》（1803/04），中译本参见〔德〕黑格尔《耶拿体系草稿》，郭大为、梁志学译，商务印书馆，2017。——译者注

性反思一起，被带入逻辑学系统语境中的一个基本地位之上，——对于黑格尔哲学的继续发展来说，这是一个不能低估的事实（Datum），尽管黑格尔目前并无法全面把握对绝对反思概念的这种重新表述所具有的系统性意涵，也无法得出对逻辑学的构想来说必不可少的结论。

（3）只要人们能够根据《体系草案Ⅰ》（1803/04）中关于自然哲学和精神哲学的残篇来得出一种为该草案奠基的逻辑学和形而上学，那么反思概念在那里就获得了一种相当大的系统性意义。尽管早期关于直观与反思这种对立（GW 6.4，7）的残余形式依旧存在，但我们却无法再去确定它对体系的构想的重要性。因为黑格尔在使用反思概念时通常并不理会心理意义上的解释。但是，实在哲学中的现象的结构很可能也是逻辑—形而上学的规定性关系（黑格尔将之称为"在自身中的反思"），在形式上与这种结构相应的是心理上的反思。人们认为该体系草案中的形而上学必须以同一哲学的论据为前提，在这种论据的基础上，那些从我们的直观和反思中读出来的结构可以从它们的祖传领域移植到对实在哲学中的现象之结构的规定中。光的无限运动可以被描述为"绝对思维"和"直观"；相反，"反思"指的是从这种运动回返到自己本身之中，这种回返不仅落在认识着的意识之中，而且首先也被包含在地球（Erde）的概念中，随后还被包含在有机体的概念中。这种联系毫无疑问地表明，人们不能从某种光的结构来理解内在反思概念的生成。——在这里代替早期关于绝对反思与坏的反思之二元性的是心理反思与内在反思这种尚不成熟的并列关系（Nebeneinander）。重要的是去追踪，内在反思概念是如何在撰写这一体系草案时得到完善的：从方法论上看，对内在反思概念最重要的表述并未包含在第一阶段。

关于内在反思的说法并未构成单纯的隐喻，它以意识结构在概念上的那种偶然且非法的投射（Projektion）为基础。当"自身意识之历史"这种基本模式在关于自然哲学和精神哲学的构想中透显出来时——在对于我们和对于自己［或：自为］（Füruns und Fürsich）的区别中将概念性规定向前推进——人们就可以确保从方法上在实在哲学的现象中指出内在的反思结构。在有机物中——作为自然在自身中的反思——或许存在着一些之前仅仅是我们的反思的东西（GW 6.184，173）。这种反思为区分心理反思与内在反思的合理性提供了最终依据。在这里，自为的环节所起到的功能无非是在各个被专题化讨论的概念中标志出一种"反思"的逻辑结构，——因而，与基本的形式相比，它标志的是一种思维着的自身关联的形式。从黑格尔的表述中可以看到，他对于将反思概念完全从自身意识中系统地脱离出去这种做法仍然有所保留。所以他强调，反思概念在地球的单个性元素中还没有"如实地"（als solcher）实现出来，而是落在我们的意识之中（GW 6.295f）。这种犹疑是可以理解的，因为在这里意识的对象不再是意识，人们可能会怀疑那种将"反思"这一称呼扩展到内在的概念结构上的做法的正当性。那种认为反思不能作为心理反思而存在于自然现象中的看法当然是肤浅的。将自身意识的历史这种模式用来构想一种实在哲学，借此而使实在哲学的现象所具有的反思结构获得了一种在方法上得到确证的证据，这些做法必然具有这样的前提，即反思的心理意义被还原到主体性的一种基本的逻辑结构上，即回返到自身之中。只有从这种结构出发才能理解什么是自身意识。

反思的双重化（Verdoppelung）是决定性的：一方面是内在的概念结构，另一方面是我们的意识，它外在于这种结构。有鉴于此，黑格尔在将内在结构命名为"反思"时的犹豫不决就失去了系统性的分量。作为内在的结构，反思概念在此已经获得了一种理论上的规定性，它指向了晚期思辨的反思概念，——例如在将"僵死的质量"（todten Masse）规定为一种反思时，黑格尔进一步将它描述为肯定统一与否定统一的相互交融（GW 6.23）。① "反思"这种内在的逻辑结构在一定程度上能使自身相对于意识而独立出来，同样，只有在这种程度上，反思才可能进一步特殊化：作为返回到自身之中（GW 6.222，245），② 在自身中的反思与向外的反思活动相对（同上，226）；③ 内在的反思在"个别性之绝对的、已经折返（reflectirten）

---

① 此处关于"todten Masse"的翻译参考了郭大为、梁志学先生的中译本，见《黑格尔全集》（第6卷）《耶拿体系草稿》（Ⅰ），郭大为、梁志学译，商务印书馆，2017，第29页。——译者注

② 见中译本《黑格尔全集》（第6卷）《耶拿体系草稿》（Ⅰ），郭大为、梁志学译，商务印书馆，2017，第174、194页。——译者注

③ 见中译本《黑格尔全集》（第6卷）《耶拿体系草稿》（Ⅰ），郭大为、梁志学译，商务印书馆，2017，第178页。——译者注

的统一"中达到顶峰（同上，240），① 最终——在意识的奠基过程中——在"自身中的绝对反思"这个概念上达到顶峰，这个概念是那种与"绝对内容"（absoluten Materie）相对立的因素的结构（同上，280）。② 在内在被设想的反思概念中发生的这种差异化，使我们达到了一种能使黑格尔的体系构想进一步发展的重要开端，——尽管在第一份体系草案中，黑格尔只是在某些要点上使用了新创建的论证可能性。在这份体系草案中，"反思"这一逻辑结构的那种尚不充分的差异性，以及意识概念的全面功能，这些都通通阻碍了黑格尔对逻辑反思之基本思想进行普遍的扩展。只有当黑格尔在之后的草案中重新仔细考虑这种系统性的基础时，内在反思在系统上的优先地位才能够在阐述和方法论的反省中得到展开，而它的这种优先地位是蕴含在意识的逻辑基础之中的。

（4）在基本的概念内的（begrfiffsinternen）反思与心理反思的关系中存在着一种系统上的不协调，但它首先并没有引发黑格尔继续调整体系构想，这一点从如下事实就可以看出，即一年之后，在《体系草案Ⅱ》（1804/05）中也发现了这种二元性，——它甚至以一种更为尖锐的形式出现。在这一草案中得到修改的逻辑学使我们有可能全面洞察到在之前讨论过的残篇中提出的那种二元性，特别是内在逻辑意义上的反思获得了核心地位。在这里，黑格尔第一次——至少对我们来说是第一次——提出了那种在1803/04的《实在哲学》中蕴含于内在反思与心理反思的关系中的方法论问题。现在，不仅是这种二元性，而且还有那种在《体系草案Ⅰ》的内在反思概念中显露出来的差异化也得到了完善，并且这两者都得到了更为全面的贯彻。尽管对于黑格尔来说，我们的反思在这里仍然是一种"必不可少的反思"（GW 7.7）。

但是，只要人们能重构出各个论证步骤，那么思维规定的发展就不用回涉到一个进行反思的主体就能进行。因此，那个能够从详细的论证中被抽象出来的方法预先就指向了后来《逻辑学》的方法。对诸逻辑规定的各

---

① 见中译本《黑格尔全集》（第6卷）《耶拿体系草稿》（Ⅰ），郭大为、梁志学译，商务印书馆，2017，第188页。——译者注

② 见中译本《黑格尔全集》（第6卷）《耶拿体系草稿》（Ⅰ），郭大为、梁志学译，商务印书馆，2017，第223页。——译者注

个环节进行综合似乎并不是通过外在于这一规定过程的哲学反思来实行的。然而，特别是在黑格尔对逻辑学向形而上学过渡的各种反省中，他多次强调逻辑学的思维规定在它自身上是一种"僵死的"规定，对对立面的提出和撤销仅仅取决于我们的反思（特别参见 *GW* 7.111f）。

然而，这种具有辩护作用的方法论反省很难被人们接受为对逻辑上的操作方式所进行的适当描述。这些反省反而符合《体系草案Ⅰ》中的论证。这一论证的功能类似于这样一种功能，后者在那里——在阐述的层面上——与对意识概念的引入联系在了一起：在有限的主体中取回那个超前的、以内在的方式被生成的反思。但这是在一种被修改过的形式上发生的。与黑格尔关于一种可以被理解为内在反思的讨论相反，在更早的论证中，他坚持认为，反思本身只是被设定在意识之中。由于"反思"的这种内在结构得到了更为深远的分化与独立，所以这一点也就不再可信。在《体系草案Ⅰ》的方法论反省中，黑格尔不再完全正确地将那种普遍的奠基功能归给我们的反思，现在，他把这种功能还原为如下情况，即只有逻辑规定的相互过渡的形式才落入我们的反思之中。我们的"被预见到的反思"与内容的自身产生之间具有区别，这种区别一方面确证了假定一种概念内的反思的合法性，另一方面，借此也使方法上的优先地位仍保留在我们的反思上。

在权限范围（Kompetenz）上对内在反思与我们的反思进行划界的这种做法如果要获得系统上的可信性，那么就要在各个思想步骤上证明这种划界。但黑格尔不仅描述了内在的概念结构，而且也描述了诸范畴在整体上的彼此过渡，它们的过渡方式是这样的，就好像各个逻辑范畴本身是它们运动形式的主体（这些运动形式包括设定、排除、扬弃、自身关联以及自身反思等），而不是一个"僵死的"东西。有一种看法认为，对范畴的一切设定和扬弃都属于我们的反思，但只有当人们将上述表述方式一概视为不真实的而加以取消时，这种看法才能维持下去。然而，我们的反思规定了全部思想步骤的发展，并且它对逻辑运动的描述非常准确，远比那些外在于概念发展的方法论反省以及这些反省后来对概念内的反思之方法论功能的限制所描述的要准确得多。黑格尔多次提到，先前被归给我们反思的那种规定（Bestimmens）功能，"现在"成了范畴自己的反思。但是，如果"内在反思"这种结构以此方式得到确证，那么它就不能总是被局限在各个概念的内在结构上。对内在反思进行更详细的逻辑解释——例如在自身中的反思，作为绝对的自为存在的反思，这种自为存在在它的他在中与自身相等同（*GW* 7.109）——获得了一种固有动力（Eigendynamik），并冲破了在方法上强加给它的那种与单子式的概念结构相隔绝的状态。

紧随这一怀疑之后的是这样一种考虑，它自为地看并未令人信服，而是在《逻辑学》方面提出了一个难题。黑格尔将那种由我们的反思对范畴进行的发展和扬弃通通理解为"辩证法"或"唯心论"（*GW* 7.127）——这一点不同于非辩证的形而上学。在形而上学中，"绝对的自身等同性"作为"对反思一般的否定"将代替逻辑学上的"过渡到一个他者中"（*GW* 7.130）。只有当人们想到，借此一切辩证法都会在我们的反思中得到指示，并因此必然会被扬弃掉，这时人们才能判断黑格尔的这一看法究竟有多么严重。但我们接着必须要假定的是，即使是晚期的辩证法也仅仅属于我们的反思。尽管这一点与黑格尔的自身理解相矛盾，但这却是一个几乎无法回避的结论。黑格尔要求人们要内在地理解辩证法，考虑到他在《逻辑学》中的论证与《体系草案Ⅱ》中关于逻辑学的事实性阐述之间具有相似性，他的这种要求难以令人信服；特别是当黑格尔对早期和晚期存在逻辑的辩证法进行更为详细的刻画时，就连它们的特征都被刻画为同一的，即都是"过渡到一个他者中"，根据在1804/05版"逻辑学"的第一部分与较晚的存在逻辑①之间的平行关系，这种标志上的同一性可以得到系统的辩护。但是，这种过渡有时属于我们的反思，有时又属于内在反思。

但是，黑格尔将辩证法限制在逻辑学上的做法遭到了很多反对。这种限制基于如下假定，即逻辑学中的一切运动都是由我们的反思所实行的。但在作为"简单关系"之最终范畴的无限性概念中，先前仅仅被归给我们的反思中的辩证性东西（Dialektische）已经"被设定为绝对辩证的本质"（*GW* 7.29）。借此，辩证法被宣布为内在的概念关系的形式规定性。由于在形而上学中，黑格尔也在很大程度上依据自身中的反思这种结构，所以他也取消了将辩证法限制在逻辑学上。唯一能够从形而上学中被排除的是过渡到他者之中，这种过渡被归给我们的反思。黑格尔主张，在形而上学的

---

① 参见克劳斯·杜辛《黑格尔逻辑学中的主体性问题》，184 页以下。

对立面之间存在着"自身等同性"——这种等同性本来就无法恰当地描述在形而上学中进行的思维运动——它充其量只能被评价为与一种被规定为外在性的过渡活动相当的结构。此外，形而上学的论证方式——特别是在对排除第三方这一原则的阐明上——只能被理解为晚期思辨逻辑意义上的辩证思维的范例。

黑格尔试图将传统上对逻辑学与形而上学的区分解释为辩证法与非辩证法、反思与"对反思一般的否定"的区分，但这种尝试并不能因此就令人信服地被坚持下去：与这种方法论构想相反，作为内在反思的形式，辩证法囊括了逻辑学和形而上学。这两个学科的差异可以被恰当地描述为对自身关联和与他物关联这种关系的独特表达，而这种关系是在内在反思的普遍概念中被想到的。但是，在黑格尔的一些方法论反省中，"反思"与"辩证法"这些概念还没有充分发展到足够灵活的程度，以使人们能够把握逻辑学内部不同的运动形式，甚至也无法将逻辑学与形而上学的系统性区别把握为种差（differentia specifica）。尽管黑格尔在开始时已经使用了概念性（Begrifflichkeit），但他的方法论构想仍然是从自身意识之历史这种思想出发来筹划的，对于在概念之自身运动的方法基础上筹划一种内在的逻辑—形而上学进程来说，这种概念性是必不可少的。

对方法的适当描述构成阻碍的是一种双重的系统性强制力。在方法论上全面运用内在反思这一概念，预设了一种在所有概念中都坚持下来的逻辑结构。尽管黑格尔在1804/05版"逻辑学"中第一次使用了否定之否定这一思想，他却没有将之发展为一种统一而全面的方法论工具。因而他不得不将思维规定固有的却只是很初步的主体性归给我们的反思。但我们在这里发现的第一个迹象是，我们的反思这个概念的内在主体性这一思想是否具有优先性是有争议的：我们的反思——相对于概念在自身内具有的反思——被贬低为"陌生的、外在性的反思"（GW 7.179，77）。因此，概念内的反思与我们的反思之间的二元性第一次——在系统的优先性被推延的条件下——被进一步规定为内在反思与外在性反思的二元性。内在主体性意义上的反思的思想承载了逻辑学与形而上学规定的内在结构，在这种反思被认识为这些规定之外在关联的构造性要素（Konstituens），并找到了对它适当的逻辑表述与系统性地位之后，对［逻辑学与］形而上学进行划限的根据就被取消了。这两个学科发展为思辨的逻辑学，这种逻辑学本身就是形而上学——这个进程已经体现在 1805 年夏季学期的听众名单和 1806 年夏季学期的讲座预告中，并且很可能已经成为《体系草案Ⅲ》的基础。①

如果逻辑运动建基于对于自身（Fürsich）与对于我们（Füruns）的差异之上，那么人们就不能引入绝对否定性的思想，这种否定性作为逻辑主体性的形式不仅构造了内在的逻辑结构，同时也构造了它们的外在联系。只要逻辑范畴没有被明确奠基于存在与概念、思想与实事的那种被预设了的统一之中，那么在讨论认识活动之前，人们就不得不将一切运动仅仅归于我们的那种外在于概念的反思之中。但是，如果人们认识到，逻辑学在我们的反思中的那种所谓的奠基是不恰当的，那么逻辑学就需要一个崭新的科学性奠基。它在《逻辑学》中通过绝对知识（absoluten Wissens）的概念而获得了这种奠基。有许多地方表明，对黑格尔来说，导论的问题只有在这种理论性的处境下才在系统上变得刻不容缓，他在这种处境中认识到，作为形而上学的基础，逻辑学就其自身而言不再像在第一版逻辑学构想中那样，是基于对绝对者理念的直观活动，这种固定而清晰的直观活动是被预先设定好的，而另一方面，我们的反思对于诸概念而言仅仅是外在性的反思，它无法胜任黑格尔在《体系草案Ⅱ》中赋予它的那种功能。这一洞见来源于黑格尔在同一时期对《精神现象学》②之构想的思考，通过实施这一构想，形而上学的逻辑学现在就可以摆脱自身意识之历史这一问题域。另一方面，由于"对于我们"被贬低为一种外在性反思，［自身意识］这一问题域必然会被转移到《精神现象学》，而这种转移导致自身关联似乎只有求助于我们的反思才能达到绝对精神的概念，因而它必须在思辨逻辑的条件下被重新构想——黑格尔通过用"理念"代替"精神"来考虑这种差异，

① 参见《黑格尔耶拿的教学活动（1801 - 1807）》，由 Heinz Kimmerle 出版。In：Hegel-Studien. 4（1967）. 62，87；K. Düsing：《黑格尔逻辑学中的主体性问题》，156 ff.

② 参见 K. 罗森克兰茨《黑格尔的生活》，第 202 页。就像罗森克兰茨在这里继续报道的那样，黑格尔在他为逻辑学和形而上学准备的导论中已经发展了关于自身的意识（Bewußtseins von sich selbst）经验这一概念，这种做法很可能是从 1805 年之后才开始的；但罗森克兰茨的表述向我们表明，黑格尔在更早的时候就已经预先给出了逻辑学和形而上学的导论，但我们对此完全一无所知。

而对于将主体性形而上学进一步规定为绝对主体性的逻辑学来说，这一点具有决定性的意义。

三

（1）作为概念内的（Begriffsimmanenter）主体性，尽管反思概念在《体系草案Ⅱ》中没有得到系统性的完善，但它在构造逻辑学和形而上学的原理与环节上具有一种全面的功能，可是在《逻辑学》中赋予反思概念的功能则要小得多。这种含义上的缩减看起来非常明显，因为反思概念现在被系统性地限制在本质逻辑中，而它在1804/05年则构成了逻辑学与形而上学的规定性原则。但是，这种含义缩减的假象只是由于《逻辑学》在术语上的分化而产生的。在《体系草案Ⅱ》的宽泛意义上，概念在《逻辑学》中的全部运动被当作（内在的）反思的路径来处理。在黑格尔反对通过外在性反思而与概念自身的反思相联系的地方（如 *GW* 12.244），我们可以发现这种宽泛的反思概念在语词上的遗留痕迹。由于取消了逻辑环节在我们的外在性反思中的可能奠基，概念自身的反思也被当作逻辑规定之运动的原则，那么反思就获得了一种内在复杂性与差异化，这导致只有本质逻辑开篇的结构被称为特定意义上的反思。与之相对，存在逻辑的范畴所表述的是自身关联与他物关联的关系，在反思概念中被设想的中介作用还没有被设定到这种关系中。对于理解本质逻辑的反思概念具有决定性意义的是，要将这个概念把握为全面的内在反思概念（它对逻辑学诸部分的区分，甚至对于逻辑学和形而上学的划分而言是无关紧要的）的特殊化。即使是对于存在逻辑中对反思概念偶尔的提及也要从这种早期的反思概念，而不是从本质逻辑的反思概念出发来理解。黑格尔在本质逻辑的开篇已经表明，这一结构超出了《体系草案Ⅱ》的逻辑学和形而上学，它需要被深远地划分为设定性反思、外在反思以及规定性反思，并且基于一种更为成熟的否定概念，它也是能够做到这一点的，但它还会向更为复杂的概念结构继续推进。

通过扬弃逻辑学与形而上学的差异，并将逻辑学奠基在绝对知识的概念中，我们的反思就丧失了那种在《体系草案Ⅱ》中似乎只是部分地赋予了它的功能。在逻辑上对规定性关系的产生以及诸思维规定彼此之间的过渡不依赖于外在性反思就能进行。思维规定之内在且连贯的进程现在仅仅奠基在概念的自身反思中，外在性反思丧失了对这一进程的一切构造性功能；除了在上文被排除的否定性的—说明性的功能外，它不具备任何重要性。通过将主体把握为实体，主体就不能将实体当作外在性的东西而与之对立；代替我们的反思的是实体性的内在反思。另外，通过将实体认识为主体，在早期的实体形而上学草案中必然是外在性的主体性在逻辑上就可以被重新建构为概念结构的环节；我们的反思可以被概念的自身反思所取代。由此就能理解黑格尔所强调的，存在范畴的运动不是建立在一个与本质相异的否定性中，即不是建立在一个外在于内容的认识活动中，而是建立在内容的本性本身中：这就是"存在自身的无限运动"（GW 11.241f）。这些说法断然否定了那种认为思维规定是"僵死"的东西这种看法，黑格尔在《体系草案 Ⅱ》中依旧持有这种看法。因此，先前关于已设定的存在与我们反思之间的关系也得到修正。如果人们现在谈到了同一性的概念，那么它不是"一种外在反思的产物，而是在存在本身中产生出来"，这绝不是说，这一概念在此之前落在我们的反思中，只是现在才被设定下来。外在性反思根本无法产生出同一性的思想，而只能产生无概念的差异（begrifflosen Verschiedenheit）的思想（GW 11.261）。

将早期的实体形而上学草案中外在性的主观认识活动与来自 1804/05 年的主体性形而上学草案中的对于我们这一方面结合在一起，这种结合并不是使逻辑学服从于一种任意筹划的思辨构想，而是作为对逻辑内在的概念结构进行多年完善的终点，它从内部破坏了黑格尔早期的传统架构，迫使它们逐步适应内在逻辑关系之形成过程中的各种状态。在某种程度上，将实体理解为主体这种观点使得概念内的反思结构可以承担起主观反思的任务，逻辑学在这种程度上就变成绝对。从我们的反思丧失了上述功能这件事上可以看出，《逻辑学》是如何从更早的构想中发展出来的。一方面，通过扬弃逻辑学和形而上学的区分，并且将"逻辑学"奠基在绝对知识当中，另一方面，《体系草案 Ⅱ》的方法概念被该草案中实在的概念发展所纠正，因而，在事实性阐述与方法论意识之间的张力就在《逻辑学》中得到了平衡。因此，对于黑格尔来说，在原则上重新构想《逻辑学》就不再是必不可少的，毋宁说，他需要的只是进行局部的修正。

当然，并不是每一次在《逻辑学》中对外在性反思的提及都可以被解释为在上述意义上与方法论相符合。但是，讨论反思概念的历史使我们不能将这种方法论上有争议的运用解释为对一种内容上的兑现的合法的操作性预先把握，而是将它们归为早期逻辑学构想的遗留痕迹，黑格尔过去在这种构想中曾认为，必须为我们的反思赋予一种构造性功能，以使逻辑规定得以展开。在这些孤立的论点上，逻辑上的建构还没有取代有限的主体性。然而，这些与方法论理想并不相称的论证在系统性上的分量必须得到限制，它们不能被当作一个标志，用来评判思辨逻辑学构想是成问题的。

（2）显然，黑格尔已经明确意识到，对外在性反思的构造性运用与他所要求的逻辑进程的内在性是有冲突的。这一点从他在新版存在逻辑中对一些段落的修改中可以看出，最初在这些地方，他是根据外在性反思来进行论证的。［外在性反思］这一工具在1804/05年仍被认为是合法的，而这种修改就是为了消除在《逻辑学》中对这一工具前后矛盾地继续运用。在重新修订的过程中，黑格尔更为尖锐地反省了这一问题，即哪些规定仅仅属于外在性反思，因此不能被视为对《逻辑学》具有构造性意义的东西，而且他在离题性的阐释中专门对这种方法论问题进行了专题讨论。①

在对"自在存在"与"为他存在"这些环节的不同规定中可以看到克服这一难题的进展。在第一版，黑格尔在与"实在性"范畴的关联中用一种难以理解的论证首先发展了作为"漠不相关的、无关系的规定"的"存有"（Dasein）和"他物"（Anderes）；然后，"那些作为环节的规定性"，其中每一个都"同时包含了与它相区别的环节"："自在存在"与"为他存在"。自在存在是存有在反对与他物的关系上与自身相关联（*GW* 11.62）。——相反，在向这一领域的第三个范畴，即"某物（Etwas）"过渡时，黑格尔阐释道：自在存在与为他存在构成了实在性的"不同方面，它们是一些彼此漠不相关的反思规定"，因此属于外在性反思。黑格尔在这里只是将自在存在理解为对存有的外在性反思，并把它与作为存有之自身反思的自内存在（Insichsein）对立起来。他在这里重新启用外在性反思似

---

① 黑格尔：《逻辑学》，第一部分"客观逻辑"，第一卷：存在论。斯图加特，图宾根，1832，第99页以下。Ausg. Lasson. T. 1. 96 f.

乎并未与方法论理想相冲突，因为他将那些属于外在性反思的规定与概念的自身反思进行对比，并贬低了前者，而且还用内在有效的范畴取代了这些规定。然而，即使人们对这样的答复表示满意，仍然不清楚的一点是，将外在性反思引入这个概念语境中究竟起到什么样的功能。人们可以假设，黑格尔不会只是为了消除外在性反思才将它引入进来。

在最开始，黑格尔是将自在存在与为他存在当作两个彼此相互包含的环节引入进来，并且只是在他试图过渡到某物这个概念时，这两个环节才被解释成彼此漠不相关、毫无关系的反思规定，如果人们回想起这一点，那么我们为外在性反思所寻找的功能也就十分清楚了。这里的"反思规定"不能从本质逻辑的那种被明确界定的系统性意义上来理解——否则自在存在和为他存在彼此就不再是漠不相关的——相反，在与1804/05年逻辑学的联系上，"反思规定"是指，这两者都是在自身中得到反映的规定。在对自在存在与自内存在之关系的规定中，以及在从实在性范畴向某物范畴的过渡中，都存在着一些困难，正是这些困难促使黑格尔的解释从对这两个环节的介绍中偏离出去。因为如果自在存在已经是存有的一种反映，那么我们就无法看到在自内存在的概念中还有哪些进一步的规定。对于它们的差异，黑格尔仅仅指出自在存在和自内存在一样都是存有对自身的一种单纯关联，但"更多地是以一种直接的方式"（*GW* 11.66）——这种区分不是那么准确，因而并不令人满意。黑格尔将自在存在与为他存在称为漠不相关的反思规定，这种做法同样不能被接受为事后的澄清。因为外在性反思可以将诸概念环节孤立为彼此独立的方面，这适用于每一种逻辑规定，却不属于科学之进程。此外，黑格尔通过恢复那种他借以引入自在存在与为他存在的规定来完成向某物概念的过渡：这两者不仅仅是漠不相关的方面，相反，一方在本质上就包含了另一方。这样一来，实在性就不再是这两者漠不相关的持存的统一，而是过渡到扬弃性的单纯统一体中，即过渡到自内存在、某物之中。

黑格尔本来可以试图把自在存在与为他存在这种互相包含的关系描绘为自身关联与他物关联的稳定关系，这一种是独立于外在性反思的关系——这不仅与非反思的存有，而且也与自内存在的否定统一有质的区别。在这种视角下，实在性可以被规定为这样一种结构，这种结构的诸环节彼此之间虽然只是否定性地相关联，却仍然作为被反思的环节而持存。黑格尔没有这样进行论证的原因或许在于，那种所谓的结构很难与反思规定的结构区别开，而且从实在性向某物概念的过渡是难以设想的。我们已经无法确定，为什么他认为这样一种作为内在的结构在这种系统性位置上是无法解释的。不能排除黑格尔的理由主要是论争性的。但是，这种分段结构的后果是非常清楚的。假如作为自在存在与为他存在的一种被反思的统一体，实在性的思想无法被确定为逻辑范畴，那么在由此产生的理论情境下便会产生如下后果：从最初对彼此相关的诸环节的引入直接过渡到某物——作为这些环节的否定性统一。自在存在与自内存在的差异以及"实在性"范畴都会被取消掉。为了避免这一后果，黑格尔宣称这两个环节是漠不相关的反思规定。这样做的后果是，"实在性"虽然获得了一种与某物相对的内容，并成为一种稳定的结构，——但只是与一种外在于逻辑的机构（außerlogische Instanz）相关："实在性是直接的统一，却与那种区分出不同方面的外在性反思相关。"（*GW* 11.66）这种辅助结构是不充分的，在新版中，黑格尔从这一认识得到的教训是，要将作为在一个专门章节中得到发展的范畴的实在性予以删除。

　　既然黑格尔不得不回溯到单纯的自内存在与为他存在这种二元性上，以便进一步规定某物，从而获得他物的概念，所以在上述情境下的论证就不是从自在存在与为他存在过渡到某物，而是在某物的概念中证明这两者——前提是放弃这两个"方面"对实在性范畴的规定。黑格尔在修订版中使用了这一论证。现在，他从作为有与无（Sein und Nichts）之直接统一的存有思想出发，过渡到了作为质的规定性之孤立化，即转化为实在性与否定这些环节。但是，由于一切实在性都是否定，并且所有否定都是实在性，因而这两者的差异就得到了扬弃。将这种差别作为被扬弃了的差别包含起来的存有被黑格尔称为某物。凭借这一论证，黑格尔获得了作为第一个否定之否定的某物概念，并且——通过对否定的强调——同时还获得他物这一概念，只有在此之后，他才将自在存在与为他存在作为某物与他物之关系的结构要素引入进来。尽管他为此使用了第一版略微修改过的文本——他在那里每一次都用"某物"来代替"存有"——但是引入自在存在与为他存在的理论处境已经发生了根本的改变。因此，这两者就不再被宣称是外在性反思的方面，同时也不再受到贬低；毋宁说，自在存在这一概念获得了一种进一步规定诸范畴的重要的系统性功能，同样，其他的系统部分也赋予了它这种功能。在一个很长的附录中，黑格尔解释了这一改变的理由。①

通过比较原版与修订版，我们可以清楚得知，黑格尔并非没有进行单纯的论证，首先要赋予外在性反思一种构造性的功能，然后将之宣布为逻辑的内在反思——这是一种无法令人信服的非法之举。但他也没有陷入另一种极端，也就是将他先前求助于外在性反思而制作的各种概念关系通通消除。相反，他试图引入新的论证来取代先前对外在性反思的构造性运用的残余，这种论证满足了黑格尔为在逻辑上建构思维规定而提出的方法论理想。我们需要考虑，从这个角度看，是否必须修正关于"等同性"与"不等同性"之反思规定的讨论，因为黑格尔在很大程度上也将它们的规定追溯到了外在性反思。就他对存在逻辑的修订所揭示的东西而言，他的要求在于，将外在性、反思着的主体的全部成就通通重建在作为逻辑主体性的概念之自身反思上。作为绝对主体性哲学的《逻辑学》草案，它的成功取决于用逻辑关系来取代所有在先前草案中被分配给主观反思的功能，——更确切地说，直到现在，它才在理论上以可接受的方式被替代掉，因为对绝对主体性的完备阐明不再需要回溯到对于自身与对于我们的区分上，而且由于绝对理念之逻辑结构的建立，与这一区分相联系的系统性困难也得以被规避。至于这种解决引发了哪些新的、也许是严重的系统性难题，在此就不再进行讨论。

（3）在审阅了耶拿逻辑学草案与《存在逻辑》的各个版本后，我们试图找到如下问题的答案，这一问题在开始时是由外在性反思、科学性阐明以及概念的自身进程之间的张力所提出的：反思为何以及如何进入概念之中，并且反思概念为何以及如何在思辨逻辑学中获得了中心地位。这个答案只能概括地被给出；甚至所考察的文本范围也必须限制在狭义上的思辨哲学（Philosophia Speculativa）的草案上。——构成反思概念的系统性历史之起点的并不是区分性的知性反思，而是作为无限认识活动的绝对反思，它在内容上与绝对者的这样一种运动相吻合，即把自身设定在现象本身之

---

① 同上，第116页以下。Ausg. Lasson. T. 1. 108 f.

中并构造出与总体的同一性。然而，假如认识活动并未具有和被认识者相同的结构——假如主体不是实体而且实体也不是主体的话，那么认识活动就仅仅是外在的。在这种同一性的基础上，黑格尔首先可以把那些在这种认识运动中占据一席之地的个别概念归结到一种与自我之自身关联相应的结构上。这样做的前提是将"反思"这种心理行为还原到它的逻辑—本体论意义上：还原到与自身的关系上，这种自身关系以那种从与他物的关系中的回归为中介。从这一概念出发，黑格尔认为他能够把握住主观反思的结构，并摆脱自身意识上的方法困境。在黑格尔能够对概念自身主体性的逻辑意义进行规定的程度上，这种结构就承担起了之前属于我们的反思的那些功能：首先是为单子式的结构奠基，其次是为诸概念的相互关联奠基。

黑格尔凭借着这些理由超出了在实体与主体、以我在（Ich bin）为开端或倒退回斯宾诺莎主义这两个选项之间进行抉择的局面，进而走向一种客观思维的理论、一种既是主观又是客观的概念关联的理论，在这些理由下，黑格尔对绝对反思概念的特定把握与继续规定占据了一个突出的地位。作为一种逻辑结构，反思的方法构成了这样一种框架，只有在这一框架下，对否定的"本体论化"（Ontologisierung）才得以实现。在自身内的反思作为从他在中的回归，只有在这个概念中，否定与反思的关联才首次被建立起来；在思辨"逻辑学"中，这个概念通过将绝对反思进一步规定为概念的自身运动而圆满地完成自身，作为绝对否定性的自身运动，这种概念的自身运动同时就是绝对的主体性——但不再是笛卡尔意义上的主体性。

弗里德里希·海因里希·雅可比[*]

乔治·迪乔瓦尼　保罗·利维耶里/文　程寿庆[**]/译

内容提要　本文是乔治·迪乔瓦尼和保罗·利维耶里为德国思想家弗里德里希·海因里希·雅可比所撰写的一个学术词条。文章依次大致介绍了雅可比的"生平和智性事业""主要哲学著作""文学作品"和"论争性著作"，并在末尾进行了简要的回顾。

关键词　雅可比　哲学　文学　批判　论争

论战家、社会名流和文学人物雅可比（生于 1743 年，死于 1819 年）是一位直言不讳的批判者，他首先批判了德国晚期启蒙运动哲学的理性主义，然后批判了康德的先验唯心主义（尤其是在早期费希特所赋予它的那种形式中的），最后批判了晚期谢林的浪漫唯心主义。在所有情况下，他对哲学家们的反对都基于他的信念，即他们对解释的热情在不知不觉中导致他们混淆了概念化的状况和实存的状况，从而剥夺了个体自由或一位人格性的（personal）上帝的所有空间。雅可比在一系列公开论战中为个体主义

---

[*]　本文是对爱德华·N. 扎尔塔（Edward N. Zalta）主编的网络版《斯坦福哲学百科全书》（2020 年夏季版）中的"弗里德里希·海因里希·雅可比"（Friedrich Heinrich Jacobi）这个条目［di Giovanni, George and Paolo Livieri, "Friedrich Heinrich Jacobi", *The Stanford Encyclopedia of Philosophy*（Summer 2020 Edition）, Edward N. Zalta（ed.）, URL = < https://plato. stanford. edu/archives/sum2020/entries/friedrich-jacobi/ >.］的翻译，它的作者为乔治·迪乔瓦尼教授（George di Giovanni，加拿大麦吉尔大学）和保罗·利维耶里博士（Paolo Livieri，加拿大麦吉尔大学）。该条目首次发表于 2001 年 12 月 6 日，最后一次修改于 2020 年 6 月 15 日。本文脚注除注明由译者注的外都是原作者注。感谢两位作者授权翻译本文。——译者注。

[**]　程寿庆，北京邮电大学马克思主义学院讲师，哲学博士，研究方向为德国古典哲学和马克思主义哲学。

和人格主义价值观（personalistic values）辩护时指出了这一点，在论战过程中，他提出了一些至今仍能引起共鸣的言论和主题。正是他邀请了他认为正以所有哲学家的方式倒立行走的莱辛来完成一次 salto mortale［意大利文：空中连翻三个跟斗的绝技］（一种脚跟越过头顶的跳跃），这 salto mortale［意大利文：空中连翻三个跟斗的绝技］将纠正他的立场，从而让他再次在常识的地面上行进。他还对塑造"虚无主义"——他指责哲学家们所处的一种状况——这个概念并由此引发与之相关的讨论负责。他首先针对启蒙运动理性主义的捍卫者，然后针对康德及其后继者的战斗口号是："前后一贯的哲学是斯宾诺莎主义，因而是泛神论、宿命论和无神论。"这个公式（formula）的效果是把斯宾诺莎带到了当时哲学讨论的中心。面对康德和他的观念论后继者，雅可比抱怨说，他们在抽象的基础上重新使用"我"的语言，实际上是否定了它原本的价值，从而颠覆了"我"的语言。因此，他们就用人的单纯幻相（illusion）取代了真正的自我。

　　但是，也许雅可比的公式中最有影响力的是这一断言：没有"你"就没有"我"，并且两者只有在一位超验的和人格性的上帝面前才能相互承认和尊重。由于他对个体和"例外"的辩护，雅可比有时被认为是一个原初存在主义者（proto-existentialist）。这种观点必须通过考虑到这些来平衡：雅可比是一位感到受到了当时文化的威胁的传统价值观的捍卫者；他从不认为自己是一个非理性主义者，相反，他认为他的"信仰"本质上和真正地是合乎理性的；并且他不止一次地尝试阐发一种积极的理性理论。作为一个文学人物，他批判了 Sturm und Drang［德文："狂飙突进运动"］，并在两部小说中戏剧化地表现了个体主义与社会义务的调和问题。作为英国经济和政治自由主义的鼓吹者，雅可比是法国大革命的早期批判者，他认为法国大革命的破坏性是哲学家们的思辨虚无主义的实践对应物。

一　生平和智性事业

　　像比他稍年轻的同代人歌德（1749－1832）一样，弗里德里希·海因里希·雅可比也幸运地长寿（至少以当时的标准来衡量是如此），并且有幸在其人生过程中见证了从根本上改变了西欧的文化和政治面貌的那些事件。① 雅可比看到了 die Aufklärung［德文：启蒙运动］在德国的土地上生根发芽，并以一种独特的德国文化形式走向成熟。他看到了它培育了主体性和自然的观念，以及对历史的兴趣，这些都是后来浪漫主义的先兆。他还看到了启蒙运动在 18 世纪的最后十年里被那些与法国大革命紧密相关的事件粗暴地甚至残酷地破坏了，而最后，它让位于 19 世纪的新秩序。尽管长期患病，雅可比还是被深深地卷入了这些震撼世界的事件中，也积极地为之做出了贡献。他可能没有像歌德那样的政治和军事参与——歌德可以将大量的文学活动与重大的国家责任结合起来，但他无疑是一位有影响力的文化和政治评论家。在雅可比活跃的一生中，他为塑造有教养的德国公众舆论做出了巨大的贡献。

雅可比也有幸属于社会的特权阶层。启蒙运动和法国革命给他带来的不仅仅是智力上的挑战。它们双方以不同的方式（不过正如将在第三节中看到的，雅可比认为这些方式有很多共同点）威胁着为他的社会地位辩护的价值观体系。就法国革命来说，这种威胁也是身体上的，因为法国的事件波及莱茵河彼岸，导致了他生命中的一段混乱不堪的时期。换句话说，除了纯粹智力上的兴趣之外，必定还有其他兴趣激发了他对哲学和哲学家们的反应，在对雅可比生平的全面研究中，这些兴趣必须受到密切关注。不过，当主要兴趣——如这里所示——在于他对事物的看法具有内在逻辑还是缺乏内在逻辑时，这些兴趣就可以被抽离出来了。尽管如此，快速地回顾一下他一生中的那些主要事件和那些更具影响力的境遇仍然是合宜的，至少可以作为他的智性事业（intellectual career）的路标。

雅可比于 1743 年 1 月 25 日出生在杜塞尔多夫，是一位富裕商人的次子。他的哥哥约翰·格奥尔格（Johann Georg）是被家庭选中从事智性事业的人，而作为一个以格莱姆（Gleim）的感伤风格创作的诗人，他也确实取得了一定的声誉。从事商业活动的家庭任务就留给了年轻的雅可比。家里还有两个女儿，是雅可比同父异母的姐妹。她们两人都没有结婚，最终接

① 关于雅可比生平的详细描述，*Allgemeine Deutsche Biographie*［德文：《德意志人物》］（Prantl, 1881）中的文章仍然是最好的，但必须补充最新的发现。（Booy/Mortier, 1966）。基本信息来源于雅可比散布在其诸多著作中的自传体说明（Jacobi, 1812 - 1825, 1787, 1785），并从他的大量信件和与他相关的第三方信件中得到丰富充实。

管了雅可比家的管理工作。根据他自己的叙述（Jacobi，1785：8；1787，67ff；1789，328ff），雅可比从小在性情上就极端虔诚，他时常被有关上帝存有和时间无尽的问题所困扰。在得到确认后，他加入了一个由虔信派教徒组成的团契，在他们的陪伴下，这些倾向得到了加强。16岁时，于在法兰克福的一家商业公司的一段短暂而令人失望的学徒期后，他在1759年被派往日内瓦，在那里发展其指定职业所需的社会技能。正是在这座城市，雅可比接触到了法国的思想，随着在社交上的成熟，他同时也形成了将引导他的智性事业直至终点的基本信念。在著名数学家乐萨奇（G. L. Le Sage）的指导下，他熟悉了传统的经院形而上学。但他也研究过查尔斯·德·博内特（Charles de Bonnet）的著作，在其中他发现了诸多与诸如"来世"等基督教信条相结合（据称甚至是相协调）的心理感觉主义的元素，并且他也阅读过卢梭的《爱弥儿》（1761年）。附加到后者之中的是所谓的"萨瓦牧师的信仰告白"，这是一个维护"心灵"的权利、反对在当时的理性主义哲学家中流行的理性宗教的宣言。在那时，雅可比就决心永远不接受一种思想体系，除非它能被现实的实存所检验，并且不与他对上帝的向往相悖。

雅可比于1762年回到德国，继续他的哲学研究。他热切地阅读了摩西·门德尔松（Moses Mendelssohn）和康德为回应当年由柏林科学院举办的题为"关于形而上学科学中的证据"的比赛而提交的论文。根据他自己的叙述，雅可比发现康德的论文比门德尔松的更有说服力，尽管一等奖被授予了后者（Jacobi，1787：74 – 75）。他显然也对斯宾诺莎进行过研究，并对康德的关于"证明上帝实存的唯一可能根据"的论文印象深刻（Jacobi，1787：78 – 88）。1764年，他接管了父亲的生意——在与一位女佣有染之后，他与她生了一个儿子，按现代标准来看，这两人（女佣和儿子）都受到了他非常恶劣的对待（Booy/Mortier，1966）——并与富有的贝蒂·冯·克莱蒙特（Betty von Clermont）结了婚。他和克莱蒙特一起在彭佩尔福特开办了早已谈到过的文学沙龙。

1772年，雅可比将他所有的商业事务都委托给了他能干的内兄，而接受邀请加入了朱利希和贝格公爵领地的管理机构。他的任务是指导当地的制造业和财税实务的合理化。1779年，他还被邀请到慕尼黑，在巴伐利亚的土地上进行类似的改革。然而在同一年，这些官方活动也都戛然而止了。

雅可比的自由主义观点很快就在慕尼黑的宫廷中遭到了抨击，被卷入激烈争论中的雅可比回到了自己的家乡杜塞尔多夫。这一经历的书面成果是雅可比为亚当·斯密的经济学观点辩护的两篇论文的发表［Jacobi, 1779（1）&（2）］。第一篇论文是雅可比还在慕尼黑任职期间发表的，而这本身就是他在那里遇到麻烦的一个主要原因。

在从事这些繁冗的事务的同时，雅可比并没有放弃他更具人文性的兴趣。当他还在杜塞尔多夫忙于商业实务时，他就已经与他的兄弟格奥尔格合作在一些小型文学刊物上冒险了。1772 年，他与通过他的兄弟认识的维兰德（Wieland）一起制定了仿照 *Mercure de France*［法文：《法兰西信使》］来创办一份德国杂志的计划。不久之后，在维兰德的编辑下，*Deutcher Merkur*［德文：《德意志信使》］问世了。雅可比将该杂志作为他的一些偶尔作品的载体，直到1777 年，他与维兰德的合作才由于两人在政治问题上的严重分歧而结束（Jacobi, 1781, 1782）。对雅可比的未来更加重要的是接下来几年发生的另外两个事件。第一个事件是歌德在巴塞多（Basedow）和拉瓦特尔（Lavater）的陪同下访问彭佩尔福特。根据这两人留下的报告，这位已经成名的诗人与雅可比随后的邂逅具有高度情绪化的性质（Prantl, 1881：579）。双方都给对方留下了深刻的印象。雅可比的两部小说《阿尔威尔的书信集》（*Allwill's Briefsammlung*）和《沃尔德玛》（*Woldemar*）都起源于这一事件。它们是雅可比对歌德在访问期间提出的殷切要求——把所有最贴近他内心的东西都写下来——的回应。随着事情的发展，歌德很快就对雅可比冷淡了下来（这让后者非常失望），并且后来（1779 年）通过把一本刚刚出版的新版《沃尔德玛》——为了一家大公司的极大乐趣——钉在一棵树上（"钉死"），证明了他对雅可比特别残忍（Stockum, 1957；Sudhof, 1959；di Giovanni, 1994：52 - 53）。

另一个事件发生在雅可比于 1780 年 7 月 5 日长途旅行到沃尔芬比特尔的时候，莱辛正在那里担任赫尔措格·奥古斯特（Herzog August）图书馆的图书管理员。雅可比立即拜访了这位名人，正是在那里，当雅可比在莱辛家做客时，他与主人进行了那次现今著名的谈话，根据雅可比的报告，莱辛在谈话中宣称自己是一个斯宾诺莎主义者（Jacobi, 1785：10 - 45）。这一所谓的披露只是在莱辛突然去世（1781 年）的前几个月才做出的，它将成为雅可比和摩西·门德尔松之间关于一般哲学的本性，特别是斯宾诺莎主义的本性的书信交流的机会。门德尔松是莱辛的好朋友，他本人也是德国启蒙运动的策划者，这在当时众所周知。这种交流始于 1783 年（Jacobi，1785：1），并持续了一段时间，当时雅可比因心爱的贝蒂（1784 年）和一个小儿子的早逝而深感悲痛，同时也遭受了健康状况不佳的折磨。作为一系列错综复杂且令人不快的情况的结果——在随后发生的争论中，这一结果将为对立双方提供质疑门德尔松和雅可比双方的诚信的素材——雅可比于 1785 年发表了那些书信，并附上了注释，标题为《论斯宾诺莎的学说——致摩西·门德尔松先生的书信》（《斯宾诺莎书信》）。

没有人能够预料到这本书的出版所引起的争论的范围和激烈程度。这场争论以"斯宾诺莎主义之争"或"泛神论之争"这一名称出现在文献中（Jacobi，1916）。门德尔松以书面形式回应了雅可比（1786 年），但没能活着看到自己的答复刊行。由于健康状况不佳，门德尔松去世了（1786 年 1 月 4 日）。雅可比对答复做出了回应（1786 年）。这两份出版物都以其尖锐的个人语气而著称。回过头来看，这场争论本身以及它所呈现的个人语气是有意义的，因为雅可比提出的问题使启蒙运动所倡导的新人本主义的本性和价值受到了质疑。正如歌德多年后所说的那样，这场争论触动了每个人最深的信念。[①] 门德尔松的去世使辩论变得更加个人化，因为他的捍卫者们特别是由尼古拉领导的柏林的 Aufklärer［德文：启蒙学派的人］利用这个机会将他们的英雄提升到殉道者的地位。从雅可比的角度来看，人们可以从他那些年与哈曼（Hamann）的大量通信中收集到相关事件的详细记述（Jacobi/Hamann，1955－1979）。哈曼站在雅可比一边，尽管他那无法抑制的古怪自我无法自制地一再取笑他的朋友。这一事件的两个意想不到的结果是：在此之前还是一位边缘作家的雅可比，现在却被推到了公众关注的中心；已经在 Sturm und Drang［德文："狂飙突进运动"］的文学界产生影响，除此之外，传统上被各派哲学家所拒绝的斯宾诺莎哲学，现在却成为哲学讨论的对象。

1787 年，雅可比出版了《大卫·休谟论信仰，或观念论与实在论——

---

① Johann Wolfgang von Goethe, *Dichtung und Wahrheit*, Ⅲ, p. 681. In *Sämmtliche Werke*, eds Richter, K. et al. , vol. 16. München: Hauser, 1985 –.

一个对话》。在这本书中，他试图为自己澄清对他的非理性主义指控，因为他在这场仍在持续的争论中为 Glaube［德文：信仰］（"信仰"或"信念"）高于理性的首要地位辩护。虽然雅可比在这一辩护中诉诸休谟的权威，但是他也通过宣称在某种意义上自己反而是一个实在论者，而有力地与休谟的怀疑论拉开了距离。这个对话紧随康德《纯粹理性批判》第二版的出版（1787 年）而出版，并且包含了一个附录，在该附录中康德的先验观念论受到了严厉的批判。这个附录将成为反康德主义的一个 locus classicus［拉丁文：经典篇章］。它雄辩地重述了自《纯粹理性批判》首次出版以来已对该书提出并将在未来几年以各种形式再次重复的所有主要反对意见。正是在那里，雅可比说出了那句著名的妙语："没有［'自在之物'的］预设，我就无法进入［康德的］体系，但有了它，我就无法停留在这个体系里。"（Jacobi, 1787：223）他的观点是，康德预设了所谓未知的"自在之物"，但通过赋予它在他的体系中发挥的许多功能，他实际上演证了对它的认知，从而与他对批判的无知的假定（assumption）相矛盾。然而，雅可比在这个附录中所采取的消极的甚至是敌对的态度掩盖了这样一个事实，那就是他在精神上始终与康德感到亲近。当康德在这场仍在持续的争论中站在门德尔松一边时，[①] 他感到深受伤害。更重要的是，它还掩盖了这样的事实，即雅可比已经对先验观念论进行了一种更具建设性的批判，并且甚至在对话本身的正文中在阐述他自己的实在论的同时为它提供了一个复杂的替代方案（见第二节第二部分）。这是这个对话的一个方面，它并没有被康德自己的一些追随者所忘记，它也是后康德观念论发展的一个因素。

1789 年，篇幅大大扩展了的《斯宾诺莎书信》第二版出版了。它反思了康德新近出版的《实践理性批判》（1788 年）。在众多补充中，它包含了两组预备性的论点，第一组否定人的自由，第二组肯定人的自由，它们一起显示了一种与康德提出的大不相同的解决自然与自由之间的二律背反的方案。它还包含了一些新的附录，其中一个附录尖锐地批判了赫尔德

---

① 康德用他的文章《什么叫作在思维中确定方向？》（"Was heißt sich im Denken Orientieren?"）［'What Does It Mean to Orient Oneself in Thought,' *Berlinische Monatsschrift*, 8（1786）：304 – 330］回应了这场争论。在不赞同门德尔松的情况下（他无法接受门德尔松的形而上学），他仍然表现出对他的同情。另见 di Giovanni, 1994：32, note 70。

（Herder），在雅可比看来，赫尔德对上帝的看法相当于半生不熟的泛神论。① （Jacobi，1789：349 - 357）雅可比关于人的自由的预备性论点在赖因霍尔德（K. L. Reinhold）与施密德（C. C. E. Schmid）之间即将发生的关于这个主题的辩论中具有很大的影响力。（di Giovanni，2001）这场辩论很快就牵连到了许多其他人物，其中包括费希特。

　　接下来的几年记录了哈曼、施托尔贝格（Stolberg）、赫尔德和歌德（1792 年 11 月）到彭佩尔福特的访问。然而很快，政治事件就取代了哲学讨论。路易十六在巴黎被斩首（1793 年）震惊了德国公众舆论，并引发了雅可比在《一位孤独思想者的偶然告白》中的哀叹（Jacobi，1795）。1794年，当法国革命军越过莱茵河并开始轰炸杜塞尔多夫时，雅可比离开了彭佩尔福特，并在北方进行了一次长期的旅行，他是许多朋友的客人，在他们的陪伴下，他得到了安慰（Prantl，1881：582）。他在欧丁住过一段时间。在这个时候，他开始撰写《论神圣事物》，这是一份手稿，他到后来才完成并发表。1799 年，他卷入了所谓的"无神论之争"。这是一场围绕所谓"费希特的无神论"的争论，雅可比本人并没有发起这场争论，但他仍然在其中发挥了主导作用。应拉瓦特尔的要求，他给费希特写了一封公开信（Jacobi，1799），在信中他重述了他对一般哲学尤其是新观念论的所有反对意见，并重申了他对信仰至上的信奉。他还特别指出费希特是一个已经意识到他对哲学的所有疑虑的人，因为他甚至从主体性的立场成功地重述了斯宾诺莎主义。在这封信的补编（补编二）中，雅可比加进了一篇关于理性的本性的长篇评论，他在他的《文集》第二卷（1815 年）中将这篇评论作为一篇独立的文章进行了再版，题目是《论自由概念和天意概念与理性概念的不可分离性》（Jacobi，1812 - 1825）。1802 年，他发表了《论把理性降低为知性的批判事业》[Jacobi，1802（1）]——这后者特别针对康德。

　　1804 年，雅可比的经济状况急剧逆转，只是由于同年晚些时候慕尼黑召唤他在科学院重组时去那里工作，他才免遭生活方式大打折扣。雅可比接受了邀请，并在第二年搬到了慕尼黑。他在那里一直待到生命的尽头。他于 1807 年当选为改革后的学院的院长，不幸的是，他在就职演说中暗含

---

　　①　正如最近在《上帝，一些谈话》（*Gott*，*Einige Gespräche*. Gotha：Ettinger，1787）中所表达的那样。

了对德国南部文化的批判（Jacobi，1807），从而加深了慕尼黑对最近被邀请到学院来的外地人的早已被感受到了的敌意。他还与时任慕尼黑艺术学院院长的谢林对立。1809 年，为了回应谢林关于人的自由的一篇文章（其中包含着对他对斯宾诺莎的理解的尖锐批判），雅可比重启了他未完成的手稿《论神圣事物》的写作并完成了这篇手稿，将之作为一个反对谢林所倡扬的新自然哲学的明显论争，文章于 1811 年以《论神圣事物及其启示》为题发表（Jacobi，1811）。这篇论文得到了谢林的回应，而谢林的回应反过来又引起了雅各比的反驳。这样就引发了雅可比所卷入的第三场主要争论——一场在语气上甚至比之前的争论更加个人化和更加尖锐的争论。

1812 年，雅可比退休，在他的追随者克彭（J. F. Köppen）和罗特（C. J. F. Roth）的帮助下，他开始准备他的《文集》（Jacobi，1812 - 25）。从世纪之交起，他就已经开始把像施莱尔马赫（F. D. E. Schleiermacher）、弗里斯（J. F. Fries）和布特维克（F. Bouterwek）这样一些更年轻的人物吸引到他的身边——这些新成长起来的学者在思想上受到了他的启发，但他们反过来也影响了他对理性本性的最终定义。他们都有着同样的科学实证主义，并将其与截然不同的道德/宗教实证主义相结合——后者基于这样一种假定，即更高的价值和神圣事物的实在性可以通过感觉（feeling）的方式直观地（intuitively）评估。年轻一代在 19 世纪帮助普及了雅可比的一些思想和看法。具有讽刺意味的是，尽管雅可比一生都反对罗马天主教，但他却在德国的一些天主教神学圈产生了相当大的影响（Weindel，1950）。

1817 年，雅可比在致他的朋友约翰·内布（Johann Neeb）的一封信中提到了黑格尔对他的文集第二卷的好评（Jacobi，1825 - 27：vol. 2，467 - 68；di Giovanni，1994：165 - 166）。雅可比在他的评论中并没有留下这样的明显痕迹，即黑格尔的论文 "Glauben und Wissen"［德文：《信仰与认知》］曾在 1801 年激起了他的愤怒（Jacobi，1803：221）。雅可比承认黑格尔对他的思想的阐释可能是正确的，并且认为假如不是年老使他无法研究黑格尔的哲学，他们两人可能会达成共识。

雅可比到处旅行，于 1786 年去过伦敦，并于 1801 年去过巴黎（Prantl，1881：581，582）。虽然雅可比第一次接触哲学是在法国的文化环境中，但是他毕生都是一个亲英派，认为英国哲学家同法国 philosophes［法文：哲学家］相比毫不逊色。他称赞英国人从未否认美德本身就具有价值，从未使它仅仅成为幸福的工具。相反，一旦法国人的哲学思考超越了单纯的常识，他们在道德问题上就总是太易于陷入物质主义（Jacobi，1812 - 125：vol. 5，73 - 74）。

雅可比从未看到他的作品的计划版本的完成。他于 1819 年 3 月 10 日去世。

二 主要哲学著作

1.《斯宾诺莎书信》（第一版，1785年）

《斯宾诺莎书信》是一部累赘的作品，它杂乱无章的结构表明它是仓促拼凑而成的。第一版以歌德的一首诗的文本开篇，但在第二版中它被删掉了。这首诗带有它的作者的名字，但雅可比机械地编辑了这首诗，通过凸版印刷某些关键短语，来呈现出一些对他特别重要的意象。经过这样的编辑，这首诗传达了这样一种思想，即那些异教的神灵是放大形式的人，因此应该受到赞美，因为他们展示了人类最崇高的东西。野蛮的自然是没有感觉或者辨别力的，而人类可以判断、划分区别，可以挑战不可能的事情。他们超越了自然。这是一种雅可比完全同意的人本主义信息。在简要解释了与门德尔松的书信往来是如何产生的之后，正文接着是通信本身的一个稍微缩略的版本。第一封书信叙述了雅可比在访问沃尔芬比特尔期间与莱辛就斯宾诺莎主题进行的谈话，并附上了歌德的另一首诗——《普罗米修斯》——的原文，这首诗是开始谈话的契机。这首至今都未发表的诗在印刷时没有写作者的名字（有人认为这是雅可比自己的诗），它传达了一种与在另外那首诗中所看到的迥然不同的神灵形象。它表明，他们与凡人一样，都受制于主宰一切的盲目的"全能的时间"。在这样一个由"永恒的命运"所统治的宇宙里，他们甚至因此比人类更为可悲，因为后者至少有力量去反抗事物的秩序，从而保持自己的尊严。至少像普罗米修斯所表现的那样，人类可以在自己的苦难中欢欣鼓舞，并通过这种反抗而在命运面前维护自己的个体性。

在其余的书信中，我们看到门德尔松试图淡化莱辛被指控承认自己是斯宾诺莎主义者的严重性。由于门德尔松起初认为雅可比是一个斯宾诺莎主义者，因此我们看到他在理解斯宾诺莎主义的基本学说时也抨击这些学说，同时还表明如何能够以一种内部更前后一贯的形式重新表述它们，以使它们与学院形而上学的公认教导重新接合。雅可比则致力于展示他对斯宾诺莎哲学的学术性的（而且确实更加准确的）认知。在回应门德尔松对斯宾诺莎的批判时，他认为恰恰相反，斯宾诺莎主义表现了一种完全自身前后一贯的立场。如果斯宾诺莎主义的含意（implication）恰好得到了充分的理解，而不是相反，那么正是学院形而上学会在逻辑上导致斯宾诺莎主义。雅可比还解释了他突然决定发表这些书信的原因。由于门德尔松已经宣布即将出版他的 *Morgenstunden*［德文：《晨时》］① 一书，正如门德尔松所说，他将在该书中处理斯宾诺莎主义的问题，因此雅可比认为他的对手不正当地试图在一场争论——双方约定在它被彼此同意提请公众注意之前必须保密——中让自己在公众面前抢先一步。雅可比接着以各种神学家杂乱无章的大量语录结束了这本书，并用拉瓦特尔的一段摘录"封存"了它（他的表达）。

门德尔松向康德强烈地抱怨道，雅可比的书就像一个怪物，以歌德为头，以斯宾诺莎为身，以拉瓦特尔为脚。他的抱怨不无道理。然而，尽管文本中存在着许多的言语散乱和普遍的说教语气，但雅可比还是传达了一个明确的哲学信息。哲学家们在气质上倾向于根据解释的要求来重构实在性，而完全无视实存的要求。他们可以说是被一种逻辑狂热所控制，这种狂热导致他们把抽象的解释的原则误认为实存的原则。由于事物的个体性是这种混乱的第一受害者，但个体性是一切实存的必要条件，因此在哲学家们所重构的世界中并没有空间留给真正实存着的主体——尤其是那些能够认真地为自己的行为负责并以人格对人格、"我"对"你"的方式相互联系的行动者。于是，人性中所有最崇高的东西（正如在歌德的第一首诗中所描绘的，雅可比暗示了这一点），特别是做出决定和超越野蛮自然的能力，都被否定了，如果人类个体想要至少保持一点尊严，那么除了在他们公开承认仅仅虚幻的自由感中享受乐趣之外，就别无选择（根据歌德的第

---

① *Morgenstunden*, *oder Vorlesungen über das Daseyn Gottes*, *Erster Theil*（*Morning Hours*, *or Lectures Concerning the Existence of God*. Berlin：Voß，1785）.

二首诗，正如雅可比似乎也暗示的那样）。被大肆吹嘘的启蒙运动的人本主义，由于它建立在纯粹合理性（rationality）的理想的基础上，因而只不过是一个骗局。它实际上导致了"虚无主义"（顺便说一句，这是一个雅可比使之流行起来的术语）。

根据雅可比关于他与莱辛谈话的报告，在他对一种仅仅基于理性要求的思想的毁灭性后果进行了阐述之后，并且在莱辛对斯宾诺莎明显表示同情之后，雅可比敦促后者完成一次 salto mortale［意大利文：空中连翻三个跟斗的绝技］（Jacobi, 1785：17），即一种脚跟越过头顶的跳跃，以纠正他的立场。尽管莱辛是一位开明的哲学家，但他却一直在倒立行走。这一跳跃——莱辛幽默地以年老为借口婉拒执行它（Jacobi：1785，33-34）——本来会让他重新站立起来，回到常识的坚实土壤上。换句话说，雅可比在这次与莱辛会晤时以及后来在与门德尔松交换意见时的明显议程，都是抨击启蒙运动的理性主义。不过，同样隐含着对歌德的批判。后者率先发起了 Sturm und Drang［德文："狂飙突进运动"］，反对雅可比现在正在谴责的同样的理性主义。雅可比的隐晦信息是，这种新文化现象的专家们未能逃脱哲学家们的理性主义，因为他们所主张的反叛的新人本主义只有在假定哲学家们的实在性观念（conception）正确的前提下才有意义。正是传达这一信息的愿望，才解释了在雅可比关于歌德的两首诗的书文中令人费解的别样表现。对于雅可比的同时代人来说——他们缺乏关于雅可比与歌德的特殊关系的背景知识，甚至不知道歌德是第二首诗的作者——这两首诗被收录在这本书中始终是一个谜。

不管怎么说，无论雅可比的议程是针对启蒙运动还是针对 Sturm und Drang［德文："狂飙突进运动"］，在他与莱辛的谈话中以及后来与门德尔松的争论中斯宾诺莎的当下在场都是显而易见的。除了是雅可比第一次与歌德相遇时讨论的中心对象——雅可比的同时代人所不知道的另一个情况——这一事实之外，斯宾诺莎现在被雅可比描绘成了一位有勇气将哲学家们的逻辑主义推向其极限并从中得出必然结论的哲学家。斯宾诺莎把一切实在性都纳入"实体"这一最高抽象之下，最终的结果就是，一个假定的个体事物与任何其他个体事物之间以及所有事物与上帝之间的任何实在区别都被否定了。真正的生成，或者任何与时间性有关的事物，都同样地消失了，只能作为纯然虚幻的现象。在雅可比看来，这是一个人们可能得出的最高的虚无主义的结论。因此在他的眼里，斯宾诺莎是 par excellence［法语：最卓越的］（不过，他后来把这个特性赋予了费希特）哲学家。根据他所提出的公式，哲学等于斯宾诺莎主义，而斯宾诺莎主义又等于无神论——等式的后面这个部分是基于这样的假定：由于斯宾诺莎的上帝即实体缺乏人格的特性，他就不能满足真正的宗教信仰的要求。

因此，人们就可以理解为什么雅可比对斯宾诺莎的态度会成为门德尔松和后来的批判者们的困惑之源——以至于雅可比本人经常被认为是一个斯宾诺莎主义者。一方面，雅可比指出斯宾诺莎是哲学理性中所有错误的一个活教材。另一方面，他赞扬他是所有哲学家中最前后一贯的（Jacobi，1785：27-29），甚至为他辩护，而反对包括门德尔松在内的那些人，在他看来，那些人误入歧途地试图"拯救"他的哲学，使它免于其彻底理性主义的后果，从而贬低了他的哲学。雅可比对斯宾诺莎令人费解的偏爱还有另外一个原因——别涅狄克特（Benedictus）①，即"蒙福者"，正如他曾经称呼他的。（Jacobi，1799：41）斯宾诺莎知道真理是它自身的标准，因此归根结底，它不服从于推论性的理性，而必须直接依据其自身地即直观地加以领会。这也是雅可比的立场。他对哲学家们的理性主义的反对意见恰好可以归结为这一点——它是一种理性的产物（product），这种理性已经丧失了与其直观来源的联系，因而习惯于把自己的生产（production）误认为实在的事物。就这一点来说，雅可比认为他在所有哲学家中最大的理性主义者身上找到了一个奇怪的盟友。

然而，《斯宾诺莎书信》中有一个严重的问题。与斯宾诺莎形成鲜明对比的是，雅可比从未完全告知他所说的"直观"是什么意思。他说，哲学必须是"历史的"——想必是说，它必须从人类行为和人类事件的记录出发，它绝不能放弃经验或常识。这些观点——尽管含糊不清，很难成为一种明确立场的基础——本身是完全可以接受的主张。但是，雅可比接着在最后却用他虔诚的结尾掩盖了它们——他引用了神学家耶路撒冷（Jerusalem）和拉瓦特尔等人的话，耶路撒冷认为哲学的任务仅仅是阐明天启信仰

---

① "别涅狄克特"是斯宾诺莎的拉丁文名字。——译者注

的内容，而拉瓦特尔相信永远存在的奇迹见证。就像他实际上所做的那样，他很容易给人这样的印象，即通过抨击哲学和哲学家，他是在鼓吹回归对圣经启示的盲目接受，他所说的"直观"是指由宗教所激发的"信仰"。根据雅可比自己的报告，莱辛在与他谈话的末尾就已经非常怀疑这一点了。

2.《大卫·休谟》（第一版，1787年）

雅可比在 1787 年出版的《对话》的全称是《大卫·休谟论信仰，或观念论与实在论——一个对话》。它原本被打算作为三个独立的对话，就像最终作品的结构所仍然显示的那样。它明显地分为三个部分，在第一部分和第二部分之间有一个自传体插曲，这是我们了解雅可比早期哲学教育的主要原始资料。雅可比把它用作一种手段，来记录他从一开始就被性情所驱使，总是把实存——正如被直接领会那样——放在高于对它的任何概念性表象（representation）之上的优先地位，并且记录当他还是一个年轻人的时候，他就发现这种不可遏制的倾向在康德的两篇早期论文中得到了最好的满足：一篇关于形而上学的证据，另一篇关于上帝存有的证明（Jacobi，1787：67ff）。这些自传体附记在《对话》的第一部分紧随一个反对对他的非理性主义指控的辩护出现，这指控的主要原因是他在《斯宾诺莎书信》中使用了"faith"①（在德文中是 Glaube）这一术语。除去许多论争性的言语散乱，雅可比辩护的主线非常简单。休谟也使用了"belief"②（在德文中也译为 Glaube）这一术语来表示那种基于经验并以判断的形式表达的同意（assent）。这样一种同意是直接的，是一种感觉而非推理的事情，而且更加不容置疑，正是因为单凭理性永远无法引起它。现在，雅可比争辩说，他在《斯宾诺莎书信》中在同样的意义上使用了"faith"（在德文中也是 Glaube）这一术语，以便表明对实存的判断必须是直接的。任何推理都无法产生与之相伴的确定性。因此，并不存在"非理性主义"，无论是有意的还是隐含的。相反，雅可比被迫使用这个术语，并将其与理性对立起来，只是因为哲学家们抢先使用了后一术语，并且不适当地将其限定为意指一种从实在事物中抽象出来且最终与对实存的判断无关的推论性的概念化过程（Jacobi，1787：29ff）。

---

① 信仰——译者注
② 信念——译者注

从对话式论证的众多迂回曲折中提炼出来的理论可以总结如下。

（1）起点是否认古典经验主义的基本假定（因为与事实相反）——经验从纯粹主观的表象开始，对外部对象的信念只有通过基于其中一些表象的被动性的推论才能达成。这一假定必然导致休谟的怀疑论。雅可比断然拒绝了这一假定，理由是事实上如果一个主体不将他的"自我"规定为与某种无可否认的外部对象相对立，即不将他的表象直接指向除了他自己以外的某物，那么他就不可能意识到他自己——因此也就不可能意识到他的某些表象的所谓主观性。主观性的可能性本身就意味着客观性的可能性。雅可比关于这个立场的经典公式是：没有"你"就没有"我"（Jacobi，1787：63 - 65）。

（2）休谟当然已经否认我们有关于任何确定的"自我"的意识。然而根据雅可比的观点，只有当一个人对"自我"采取纯粹理论的立场时，这种否认才是可允许的。我们行动，我们正是在行动中意识到我们自己的（Jacobi，1787：102ff）。自我意识源于主体伴随着行动而产生的力量感。雅可比引用休谟本人的话来支持这一主张，尽管他当时正是为了克服休谟的理论上的怀疑论而使用这一主张的。所谓的力量感直接意味着一个外部的某物对于主体的当下在场，这个外部的某物本身实存着，并且抵制那被感觉到的力量，但在这样做的过程中同时也就为它提供了一种实在性的检验。

（3）表象是作为主体的反思努力而发挥作用的，目的是厘清主体自己的自我与抵抗主体的力量的外在事物之间的差异。这是一个公式，它将意识的三个组成部分即感觉、感官表象和反思性概念化结合在一起，形成一个原始的统一体，而休谟和康德则试图从外部对这三个组成部分进行综合。通过一系列的论证，雅可比展示了如何通过描述性地确定规定自我与其"他者"之间距离的基本条件，而有可能得出康德已经先天地提出的所有范畴（Jacobi，1787：111 - 121）。

（4）由此得出结论："理性"并不是一种继先天的"感官"之后产生的能力，而是一种根本不同的感性表象的更为精致的形式。正如雅可比所说，一个主体的感受性（sensitivity）越强，他的合理性也就越强。"感官"和"理性"这两者是不可分割地结合在一起的（Jacobi，1787：125 - 34）。

在谈到这最后一点时，雅可比转述了托马斯·里德（Thomas Reid）的话，但并没有在这直接的上下文中明确提及他。① 他显然认为自己反对休谟所正在采用的论证路线与苏格兰"常识"批判者已经提出的反对休谟的论证路线是相同的。他也因此澄清了他所说的"直观"是什么意思——导致信念的所谓对真理的直接领会。现在看来，他所说的直观是一种"感官"的产物。然而，它并非任何盲目的东西，因为——正如雅可比以里德的精神所理解的那样，当然也与休谟和康德的感性（sensibility）概念相反——"感觉"（sensation）不是心灵的被动印象，而毋宁从一开始就显示出主体和客体之间的一种复杂联系，然后这种联系可以发展成更具反思性的（表象性的）形式。雅可比实际上是说，他因现在从感官中获得反思性表象的方法的开创性思想而依赖于斯宾诺莎（Jacobi，1787：120，note 25）。然而，比提及休谟、里德或斯宾诺莎更重要的是，他还故意提及康德及其先验方法，从而表明他（康德）——而非他们中的任何一个——自始至终都是他的主要关注点（Jacobi，1787：119-20，& 120，note 25）。雅可比一直在推进一种认知理论，在他看来，这种理论可以与康德的认知理论相抗衡。因为它解释了经验的基本事实，甚至解释了在经验的过程中产生的某些基本概念的真实必然性，而没有招致那种在他和许多康德的同时代批判者看来感染了康德自己的先验方法的形式主义。雅可比的那些最高的表象据称直接来自经验。它们并不适用于以康德的诸范畴的方式呈现的先天经验，雅可比认为康德的诸范畴只不过是"理智的偏见"。

但是，雅可比提出的理论存在一个固有的困难。这个困难在《对话》的第三部分——这一部分主要致力于阐述莱布尼茨的形而上学——表现得最为突出（Jacobi，1787：144ff）。在这里，雅可比将德国人莱布尼茨描绘成个体性的捍卫者，并还试图展示如何可能在经过适当修改的情况下接受他的单子论。《对话》的第二部分和第三部分的过渡是讲究修辞地进行的。然而，它有一个概念基础。正是在这一点上，在雅可比刚刚提出的经验理论与莱布尼茨的单子论之间明显的逻辑关联上，困难出现了。因为该理论所隐含的合理性的有机观念——理性不过是一种更发达即更具反思性的感性形式——确实与莱布尼茨的体系非常吻合。但是，它也显然导致了莱布

---

① 参见雅可比 1788 年关于里德的口头评论记录，载于 *Wilhelm von Humboldts Tagebücher*，1788-1789，ed. Albert Leitzmann（Berlin：Bher，1916），58，61；See also di Giovanni，1997。

尼茨的自然主义。而且，"自我"只能用"他者"来规定这一思想也很符合单子论，却也同时导致了同样莱布尼茨的这种观点，即宇宙中的一切事物都是通过反映其他一切事物而成为其自身的。然而，雅可比恰恰是通过反对一切事物都可以通过参照其他一切事物来解释这一假定而完成他的哲学处女秀的——他认为这一观点反映了哲学家们对解释的逻辑热情，而他反对这一观点，是因为它最终损害了人的主体性。

3.《斯宾诺莎书信》（第二版，1789年）

雅可比第一部重要著作的第二版得到了大幅扩充，它包含与门德尔松通信的更加完整的编录，以及八个新的补编，在这些补编中除了别的之外雅可比还对斯宾诺莎的哲学进行了更加详细的阐述（补编六、七），并对赫尔德版本的斯宾诺莎主义进行了长篇的批判（补编四）。它还以 52 个论题（proposition）开篇——其中 23 个论题旨在捍卫"人没有自由"这一论点（thesis），其余 29 个论题则旨在捍卫相反的论点"人有自由"。为第一个论点辩护的论证（argument）是基于这样一个假定，即人类事务都是机械地组织起来的，换言之，都是根据一种纯粹动力因的串联而组织起来的，这种串联将使每个人的存在完全依赖于其他一切事物的外部存在。在为这一论点辩护时，雅可比紧跟斯宾诺莎。争论中的机械论既适用于人的身体方面，也适用于人的认识方面。意识，或者说表象性的存在，只是有广延的存在的一面镜子。在后者中出现的任何事物都会在思想的方面被重复，尽管是按照思想自身的实存模式被重复。因此，根据雅可比的观点，三段论思维在本性上是机械论的，由 ab ante［拉丁文：预先］不少于任何有形的事件序列的诸多原则所驱动。就相反的论点而言，雅可比从《大卫·休谟》中找到了一个主题来支持它。如果一个有限的"我"只有在面对一个同样有限的"你"时才获得自同性（identity），那么正如就双方之间所必需的相互作用来说，一方必须在每一边都假定一个"被动性"的来源，让每一边都被另一边所限制，一方也同样必须在双边都假定一个"能动性"的抵消来源。这种来源是不可还原的（irreducible）。因此，我们必须假定"能动性"和"被动性"遍及我们所知的世界的每个地方。在某些地方，一种元素可能比另一种元素表现出更大的强度；然而在任何地方，一种元素都不能将另一种元素完全排挤出去。由此也就可见，虽然机械论是可能的，也是必要的，但是一种完全依据机械论的事物组织——它 eo ipso［拉丁文：就其本身而言］不会容许个体自由的空间，换言之，它会使一切事物都还原为外在联系——是不可能的，因为它实际上会把一切事物都化为纯然的虚无（Jacobi，1789：xxxv – xxxvi）。它会使它们成为完全被动的。然而，"被动性"除了在与"能动性"的联系中之外没有任何意义。否认在个体上可归因的人的行动的实在性的概念基础因此就被取消了。

这两个论点是在康德的《实践理性批判》发表一年后出现的，可以看作是对康德以二律背反的形式阐明自由问题的策略的一种含蓄批判。雅可比的两个论点并不构成二律背反，因为从它们的角度看，机械论解释和道德要求之间的任何明显对立都已经在详述第二个论点的那些论题中得到了解决。这两组论题都以雅可比所接受的这样一种假定为前提，即存在物（至少是被创造的存在物）实存于诸多限制性的关系中，并且这些关系既包含着一种不可还原的被动性元素，也包含着一种不可还原的能动性元素，双方都是其中的一部分。这两组论题之间的差异在于，第二组论题（捍卫自由的那一组）尊重任何关系的这一必要条件，而第一组论题则不尊重。只有哲学家，由于他对抽象的热情，被诱惑去设想一种纯粹机械论的关系，这种关系一方面实际上完全否定了能动性，从而消除了所要求的关系的基础，另一方面又是纯粹能动的、完全自发的，从而通过相反的途径达到了相同的结果。对于后面这一点，雅可比本来可以很容易地将康德的自由观念作为纯粹自发的能动性与斯宾诺莎的 causa sui［拉丁文：自因］联系起来。于是，只有当一个人给哲学家对抽象的热情让路时，他才会面临康德式的二律背反——一种对立的但在概念上有效的两个观点的冲突，这种冲突只有通过诉诸未知才能得到控制，尽管永远无法真正得到解决。

换句话说，雅可比在他的新版《斯宾诺莎书信》的开篇面对他的读者时的选择不是在两个概念上有效但相互矛盾的主张之间，而是在哲学家们的反人本主义——其基础是一种抽象——和一种与此相反的贴近经验事实的人本主义之间。在这方面，雅可比重申了他十年前就已对莱辛提出的观点，即处理哲学思考的非理性结果的唯一方法是知道何时停止哲学思考。然而，具有讽刺意味的是，他在他的两组论题中使用了两种相互作用的力的相同一般范式来定义机械原因系统和自由系统。这一点没有被忽略。费希特很快就将这一范式作为他解决康德的二律背反的基础，他认为自由需要科学解释所要求的那种机械论组织作为其副本（counterpart）。雅可比试图通过在适当的时候暂停哲学反思来彻底规避二律背反，而费希特则试图通过将同样的反思提升到更高的抽象层次来解决它。于雅可比而言，任何此类做法的结果都只会是灾难性的。十年后，雅可比感到不得不用比以往任何时候都更加强烈的措辞来重复他最初对哲学家们的禁令，这确实是针对费希特的。

4.《致费希特的公开信》（1799年）

在他的公开信中，雅可比宣称费希特是康德的真正追随者——他把先验唯心主义的诸多前提带到了它们的逻辑结论中。他还修正了他先前对斯宾诺莎的评估。他曾一直把后者描绘成所有哲学家中最前后一贯的。现在他认识到这个特性事实上属于费希特。费希特实际上才是 par excellence［法语：最卓越的］哲学家——理性的弥赛亚，正如雅可比现在大声宣告的那样（Jacobi，1799：2）。因为费希特扩展了哲学抽象的范围——斯宾诺莎的哲学抽象仅仅局限于排除主体性的可能性——要在它的界限范围内重新找回这种主体性本身，仿佛它可以从纯粹的思想中被先天地挖掘出来似的。费希特的唯心主义是一个颠倒的斯宾诺莎主义和精神唯物主义（spiritual materialism）的例子（Jacobi，1799：2－5）。因为斯宾诺莎的实体——它通过不特别解释任何事物而解释了所有的事物，因此将个体的规定（determination）降格为外在原因的无休止的机械作用——现在被重新引入作为纯粹反思的产物，作为它的最高的对象化（objectification）。这就好像反思出于完全的自由而将所有的事物都溶解在纯粹思想的乙醚（ether）中，然后再把它们重新组装起来——不过现在是作为一种根据自己制定的规则的游戏（Jacobi，1799：24－27）。

这一切激怒了雅可比。他的文章中没有一篇像这封写给费希特的信那样充满了宗教语言。但是，这里展示的修辞没有那种曾经损害了他早期的作品的虔诚的胜利主义（triumphalism）和拉瓦特尔的味道。相反，它似乎产生于在面对他所认为的理性的终极虚无主义时的真正的恐惧。雅可比承认没有反对费希特的论据，也无法根据自己的概念来反驳他。因此，他站在他面前，作为一个反对哲学家们的证人，迫使观众在他和他们之间做出选择。他反对康德或费希特的道德的普遍规范，而毋宁是例外的捍卫者——一个为了个体敢于亵渎神圣的祭坛，甚至撒谎和谋杀的人（Jacobi，1799：32－33）。这是雅各比所倡扬的一个强有力的个体主义宣言，这种宣言直到半个多世纪以后的克尔凯郭尔（Kierkegaard）那里才被再次听到。但是，它与雅可比年轻时引起他关注的 Sturm und Drang［德文："狂飙突进运动"］的那种典型的反社会的个体主义无关。相反，甚至在与费希特的这场喧闹之前，也许是因为歌德，雅可比就一直在思考个体在社会中的地位，并为自己构建了一个明确的社会理论。不过要想了解这一点，我们就必须转向他更多的文学作品，正如我们将在适当的地方（见第三节）做的那样。

5. 1800 年后

在雅可比生命的最后阶段，除其他事情外，他出版了两部主要出版物，并着手出版他的文集。我们将在最后的"回顾"部分（第五节）讨论这个问题。至于另外两部作品，第一部是对康德先验唯心主义的再次的和更加尖锐的抨击，正如标题所示：《对将理性降低为知性的尝试的批判》。它由雅可比的追随者克彭所完成（正如文本本身所明确表明的那样），并于 1802 年发表。这次抨击至少基于三个论证，如下所示。

（1）康德曾试图通过假定一个客体（ = x）和一个主体（ = x）来建立先天综合判断的可能性，而这个客体和这个主体是我们根据假设而永远也无法认识的，但基于上述判断的经验系统却仍然依赖于它们。这两者（主体和客体）构成了经验系统的可能性的先验条件。然而，康德的尝试带来了一个无法解决的困难。因为，虽然假定的主体和客体是根据假设而超出有待验证的先天判断系统之外的因素（换言之，它们是"先验的"），但是它们只能根据仅仅在该系统内具有意义的概念和区别来规定。因此，康德发现自己处于一种尴尬的境地，即他在肯定他的体系的两个条件的先验性（transcendality）的同时又否定了这种先验性，从而破坏了他的体系应该从这两个条件中获得的稳定性（Jacobi，1812－25：vol. 2，85－91）。

（2）同样的反对意见也可以从康德的《批判》中"理性"和"知性"（understanding）之间的关系这个方面来概括。根据康德的观点，理性的任务是阐明使经验系统成为可能的诸系统外条件。但是，根据假设，理性对这些条件一无所知。正如它所阐明的那样，它们是空洞的概念性构造物，只有在知性在其对经验进行系统化的永无止境的工作中使用它们时，它们才获得意义。从这种意义上说，理性完全从属于知性。但后者需要理性。因此在某种程度上，理性确实以其诸多理念满足了这种需要，它不由自主地制造一种幻相，即通过这些理念，它产生了真正的知识——它的概念在逻辑上先于知性的概念。现在，雅可比反对他所认为的在实存上不可能的要求因此被强加给理性，也就是说，理性可以因知性的缘故而产生幻相，但要充分意识到这些幻相只是幻相（Jacobi，1812－25：vol.2，81，100－01，115）。

（3）第三个反对意见虽然以各种方式重复，但本质上是对康德关于知性在经验中的功能的分析的批判。即使承认康德先验心理学的所有要素，尤其是承认感觉 per se［拉丁文：本质上］是无定形的心理印象，承认空间和时间可以同时是直观和直观的对象，承认范畴是知性的先天概念——雅可比实际上拒绝了所有这些假定，他在论文的正文中极力反对它们——即使承认这些，康德的体系仍然存在一个内在的缺陷。问题就在于，在经验的任何假定的先天判断中所要综合的两个术语，即思想和感觉，本身就太不确定，无法提供任何线索来说明应由综合产生的对象会是什么样子。就感性而言，无论我们是根据它的物质内容还是根据它的先天直观形式来看待它，这种不确定性都适用，因为"空间"和"时间"——正如康德所规定的——per se［拉丁文：本质上］缺乏明确的界限（Jacobi，1812－25：vol.2，77－79，122ff，134－35，136－39）。由此可见，在现实经验中，规定必须通过想象的介入来提供，无论我们从心理学的还是先验的意义上来看待后者，它的贡献都将必然包含一种任意性的因素，因此它将使由此获得的任何综合都容易受到怀疑论的怀疑。换句话说，康德未能兑现他对认知的承诺，这种认知仅限于经验，仅仅在这样的限度内是必然的（Jacobi，1812－25：vol.2，95，97，115ff，118ff，135，150，154ff）。

雅可比在这最后一个时期的另一部主要著作《论神圣事物及其启示》于1811年出版。雅可比实际上早在十年前就开始撰写这部作品，作为对一位虔信派作者新近出版的一本书的评论，后来又重新拾起这部作品，并以一种完全不同的方式完成了它，作为对谢林的"同一体系"和与之相关的新自然哲学的批判。它的早期目的的证据在最终的文本中仍然清晰可见，从讨论一个道德问题开始，即道德是仅仅基于美德，还是基于自然幸福，抑或基于两者的结合。但随后文本突然转向了对康德批判哲学的长篇讨论，然而这一讨论的主旨却是证明谢林新近的观念论作品恰好不过是那种哲学的逻辑结果。在这种场合下对康德的讨论是一种异常有限度的讨论。一方面，雅可比高度赞扬了他，向他表达了对一个已经成为德国哲学文化偶像的人应有的所有尊重。雅可比赞扬他是因为他已经明确地认识到一个真正的上帝（大概如道德要求）必定是一个人；也因为他承认我们对上帝、自由和不朽有一种直接的信念，而"信念"对雅可比而言当然意味着"认知"；最后是因为，他就像雅可比本人一样，试图尊重和协调理性的兴趣（它指向上帝）与知性的兴趣（它指向感官）（Jacobi，1812 – 25：vol. 3，341 – 44；351 – 52）。然而，这样的赞扬被证明是空洞的——甚至是一种伪装形式的谴责。因为雅可比贯穿这部杂乱无章的著作的主要论点是，康德在坚持人格主义价值观的同时，实际上又在概念上颠覆了它们，最后的产物是费希特的观念唯物主义体系和现在谢林的公开自然主义体系。

雅可比论证的核心事实上仍然与他早期关于康德的论文（1802 年）中提出的核心相同。那里的要点是：虽然康德的理性超越了知性，但它仍然在其认知上局限于后者的限度，甚至在其力量的运用上屈从于后者。结果，理性发现自己处于一种奇怪的状态：自发地产生一种我们拥有关于超验的实在性的认知的信念，但同时又不得不承认任何这样的认知都是虚幻的。现在雅可比进一步发展了这一点，他认为康德的批判体系从一开始就明确打算为科学的兴趣服务——康德所说的"科学"首先意味着一种指向感官对象的知性的认识（cognition）。然而，这种知性尽管有着被束缚于地球的本性，却还是不可避免地受到更高的理性能力的影响。它陷入理性的想要在一个超验的、单一的原则下看待所有事物的渴望中。而理性——作为一个事实问题，根据雅可比的说法——的确对超验的事物有一种直观的认知。但是，由于知性不能允许这种认知，却又仍然需要理性作为一种更高的调节性原则，因此它就取代了理性的认知理想构造物，这些构造物确实也是理性的产物，却由源于知性的诸多抽象所构成。于是，这些抽象就对知性和理性本身隐藏了后者 de facto［拉丁文：事实上］所享有的超验认知。因为，由于理性自然地从对这样一种认知的假定开始，但又无法以那些为了知性而解释的抽象来认识它，因此它最终就将它视为单纯的幻相（Jacobi，1812 – 25：vol. 3，372 – 94）。

费希特接下来的显而易见的步骤是，通过宣称理性的观念构造物本身就是理性所渴望的超验认知的对象——实际上就是将上帝与事物的逻辑秩序等同起来——来消除幻相的基础。而根据雅可比的说法，费希特也一直把自我的能力作为对真实的人格性的检验，从逻辑的原则先天地重构整个自然，从而在观念上再现上帝的创造行为。然而事实上，这样一种逻辑从一开始就是知性的诸多抽象的产物。它没有自己的内容。因此，除非关注自然的物质细节，否则自我的观念化活动实际上无法实现。因为，即使被观念化了，自然仍然还是"自然"，由此可见，根据雅可比的说法，费希特的唯心主义实际上只是唯物主义的一种形式。谢林的自然主义只是明确了这个事实。总而言之，根据雅可比的说法，唯心主义所制造的一个大骗局——从康德开始，到谢林结束——就是让人相信，并非人类的精神可以免除神圣的事物，而是这些事物可以在非人格性的自然媒介中得到拯救和实现。

值得注意的是雅可比在这最后一部著作中正在使用并且在之前关于康德的论文中就已开始使用的新术语。他现在是基于"理性"和"知性"之间有区别这一假定来进行操作的——他所说的"理性"是指超验的、统一的原则的能力，"知性"是指从更特殊的表象中抽象出一般的表象的能力（Jacobi，1812 – 25：vol. 3，395ff，400，434 – 35）。当然，这种区别源于康德。此外，康德认为"理性"受制于"知性"的抽象要求的主张在他的观念论追随者中引起了广泛的争论。然而，雅可比现在用"理性"来表示对超验事物的直观认知的能力。他给了它一个积极的思维价值。因此正如他所使用的那样，"理性"和"知性"之间的区别使他能够得出他认为是自己与康德之间的关键差异的东西（Jacobi，1812 – 25：vol. 3，369 – 72）。康德试图消极地协调这两种能力，简单地将它们保持在其指定的范围内，而雅可比则积极地显示了它们的和谐，揭示了理性实际上有助于经验这一认知，从而提供了知性可以在其中起作用的积极基体（matrix）。

这种区别也以另一种方式帮助了雅可比——毋宁说他认为是这样。从一开始，雅可比就面临着这样的困难：为了反对哲学反思及其带来的虚无主义，他不得不抨击"理性"并召唤"信仰"来代替它。他因此就使自己很容易受到"非理性主义"和"盲目信仰主义"的指控——一种他总是极力拒绝的指控。对雅可比来说，真正的非理性主义者是哲学家们。通过新采用的区分，雅可比现在可以明确地针对"知性"，或者更准确地说，针对"被束缚于知性的理性"，这类批判早先相当普遍地针对"理性"。于是，他可以召唤"理性"，赋予它新的含义，去做以前由"信仰"所做的工作。这样，他可以更容易地避开"非理性主义"或"信仰主义"的指控，因为正是为了"理性"——也就是"真正的理性"——他现在才可以声称自己正在发起反对哲学家的运动。当然，问题在于雅可比从未完全澄清"理性"的新含义。显然，他使用这个概念的方式和他以前使用"信仰"的方式相同，即表示一种类似于感觉的直观能力，但同时又表现出概念的清晰性。这是一个诸多音符的混合体，当它以"信仰"的名称出现时，就像它被称为"理性"时一样晦涩难懂。因此，新的区别和它使之成为可能的新的语言是否真的澄清了雅可比的立场，这是一个有待商榷的问题。

三　文学作品

雅可比最早的出版物——有些是与他的兄弟格奥尔格合作完成的——纯粹是文学性质的。雅可比后来在专注于哲学辩论时，仍继续以这种方式偶尔发表作品。然而，他作为一个文学人物的声誉主要是基于他的两部小说：《阿尔威尔的书信集》和《沃尔德玛》。这两部作品都经历了漫长的发展过程，并在不同的时期以不同的形式发表（David，1913；Jacobi，1957）。

作为文学文本，这两部作品都属于 Erziehungsroman［德文：教育小说］即"教育小说"的大众启蒙类型。在这两部作品中，正如人们对这种类型的作品所期望的那样，所讨论的教育都是对一个 Herzensmensch［德文：率性之人］的教育。从我们对阿尔威尔的了解来看，从他很小的时候起，他就出于纯粹的自然冲动而做出了一些极不寻常的行为。阿尔威尔（他的名字在德文中和在英文中一样，意思都是"所有的意志"）做任何事情都是出于纯粹的冲动——他唯一的行为准则，行为本身。后来，作为一个成年人，由于他已经长大了，他就在思辨争论的舞台上也表现出这种个性特征。因为这位鲁莽的年轻人也成了一名熟练的辩证法学家，正如我们从一个场景中了解到的那样，他在一次社交聚会中发表了一个关于认知本性的长篇演讲（Jacobi，1792：143ff）。

真正的合理性是社会的合理性。这是雅可比在《阿尔威尔的书信集》中的教训，它在《沃尔德玛》中得到了重申——尽管那里的中心人物沃尔德玛表现出与阿尔威尔同样的抽象情感和抽象思想的倾向，却受到了雅可比极其热情的对待。这个角色很可能是他有意为自己所作的自画像。小说本身的最终形式是由最初独立发表的两部作品拼凑而成的［Jacobi，1779（3）（4）］。这一综合从未完全奏效。沃尔德玛是一个不切实际的感情用事者，他围绕着他与自己时常出入的朋友圈中的一位女性建立的友谊来理解自己的整个世界。他把自己的全部生命都投入了那份友谊中。

从这两个主要人物之间友谊的建立可以看出，雅可比实际上是在追溯他甚至早在《斯宾诺莎书信》第一版就已经预示过的理性观念。合理性是在"我"和"你"之间的关系中被建构起来的，这种关系尊重其两项双方的各种情况。在《沃尔德玛》的语境中，这一结论也解决了在叙述的第一部分引入的一个对话 Waldgespräch［德文：《森林谈话》］中所讨论的一个问题——美德在多大程度上依赖于自然或艺术。答案是，它依赖于两者，前提是每一者都受到现实人际关系的限制的检验。就像在前面的对话中一样，在小说的结尾也清楚地表明的是，只有在假定"你"大于任何人类的"我"的情况下，这样的关系对处于其中的那些个体所要求的相互尊重才是可能的——这个"你"的超验的拉力迫使人类的"我"超越其诸多原本纯粹的自然限制。① 雅可比的最后一句话，在他的小说中和在他的哲学作品中一样，永远属于上帝。

四 论争性著作

雅可比的所有出版物实质上都是论争性的。不过，有些是在特定的事件或情境下的偶然作品。由那些反常论争的小册子所构成的抽象和斯宾诺

---

① 雅可比在其《致费希特的公开信》的一个附录中复制了这段话。（Jacobi，1799：101）

莎争论及与谢林的争端紧密相关（Jacobi，1916，1967），它们从历史上说和从概念上说都很有趣。我们可以从其中挑出几个来阐述。

1777 年，雅可比的朋友兼文学合作者维兰德（C. M. Wieland）（1733－1813）发表了一篇文章，认为权力是政治权威合法性的唯一来源，因此唯一适当的政府形式是严格的专制政府。[①] 权利来自强制服从的身体能力。雅可比的回应是逐点反驳，这一反驳在四年之后才发表（Jacobi，1781）。首先，维兰德犯了历史错误，误解了社会的真正起源。更重要的是，维兰德犯了概念错误，没有认识到"道德法则"和"自然必然性"只有在一个非常宽泛的意义上才能纳入"自然权利"这个概念之下。道德权利之力来源于个体的自由，而非来源于对自然法则的任何考虑。

雅可比在 1782 年重新开始了他的政治论争，这次是在历史学家约翰·冯·穆勒（Johann von Müller）出版了一本名为《教皇游记》[②] 的小册子之际，与当前"开明的"观点相反，这本小册子对中世纪教皇的角色进行了积极的重新评价。雅可比以自己的一本小册子进行了回应（Jacobi，1782）[③]，他在其中为穆勒的立场辩护——不是因为他对天主教有任何同情，也不是因为他反对世俗主义（secularism），而是因为他认为教皇的精神专制比世俗的、据称开明的君王的专制更受欢迎。

1788 年，雅可比在《德意志博物馆》发表了一篇对话形式的文章（Jacobi，1788）。他是在臭名昭著的施塔克事件发生期间这样做的，是为了回应当时正在进行的柏林 Aufklärer［德文：启蒙运动者］反对拉瓦特尔等人的虔诚宗教信仰的运动——这种宗教信仰被他们视为一种秘密天主教的形式和一种对他们所宣扬的普世理性宗教的攻击（Blum，1912）。对话是在一位虔诚的信徒和一位开明的哲学家之间进行的。信徒的主要观点是，哲学家确实有权批判信仰。但是，信徒同样有权不接受哲学家对他的信仰的描述。而且，哲学家忘记了自己的哲学也有历史，忘记了哲学的过去笼罩在一种信仰中，哲学仍然依赖于这种信仰来理解自己的抽象概念的

---

① 'Über das göttliche Recht der Obrigkeit'（'On the Divine Right of Authority'），*Der Teutscher Merkur*，20（1777）：119－45.

② 最初以法文出版；德文译本：*Die Reisen der Päbste*，1783。

③ 关于这本小册子在多大程度上可能是对克里斯蒂安·威廉·多姆（Christian Wihelm Dohm）倡导的普鲁士犹太人解放计划的隐晦抨击，参见 Goldenbaum，2009。

意义。因此在攻击信仰的时候，哲学家面临着破坏他自己的意义世界的危险。①

1802 年，雅可比发表了一篇短文［Jacobi，1802（2）］，回应了当时著名的科学普及者利希滕贝格（G. C. Lichtenberg）的预言，② 这预言大意是说：总有一天，随着科学的进步，在它努力将物质还原为支配物质的诸多规律的过程中，我们的世界在我们眼中将变得如此精致，以至于相信上帝就像现在相信鬼魂一样可笑。雅可比模仿福音书对末日的描述，用他自己的一个预言进行了回应。1811 年，雅可比在《论神圣事物及其启示》的开头转载了这篇文章，这显然是对谢林的自然哲学的讽刺性模仿。

五　回顾

《雅可比文集》的第一卷出版于 1812 年，第二卷出版于 1815 年。后面这卷尤为重要，因为它包含了雅可比打算添加到《大卫·休谟》的文本中的一个新的长篇"序言"，正如标题所示，这个"序言"也是他一生的哲学创作的"导言"［"Preface and also Introduction to the Author's Philosophical Collecteol Works"（《序言兼作者哲学文集导言》），Jacobi，1812 – 25，vol. 2］。在这篇文章中，雅可比试图通过阐明自始至终激发着他的兴趣来总结他的智性冒险历程（odyssey），从而也为原本可能看起来散乱的哲学作品带来某种系统的统一。雅可比显然对多年来一再针对他的非理性主义指控非常敏感，并且急于消除这种指控。他诉诸他从 1800 年左右就已采用的对"理性"和"知性"的区分，以论证正如他在《论神圣事物》中就已经做的那样，他早先在"信仰"的标题下提出的那种认知更应该被理解为"理性"———一种被正确理解的"理性"，当然，它作为一种直观能力，可以直接领会诸如善、真和美这样的永恒真理———的产物（Jacobi，1812 – 1825，vol. 2，1815：59 – 63 and passim）。于是，他修订了《大卫·休谟》1787 年版的文本，将他认为的对话的不确定性（inconclusiveness）归因于他在第一版时尚未澄清的

---

① 关于雅可比的文章的背景的详细说明，以及它与黑格尔的《精神现象学》的可能关联，参见 di Giovanni，1995。

② 《莱辛年鉴》第 25 卷（1993）的"回顾焦点"专门针对利希滕贝格。

"理性"概念。他在文本中添加了很长的脚注，甚至修改了文本本身的一些关键段落——顺便说一句，这一情况通常被后来的评论者们所忽视——显然是为了消除原始文本中明显隐含的自然主义。① 不过，在因此使自己远离自然主义的任何可能证据的同时，雅可比也试图转移人们——有时甚至是朋友②——对他提出的说他反对科学的指控。他试图修正他过去多次发表的"科学只是一种抽象的游戏"的观点（Jacobi，1799：22 – 27），他现在重申，正如他已经在《论神圣事物及其启示》中所做的那样，如果没有知性的力量在抽象表象的媒介中综合感觉的内容，那么理性就会像感官一样没有形式，并且因此没有对自身的认识（Jacobi，1812 – 25：vol. 2，58，110）。雅可比还强调，无论知性的功能多么必要，后者仍然自然地倾向于自然主义和由此产生的无神论。

　　衡量雅可比在他的有生之年所产生的并在 19 世纪的剩余时间里所继续产生的巨大影响的一个标准是，他是第一个将"虚无主义"这一术语引入流通并开创与之相关的论述的人。

　　由于雅可比坚持直接实存优先于反思性的概念化，坚持"例外"的权利的优先地位，因此就有可能将他的立场解释为原初存在主义（proto-existentialism）的实例，并且有可能将他视为像克尔凯郭尔一样本质上是一位宗教思想家（Beiser，1987）。事实上，雅可比所使用的一些语言以及他所探讨的主题都可以在克尔凯郭尔那里再次被找到。（当然，后者本人究竟是不是存在主义者，这本身就是一个悬而未决的问题。）然而我们必须记住，"信仰的跳跃"这一语言并不属于雅可比。他曾向莱辛提议的 salto mortale［意大利文：空中连翻三个跟斗的绝技］并不是向未知的跳跃，而是一个——根据他明确的证词——本来会让一直以哲学家的方式倒立行走的莱辛重新站立起来的跳跃（Jacobi，1787：62；1789：353）。

　　总之，雅可比的人物形象，包括他在启蒙运动中的地位，比通常认为的要复杂得多，因而仍然需要讨论。在我们这个时代，列奥·施特劳斯

---

① 参见 1815 年对原始文本第 123 页所做的修改，以及雅可比添加的新注释。

② 参见例如 J. F. Fries, *Von Deutscher Philosophie, Art, und Kunst. Ein Votum für Friedrich Heinrich Jacobi gegen F. W. J. Schelling* （Heidelberg：Mohr und Zimmer，1812），pp. 40 – 49，especially 40 – 41，44 – 48。

（Leo Strauss）就曾攻读研究雅可比的博士学位。也许这仍然是雅可比对我们施加他的影响并且继续把斯宾诺莎带到舞台中央——这正是他不希望自己出现的地方——的另一种方式。这种复杂性的秘密很可能是，雅可比就像他之后的克尔凯郭尔一样，被他看到受到了当时文化的威胁的极度保守的诸多信念所驱使；但是他再次像克尔凯郭尔一样，在试图重申它们的过程中开发出了一种后来反而被用来——与他所想象的完全相反——破坏它们的语言。

参考资料

一个重要的进展是，早在 20 世纪 80 年代初期就已启动的雅可比的 Briefausgabe［德文：通信集］和 Werke［德文：著作集］Gesamtausgabe［德文：完全版］的考证版现已接近完成。总共将有 43 卷，即"著作集"（文本和附录）13 卷和"通信集"（文本和评注）30 卷，全部由迈纳出版社（汉堡）和弗罗曼－霍尔茨布格出版社（斯图加特－巴特坎斯塔特）出版。对于那些对那个时代感兴趣的人来说，"通信集"和 Sächsische Akademie der Wissenschaft［德文：由萨克森科学院］（莱比锡）支持的"雅可比在线词典"（Jacobi-Wörterbuch-online）项目都生动地描绘了当时的知识和政治场景。正在筹备中的还有雅可比"笔记本集"的考证版：F. H. 雅可比，*Die Denkbücher*［德文：《思想书》］，由索菲亚·V. 克雷布斯（Sophia V. Krebs）编辑，预计将于 2020 年完成，总共 4 卷。有关这些项目的当前状态，参见：

· Friedrich Heinrich Jacobi：Werke. Gesamtausgabe.

· Akademieprojekt：Friedrich Heinrich Jacobi：Briefwechsel. Text-Kommentar-Wörterbuch Online.

另请参阅雅可比［1994（2）］的"平装版序"（2009），其中包括雅可比出版物的完整列表。

（以下原文中"原始文献"和"二手文献"列表略——译者）

费希特和黑格尔的主体间性思想和承认理论
及其对当代社会哲学的意义[*]

克里斯托弗·霍恩/文　王匡嵘　徐健凯[**]/译

内容提要　承认理论在当今的社会政治哲学中发挥了突出的作用。看起来承认理论为识别特定社会族群中的歧视提供了可靠的工具，例如，探讨对少数族群的尊重问题，在这种情况下人们更偏好罗尔斯式的正义理论。在本文中，承认理论的历史根源，将在它们能够在费希特和黑格尔那里被识别的层次上得到分析。以康德的实践哲学为开端，费希特发展出了可被视作承认范式的理论框架的主体间性理念。在黑格尔那里，我们会发现情境主义关于社会现实的基本概念，并且刻画出一幅在给定的具体情景下的社会整体图卷。本文遵循从开端到当下进路的思想路线。

关键词　费希特　黑格尔　承认　政治哲学

在当代社会中，不尊重与歧视问题，或者反过来说，尊重和承认的问题都发挥着突出的作用。一般来说，这是围绕着对他者的社会性看法问题（um die soziale Wahrnehmung fremder Identität）。在当前社会，哲学允许一些围绕着承认概念、描述了那些通常被正义概念所忽视的诸多问题域或者在某些情况下从这些问题域的结果中可以被感知到的模型存在：不同社会群体之间的紧张关系。罗尔斯式的正义理论只有完全的制度－伦理取向；尽管

---

* 此文为克里斯托弗·霍恩的 Intersubjektivität und Anerkennung bei Fichte und Hegel und ihre Bedeutung für die aktuelle Sozialphilosophie 的中译。

** 克里斯托弗·霍恩（Christoph Horn），波恩大学古代哲学和实践哲学教授，研究方向为古代哲学、德国古典哲学及当代政治哲学。王匡嵘，波恩大学博士研究生，主要研究方向为德国古典哲学（谢林哲学）、音乐哲学；徐健凯，中国人民大学博士研究生，主要研究方向为德国古典哲学，尤其是费希特哲学、哲学交叉研究。

这一理论可以很好地应对道德上不可接受的结构，但是在面对（通常是背景层面上）有辱人格的世界观或者对此不屑一顾的态度时仍然没有效果。然而，在许多具有良好的制度性正义标准的社会中，也存在着严重的社会偏见、系统性的压迫模式（eingespielte Unterdrückungsmuster）、对外来者的刻板印象、或多或少的微妙的歧视形式、传统的性别与价值观念以及有着无数变种的隐蔽的或者公开的种族歧视。相反，一些特定的群体从积极但有偏向的评估、从善意的暗示、从对他们有利的特权以及从与这些群体差异（性别、原身份、文化、宗教之间的差异）相关的特殊安排中受益，这也同样是事实。因此，承认理论的模式能很好地强调社会中的不对称性，并由此批判其中意识形态的、种族主义的、性别歧视的，或者一般来讲，非人道的性质。

人们经常注意到，当代的承认理论可以追溯到德国古典哲学：其根源在于费希特和黑格尔。① 在康德以后，两位哲学家都将他们的法哲学和道德哲学建立在主体间性概念之上。本文将着重说明费希特和黑格尔的贡献究竟是什么，以及这些理论贡献是如何影响当前社会哲学讨论的。除了主体间性理论之外，特别重要的是费希特如何将动态的互动思想和黑格尔如何将背景主义或整体主义思想带入社会哲学的讨论之中。

一　费希特的主体间性理论

主体间性理论并不是康德道德哲学的核心。相反，康德注重行动规则的形式普遍化，即定言命令。但是主体间性的问题还是间接存在的。在定言命令更实质的公式化表达中，即在"人是目的"的公式中，仅仅将"人格中的人性"的纯粹工具化加以禁止（*Grundlegung* IV. 429）②。将某人不完

---

① 这方面的重要文献（按时间排序）有：L. Siep, *Anerkennung als Prinzip der praktischen Philosophie：Untersuchungen zu Hegels Jenaer Philosophie des Geistes*, Freiburg, 1979；A. Wildt, *Autonomie und Anerkennung. Hegels Moralitätskritik im Lichte seiner M. Fichte-Rezeption*, Stuttgart, 1982；A. Honneth, *Kampf um Anerkennung*, Frankfurt a. M., 1992；L. Siep, *Praktische Philosophie des Deutschen Idealismus*, Frankfurt a. M, 1992；R. R. Williams, *Hegel's Ethics and Recognition*, Berkeley, 1997；Kloc-Konkolowicz, *Anerkennung als Verpflichtung. Klassische Konzepte der Anerkennung und ihre Bedeutung für die aktuelle Debatte*, Würzburg, 2015。

② 译文参见李秋零主编《康德著作全集》（第4卷），中国人民大学出版社，2005，第437页。——译者注

全地当作目的，是每个人在处理与他人（以及自身）的关系中必须遵守的命令（Gebot）。定言命令的另一个公式，即目的王国公式，是如此表达的："要按照一个纯然可能的目的王国的一个普遍立法的成员的准则去行动。"（*Grundlegung* Ⅳ.439）这个"目的王国"代表了一个理想社会，在这个社会中，每个人总是同时尊重其他人，并将他们当作目的。综上所述，这些意味着康德至少将道德建立在主体间性的某些组成部分上，即使这一点并未得到非常详尽的发展。

在康德的理论里，主体间性的维度在康德的法哲学理论里比在定言命令里更清晰。康德对其法权概念（Rechtsbegriff）的规定如下（*Rechtslehre* Ⅵ.230）：

> 法权是一个人的任性能够在其下按照一个普遍的自由法则与另一方的任性保持一致的那些条件的总和。①

康德的法权观念（Rechtsidee）显然是指所有受法权约束的人的自由的兼容性。在兼顾每一个其他人的同时，每个人都被赋予同样、尽可能大的自由范围。这种观点是相互关联的（relational）：个人 A 对权利 X 提出某种要求，因为（其他个人）B、C、D……也可以为自己对权利 X 提出同样的要求。然而并不是每个人都会主动为自己要求同样的权利并将其赋予其他人；相反，法权秩序是由上而下，由立法机构强加的。立法机构在建立起法权秩序的同时，也建立起了一种主体间性的情况。这在道德义务的情况下是完全不同的；根据康德的说法，尊重的义务也是相互的（*Tugendlehre* § 38；Ⅳ.462）：

> 每个人都有权要求其邻人的敬重，而且他也交互地对任何他人有这方面的责任。
>
> 人性本身就是一种尊严；因为人不能被任何人（既不能被他人，甚至也不能被自己）纯然当作手段来使用，而是在任何时候都必须同时当

---

① 译文参见李秋零主编《康德著作全集》（第 6 卷），中国人民大学出版社，2007，第 238 页。——译者注

作目的来使用，而且他的尊严（人格性）正在于此，由此他使自己高于一切其他不是人、但可能被使用的世间存在者，因而高于一切事物。①

然而，并不能由此声称康德已经有了主体间性理论。除了现有的要素的明确程度较低之外，以下情况也说明这一点：康德的法权概念关注的是权利的平等分配，而不是将个人的特殊性考虑在内的规范性。康德的道德哲学还强调每个人身上的"人性"而不是他或她的特殊个性。但是康德所提出的法权理论的思想，被费希特所接受并发展为主体间性的承认理论。②

早期的费希特不仅在理论哲学上，也在实践哲学上持续地受到康德启发。首先在费希特的法权理论框架内也能找到相应的阐释。在他早期的《自然法权基础》（1796）中，费希特比康德的《法权论》更早提出了以下"自由的交互作用"（freien Wechselwirksamkeit）的原则（§3，Zweiter Lehrsatz：34）：

> 这里提出的概念是关于一种自由的交互作用性的最精确的概念，因此，它也无非是这个概念而已。对任何一个自由的作用，我们都可以联想到一个自由的反作用，作为偶然的反作用，但是，这不是所要求的精确概念。如果这个概念得到精确的规定，那么，作用一定不能被设想为与反作用完全分离开。这两者肯定是一个完整事件的组成部分。③

根据费希特的观点，法权的规范性理念就在个体之间、在主体间性和自由互动的关系中的事实当中。在费希特看来，法权是由行动和反应（Aktion und Reaktion）的源始动力产生的。这种"自由"意味着它具有经验上不可预测的特性。这种想法显然超越了道德或政治秩序中道德对象和权利

---

① 译文参见李秋零主编《康德著作全集》（第6卷），中国人民大学出版社，2007，第473~474页。——译者注
② Kloc-Konkolowicz, *Anerkennung als Verpflichtung. Klassische Konzepte der Anerkennung und ihre Bedeutung für die aktuelle Debatte*, Würzburg, 2015, ch. 3-4 强调了这一点。
③ 译文参见〔德〕费希特《自然法权基础》，谢地坤、程志民译，商务印书馆，2004，第35页。——译者注

所有者的抽象的、对称的平等。费希特考虑的是个体的具体行动，在这里他在相当程度上强调了身体是行动的基础。由此，费希特提出了个人之间的相互认识是基于各自活动的观点（Ⅲ.44）：

> 因此，自由存在者之间的相互关系必然是以下述方式加以规定的，并且被设定为这样得到规定的：制约一个个体对另一个体的认识的条件，是另一个体把前一个体作为自由的个体加以看待（就是说，另一个体用自己关于前一个体的自由概念限制自己的自由）。但是，这种看待方式是由前一个体对另一个体的行为方式制约的；如此类推，以至无限。①

因此在康德那里我们可以发现这样一种模式，即个体的理性自治（die vernünftige Autonomie des Individuums）必须在事后（ex post）与所有其他个人的理性自治权相联系；而费希特观点的特点在于，普遍的自治只有通过与他人的自由互动才能产生。对他来说，行动空间先于对他人的认识。值得注意的是，费希特对个体性的构想不是静态的而是动态的。因此，一个个体对另一个体的印象从一开始就是动态互动的结果（Ⅲ.39）：

> 人（所有真正的有限存在者）只有在人群中间才成为人；由于人只能是人，而不能是其他的事物，因此，如果他不是人，他就根本不能存在。如果确实应当存在着人，就必定存在着许多人。这不是一个随意假定的、建立在以往的经验或其他可能性的根据之上的观点，而是一个需要用人的概念加以严格证明的真理。人们一旦完全确定这个概念，就会从个人的思维出发，被驱动起来，去假定第二个人，以便能够解释第一个人。因此人的概念决不是个人概念，因为个人概念是不可想象的，相反地，人的概念是类概念。②

---

① 译文参见〔德〕费希特《自然法权基础》，谢地坤、程志民译，商务印书馆，2004，第45页。——译者注
② 译文参见〔德〕费希特《自然法权基础》，谢地坤、程志民译，商务印书馆，2004，第40页。——译者注

对费希特来说，主体间性不是主体性的一部分，而是构成主体性的前提。人只有在他或她的类概念归属的背景下才能充分理解。个人性是在主体间的交互中构成的（Individualität konstituiert sich intersubjektiv）。同时费希特是一个先验哲学家，对他而言，规范性来自所有人共同的先验理性。费希特将法权概念理解为先验的理性概念（Ⅲ.53）：

> 根据业已作出的演绎，我们可以断言，法权概念存在于理性的本质中，任何没有法权概念的有限理性存在者都是不可能存在的——我们这样断言，决不是根据经验、传授、人们的随意规定等等，而是依据有限理性存在者的理性本性。①

因此，费希特在法哲学和道德哲学方面的立场相当于后验描述性和先验规范性的特殊结合。规范性的先验性并不是一元论的，而是从共性上思考的。在《伦理学体系》（1789）中，费希特将康德的个人主义构想的道德模式转变为一种基于社会的规范性形式。现在的决定性因素是理性个体的共同体的组成，即理性人的共同体：

> 道德规律就像左右其工具一样，既左右我，也左右一切在我之外的理性存在者，对于这一切理性存在者来说，我属于理性存在者组成的共同体，因此，就像从我的观点来看，他们是我的目的一样，从他们的观点来看，我也是他们的目的。每个人都以他之外的一切人为目的，而没有任何人以其自身为目的。把一切个体毫无例外地视为最终目的的观点，超越了一切个体性意识的范围，这是把一切理性存在者的意识作为客体统一起来的观点，因而真正是上帝的观点。对于上帝来说，每个理性存在者都是绝对的和终极的目的。②

---

① 译文参见〔德〕费希特《自然法权基础》，谢地坤、程志民译，商务印书馆，2004，第55页。——译者注
② 译文参见《费希特文集》（第3卷），梁志学编译，商务印书馆，2014，第266~267页。——译者注

因此，费希特基本的规范性思想，占据了康德定言命令的系统位置，即每个代理人都应该积极地把所有理性共同体作为自己的最终目的。通过排除自己作为最终目的，费希特想要表达的是，人应该放弃一种自我保护的行为。①同时，每个人都自然而然地通过社会融入普遍的道德目的当中。费希特突出强调了为社会的利益而工作和行动。因此，在上一段话之后不久，他又补充说道：

> 在上文中我们已经充分地提到，每个人自身的这种遗忘仅仅发生于感性世界里的现实行动。那些把人的完善寄托于虔诚默想和兀自深思，期望由此毁灭自己的个体性，与上帝融为一体的人们，实在是大错特错。他们的德行，现在是利己主义，也永远是利己主义；他们希求的只是使他们自己完善起来。但真正的德行则在于行动，在于为了全部共同体成员的行动，而在这里人们应该是完全忘记自己的。②

在这里，费希特强烈反对道德上的个人主义。他的规范性立场在"为共同体而行动"的公式中达到高潮。

二　黑格尔的伦理学和他的承认模式

黑格尔的承认概念在许多重要的方面都与费希特的不同。特别值得强调的是，黑格尔的社会理论——与费希特的先验方法不同——属于情境主义（Kontextualismus）和整体主义（Holismu）的理论谱系（Theoriefamilie）。黑格尔的模式的特点是，他坚信，没有具体的社会参照，没有具体的历史嵌入，就不可能有实践的规范性。因此，每个社会和道德规范都属于以某种方式存在的社会和时代的背景。因此对黑格尔的法权和道德概念来说，时间诊断（zeitdiagnostische Beobachtungen）与历史分类（historische Einordnung）一样发挥着重要的作用。特别重要的是塑造历史的事件（如战争、

---

① A. W. Wood, *Fichte's Ethical Thought*, Oxford, 2016：227 f.
② 详文参见梁志学编译《费希特文集》（第 3 卷），商务印书馆，2014，第 267 页。——译者注

革命、经济变革、移民）以及基本的社会条件（如个人与社会的关系、经济形式、政治体制、宗教、社会群体之间的关系、性别关系等）。当下具体的社会冲突、对立和危机现象也是思考的重要出发点：简而言之，就是"现代性的病态"（Pathologien der Moderne）。

黑格尔的承认思想基本上已经出现在耶拿时期的讲座和手稿（1801年及以后）中；从《精神现象学》［1807，第四章（"自我意识"章节——译者注）］到《法哲学原理》和《百科全书》（1830，第430节及以后），承认理论也贯穿他的一生。黑格尔所关注的是这样一个论题：人的道德身份是基于某些主体间的相互承认关系；他反复把这个过程描述为"为承认而斗争"①。如果成功，个人就会以这种方式通过家庭、市民社会和国家这三个构成道德的领域，获得完整的道德认同。黑格尔的论述是情景化的论述：他的意思是，个人道德身份的形成是相互依存的；家庭、社会和国家构成了身份构成不可缺少的背景。

把所有个人和群体的相互承认的思想作为伦理学和政治哲学的规范性指导概念或多或少是黑格尔的原创性成就，而不是费希特的。"承认"一词是指人们希望的社会中的个人或群体之间相互关系的理想形式：所指的是以真正尊重为特征的关系。承认的关系与容忍思想（Toleranzgedanken）不同，因为他者身份不只是被接受或者容忍，而是在与它们相对的其他存在那里得到尊重。那些将政治哲学建立在承认概念上的人希望提醒人们注意，尊重个人和群体的身份是多么基本的东西，蔑视、羞辱和歧视的影响是多么具有破坏性。没有对他人的认可，就不能有足够的自尊（Selbstwertschätzung）或者自重（Selbstachtung）。

黑格尔从这样的看法里获得了新的观点：人们可以将个人的道德－政治身份的构成（同时也是他的一般身份）仅仅当作主体间相互作用的结果来理解。因此，一个人的自我实现总是需要整体的社会主体间性。黑格尔的身份构成过程是针对康德的"道德主体性的空洞原则"（《法哲学原理》第148节）的，相反，他强调我们的道德－政治身份在社会的具体、密集的生活条件中落实。更仔细地说，黑格尔区分了承认过程中的三个阶段：

---

① Siep, *Anerkennung als Prinzip der praktischen Philosophie：Untersuchungen zu Hegels Jenaer Philosophie des Geistes*, Freiburg, 1979; Honneth, *Kampf um Anerkennung*, Frankfurt a. M., 1992.

在家庭范围内、在市民社会的范围内以及在国家的范围内的承认关系。黑格尔认为，这一构成过程可以被描绘为一连串的冲突，每一次冲突都会导致冲突各方新的和解，下面这段话对"为承认而斗争"很重要：

> 自我意识是自在自为的，这由于并且也就因为它是为另一个自在自为的自我意识而存在的；这就是说，它所以存在只是由于被对方承认。它的这种在双重性中的统一性的概念，亦即在自我意识中实现着其自身的无限性的概念是多方面的，它里面的各个环节具有多层的意义：一方面，这个概念的各个环节彼此之间保持着严格的差别和界限；另一方面，在这种差别中同时它们又被认作没有差别，或者总是必须从相反的意义去了解它们。有差别的方面的这种双重意义即包含在自我意识的本质里，而它的本质即是无限的，或者即是直接地被设定为自我意识的规定性〔或有限性〕的反面。对自我意识在这种双重性中的精神统一性概念的发挥，就在于阐明这种承认的过程。①

不难看出，意识哲学（主体性哲学）以及政治哲学方面的思考都流入黑格尔的道德－政治身份的主体间性的前提理论当中。它们甚至直接统一起来。这就导致了第二个主要观点，即情景主义或整体主义。

这一点在黑格尔的早期主要作品《精神现象学》中得到了充分发展。因此，他声称这是一门全面的"意识的经验科学"。黑格尔甚至对这个标题表示同情。但什么是关于意识的经验科学呢？究竟谁应该被理解为意识的承载者，以及什么样的经验是关键？无论什么，在《精神现象学》中都是关于意识状态和其承载者的动态：显而易见的是，黑格尔至少也想讲述一部经验史，即关于意识状态或对意识的态度在政治、社会、文化和思想史上如何典型地或事实地发生分歧。如果以历史情景主义的方式来解读黑格尔，那么它就不是关于绝对精神回到自身，而是关于现代个人和社会意识的典型发展。

黑格尔在《精神现象学》和《法哲学原理》（1821）中确实对历史上

---

① 译文参见〔德〕黑格尔《精神现象学》（上），贺麟、王玖兴译，商务印书馆，1979，第122～123页。——译者注

的意识有很多启发性的说法。在这样做的过程中，他证明了自己一方面是一个情境主义者，另一方面又是融贯论者（Kohärentist）。作为情境主义者，他假设意识必须始终从历史、社会、经济等整体的角度来理解。个人被深深地塑造、束缚、锚定，因此整个当下被反映在意识中。单个的历史事件（Einzelne Geschichten）只能以严重扭曲为代价从整体的历史中提取或者简化出来。另外，作为一个融贯论者和调和论者（Rekonziliationist），他假定意识经历了一个动态的过程，具有整体上和谐的倾向。意识过程通常以这样的方式发展，即根据整个发展争取平衡点或者均衡的原则，它们的对立面出现分歧。它们的发展原则是某种对立，但这种对立倾向于最终的和解。

黑格尔的道德哲学思考是从他早期的康德批判开始的，这在法兰克福时期（1796 年以后）的手稿中已经可以找到，它的核心是针对康德的道德概念的。即使在那个时候，他也认为康德的道德概念应与《旧约》中的诫命道德（Gebotsmoral）（在基督教中也有部分存留）相联系，他对这种道德给出了负面评价，并与古希腊所谓的和谐而天真的自然宗教进行对比。在康德的意义上，道德对黑格尔来说，从此意味着一种自我异化和强迫的形式。在他的早期著作《基督教精神及其命运》（*Der Geist des Christentums und sein Schicksal*，1798－1800）中，人们第一次发现黑格尔反对康德的三个主要内容[①]。（a）黑格尔对康德看起来将道德理性与感性倾向和驱动力（Antrieben）对立起来的事实表示不满（参见席勒的类似批判）。（b）此外，黑格尔拒绝康德的道德观念，因为它不能实际引导人们达到所设想的道德善。在康德的道德模式中，它仍然是纯粹的应当；然而，这完全不能产生或引发一个道德上可取的行动，因为它与我们的事实动机相脱离。这样一来，行动者就与自己疏远了。（c）凡是与它实际的、感性决定的动机切断的人，却觉得自己受制于道德法则，除了道德上的行为以外，什么也没有留下。黑格尔也称这种伪善（Hypokrisie）或双重道德（Doppelmoral）为"法利赛主义"（Pharisäismus）：它是人们接触到夸张的道德要求的典型情况。在社会环境中，道德游戏会增加虚伪，因为每一个人都试图尽可能地满足他人

---

① 关于这一点，参见 Wood，*Hegel's Critique of Morality*，1997。

的期待所产生的压力。稍后又增加了第四条指责，可称为形式主义的指责：(d) 根据黑格尔的说法，康德的道德概念在内容上是空洞的；道德不能确定适合人类的行动义务。黑格尔声称，康德的定言命令意义上的道德代表了一个抽象的、形式的、内容空洞的产物。

现在对康德的批判是否意味着黑格尔作为一个情境主义者，会简单地与他的那个时代的既定道德和政治规范有确定的关系，并成为——正如人们经常读到的——普鲁士专制王权的辩护人？这种观点当然是不充分的；它低估了黑格尔提出的替代模式的范围。为了理解黑格尔自己对道德规范性的解释，我们必须弄清楚他所谓的"伦理"（Sittlichkeit）与"道德"（Moralität）的对比。他将伦理与道德概念区分开来，特别是在《法哲学原理》中。伦理构成了一个社会进化的、具有社会和历史根源的规范性标准的缩影。黑格尔认为，伦理是一种历史产生的社会结构身份的适当表达。黑格尔在"正义"（Rechtschaffenheit）一词下阐述了伦理的规范性内容：

> 一个人必须做的事务，就是义务，他要履行哪些义务，以便成为有德行的人，这在伦理共同体中是容易说出来的，——这不牵涉他任何别的事情，而仅仅涉及他的人事关系中预先表示过的、言语承诺过的和他所熟知的事务。正直是在法和伦理两方面所能要求于他的普遍东西。但从道德的观点看，它容易表现为某种较低级的东西，人们不得不还要对自己和别人提出更多高于它的要求；因为渴求某种特别，就不会对自在自为存在着的东西和普遍的东西感到满足；它只是在例外情形中才找得到专属于己的意识。①

根据黑格尔的观点，对个人有约束力的东西是他或她各自环境中的道德所要求的东西。这种责任是由日常道德和法律的既定关系所界定的。另外，对黑格尔来说，道德是来自孤立的个人的反思，他总把自己与他那个时代的道德对立起来。因此，一般的规范性基础总是必须是道德，黑格尔用"正义"来描述适当态度的缩影的日常语言表达。此外，他为自己的立场主张

① 译文参见《黑格尔著作集》（第 7 卷）《法哲学原理》，邓安庆译，人民出版社，2017，第 289 页。——译者注

• 247 •

"美德"（Tugend）的概念，并将其与亚里士多德的传统联系起来。事实上，黑格尔明确引用了亚里士多德的道德观念（《哲学史讲演录》）：

> 亚里士多德不把个人及其权利认为第一性的，而却是把国家认为按其本质而言是比个人和家庭为高的，并且构成了这两者的实体性。

黑格尔的情境主义的特点是，他的思考建立在社会历史观察的基础上。在他那个时代，由农民、手工业者、贵族和神职人员组成的社会转变为现代早期市民社会，家庭典型地缩减为核心（小）家庭。其他特点是在现代国家中建立了行政和制度的相关秩序，以及在分工条件下进行生产活动的早期工业化世界。他所处的时代的其他现象有：启蒙、解放、争取自由和个人主义的政治斗争、革命冲动和某种社会多元主义。黑格尔将所有这些都汇集到"市民社会"的概念里（由他创新性地提出）。在《法哲学原理》的第182节的"附释"里，黑格尔说：

> 市民社会是家庭和国家之间的差异【环节】，虽然它的形成要晚于国家。因为作为差别【环节】，它必须以国家为前提，为了能够存在，它必须要有国家把它作为独立的东西来面对。此外，市民社会这个受造物（Schöpfung）属于现代世界，现代世界第一次使理念的一切规定遭遇到它们的正当性。如果国家被设想为不同的个人的统一体，亦即仅仅是共同性（Gemeinsamkeit）的统一，那么其所指的只是市民社会的规定。许多现代的国家法学者都不能对国家提出另外的看法。在市民社会中每个人都以自身为目的，其他一切在他看来都是虚无。但是，如果他不同他人发生关系，他就不能达到他的全部目的，因此，他人便成为特殊的人达到目的的手段。但是特殊目的通过同他人相关就取得了普遍性的形式，并在满足他人福利的同时，满足自己。由于特殊性是同普遍性的条件相联系的，所以整个市民社会是中介的基地；在这一基地上，一切单一性、禀赋、诞生和幸运的偶然性都使自身自由起来；在这一基地上，所有激情的波涛汹涌澎湃，它们仅仅受到向它们放射光芒的理性的节制。受到普遍性限制的特殊性是唯一的尺度，

由此来衡量每个特殊性是否促进它的福利。①

在引用的这段话中，黑格尔对市民社会的起源、性质和功能进行了复杂的思考。他把市民社会描述为现代性的典型社会实体，处于家庭和国家之间的中间位置，它建立了个人之间的联系。但与此同时，市民社会也是"个人私利的战场"（第289节）。如果私人利益和个人的经济福祉的导向占了上风，我们最终会出现托马斯·霍布斯意义上的契约型国家（《法哲学原理》第183页）：

> 利己的目的，在它的实现中是受普遍性限制的，这就建立起一切方面相互倚赖的一个系统，使得单个人的生计和福利以及他的正当性的定在，都同众人的生计、福利和权利交织在一起，它们只能建立在此交织的基础上，同时也只有在这种练习中才是现实的和有保障的。可以把这个系统首先看成外部的国家，即应急的和理智的国家。②

关于霍布斯的这个"必然状态和理性状态"的批判公式，我们不应该忘记，黑格尔同时也大量借用了《利维坦》作者的观点。正如人们经常指出的那样，黑格尔主张的是一种实际上受托马斯·霍布斯"所有人对所有人的战争"（bellum omnium contra omnes）启发的"激进"版本的承认理论。

最后，重要的是要看到在黑格尔的模式中，个体性和普遍性是如何一起被思考的。个人的特殊性在很大程度上源于其需求结构。在现代社会，人们形成了一套复杂的、有区别的需求（《法哲学原理》第190页）：

> 动物用一套有局限的手段和方法来满足它的同样有局限的需要。人虽然也受到这种限制，但同时证明他能超越这种限制并证明他的普遍性，这种证明首先是通过需要和满足手段的多样化，其次是通过把

---

① 译文参见《黑格尔著作集》（第7卷）《法哲学原理》，邓安庆译，人民出版社，2017，第329~330页。——译者注
② 译文参见《黑格尔著作集》（第7卷）《法哲学原理》，邓安庆译，人民出版社，2017，第300页。——译者注

各种具体的需要分解和区分为单一的部分和方面，后者变成了各个不同地殊异化了的，从而是更为抽象的各种不同的需要。抽象法中的对象是个人，道德立场上的对象是主体，家庭中的对象是家庭成员，市民社会中的对象是一般市民（作为 bourgeois 有产者），而这里，从需要的立场来看（参阅第 123 节附释）的对象是观念的具体物，我们称之为人（Mensch）。因此，只是在这里、并且也真正地只在这里是这一意义上来谈人的。①

然而，与此同时，黑格尔也强调了一般的人类概念的重要性。关于这一点的核心引文是《法哲学原理》第 209 节：

> 需要和为满足需要的劳动交互关系中的相对性东西，最初是在它自身中的反思，一般地说即在无限的人格性、在（抽象的）法中的反思。但是，正是这种相对性的领域，作为教养，才是给予法以定在的东西本身；【法的定在】作为被普遍承认的、被意识到的和被欲求的东西存在，并通过这种被意识到和被欲求的东西的中介，才有有效性和客观的现实性。属于这种教养和思维的，就是作为单一者的意识却处在普遍性形式中，即把自我理解为普遍的人，在这种意识中所有人都是同一的。人之所以为人，就因为他是人，而并不是因为他是犹太人、天主教徒、基督教徒、德国人、意大利人等等。重视思想的这种意识是无限重要的。只有当这种意识把自己作为世界主义固定起来，来与具体的国家生活相对立，它才是有缺陷的。②

因此，黑格尔对康德道德观念的拒绝，绝不是排除了针对一般人类的普遍规范性的想法。他所反对的只是将普遍规范性与具体社会和具体国家的规范性抽象并列。

---

① 译文参见《黑格尔著作集》（第 7 卷）《法哲学原理》，邓安庆译，人民出版社，2017，第 377 页。——译者注
② 译文参见《黑格尔著作集》（第 7 卷）《法哲学原理》，邓安庆译，人民出版社，2017，第 348 页。——译者注

三　黑格尔之后的伦理与政治情境主义

直接追随黑格尔——以及追随黑格尔主义所理解的亚里士多德——20世纪德国保守主义批评现代性的情境主义者在道德哲学问题上表达了自己的观点，主张道德伦理或 Ethos：其中包括阿诺德·盖伦（Arnold Gehlen）、约阿希姆·里特（Joachim Ritter）、赫尔曼·吕贝（Hermann Lübbe）、奥多·马夸德（Odo Marquard）和沃尔夫冈·克鲁森（Wolfgang Kluxen），以及加拿大黑格尔主义者查尔斯·泰勒（Charles Taylor）。上述所有哲学家都是现代性的批评者，他们认为现代性的特征是价值退化倾向、清晰度的丧失、原子化和个人化、生活世界自明性的丧失、社会态度的变迁、世俗化和令人眼花缭乱的创新动态。由于参照了亚里士多德"政体伦理"的思想，他们大多被归于 1970 年代被称为"新亚里士多德主义"的运动。①

特别是约阿希姆·里特，他在《亚里士多德的哲学基础》一文中指出，道德（Ethos）有以下几个决定性要素：

> 习以为常的生活秩序，［……］习俗、风俗，以及一切生活中的正确秩序，当然也包括建立在传统和习俗、房屋和宗族、城市的诸神崇拜、各种社区、联盟、友谊、邻里、丧葬合作社和节日中的"习俗"机构本身：总之，作为公民生活在其中的人的制度生活世界，是由城邦赋予的。②

按照里特的思路，奥多·马夸德以"变化加速的不安"为题，如是描述了对现代性的诊断批评：

> 当人类有条不紊地从其传统中迈出，现代社会就开始了：因为人

---

① 然而，亚里士多德本人——尽管当时的许多解释者不这么认为——没有在任何地方宣布在城邦中实行的标准，即该地方的典型标准，是道德行动的标准。

② J. Ritter：»Zur Grundlegung der praktischen Philosophie bei Aristoteles«, in：*Archiv für Rechts-und Sozialphilosophie* 46（2），1974，S. 177 – 199.

将自己的未来从他的起源中解放出来。自18世纪中叶以来，这一进程始终在哲学、科学、文学和政治话语中引人注目：从那时起，就有了关于这个解放过程的词语——通常是单数，例如"进步""启蒙""历史""革命"，或许还有"科学""技术"等。如今——也只有如今，人类的未来将会强调新的东西，从而使自己独立于各种语言的、宗教的、文化的、家庭的起源身份：现代化的巨大潜力倾向于以一种传统中立的方式发挥作用。①

根据这一诊断，马夸德表述了如下规范性观点：

> 这就是为什么我们必须按传统生活：我们必须始终以保持原样为主；我们的变化由我们的不变来支持；没有大量的旧事物，新事物绝无可能；未来需要起源。从这一点——我认为——可以看出：因为受制于短暂的生命，人类永远无法任意快速摆脱他们的原点，也永远无法任意远离，当然也无从绝对摆脱——从根本上说，变化是惰性的；或者换句话说：无论人们作为驾轻就熟的现代化专家有多快，根本上还是缓慢的。②

以道德为基础的伦理学的特点是深刻的"对现代性的不安"。从这个角度出发，最为成熟的现代性理论来自查尔斯·泰勒。此外他还出版了一本有关承认的重要著作③。在其作品《自我的根源》④中，泰勒描述了现代意识状态的起源，在欧洲历史进程中，个体越来越倾向于表达他们"真实的"、个体的、个人的本性，与传统身份和所有其他个体对立；他把这种态度称为表现主义。另外，在《世俗时代》⑤中，他将现代社会诊断为在厌恶

---

① Odo Marquard, *Philosophie des Stattdessen. Studien*, Stuttgart, 2000, p. 67.
② Odo Marquard, *Philosophie des Stattdessen. Studien*, Stuttgart, 2000, p. 71.
③ Charls Taylor, *Multiculturalism and*, *The Politics of Recognition*, Princeton, 1992.
④ Charls Taylor, *Quellen des Selbst*, Frankfurt a. M., 1996. (engl. *Sources of the Self*, Cambridge, Mass. 1996.)
⑤ Charls Taylor, *Ein säkulares Zeitalter*, Frankfurt a. M., 2007. (engl. *A Secular Age*, Cambridge, Mass. 2007.)

宗教和同时坚持对救赎的内化期望之间的深刻分裂。

以伦理为基础的道德哲学的特点首先是拒绝对道德进行任何哲学论证。相应地，道德不能用理论证明，而始终植根于不可逆转地塑造了我们前见的历史语境。例如，克鲁森写道："道德差异是所有人类行动中作为人类遇到的一个基准。因此，它不应该由伦理学证明，相反，它是伦理学反思的前提条件。"乍听之下可能像直觉主义，仿佛所有人永远已经共享着一种善恶知识。而事实上，这句话的意思却是，"伦理领域的诠释从来不是孤立的个人成就，它总是来自人类赖以生存的社会"。因此，克鲁森给出了一个定义，根据该定义，在一个特定的人类群体中被认为有效的规范的缩影将被称为 Ethos。从解释学的角度看，这种风气总是以原生社区为中介，它以一种典型的地方和时间的方式为道德差异（善与恶）的解释提供了意义的视野，并在传统中世代相传。道德伦理学的核心是以下几个方面：

（a）对事实存在的积极模式或个人态度、信仰、规则和规范的榜样的呼吁；

（b）某一社区及其机构中的社会塑造力量；

（c）在一个群体中的交互社会承认的动机；

（d）历史上的偶然事实；

（e）所有规范都可能变化的事实；

（f）在同步和非同步方面存在多元性；

（g）通过传统背景传播某种道德；

（h）这样一种理念：一个人需要一个生活世界的整体作为良好生活行为的前提条件。

基于伦理的情境主义可以归结于以下几点：它总把人类生活作为一个整体当成研究对象；任何时候，它都不会把个人行为从其道德—心理，特别是动机背景中孤立出来；自始至终，它都会讨论将个人行为嵌入所有的倾向性、现有的个性特征和社会条件的背景中。理想的目标始终是形成一种固定的性格状态（Charakterzustand），它将所有被认为对自己和对他人都很好的品质结合起来。这样一来，情境主义者既避免了道德与审慎（von

Prudentiellen）相剥离，也避免了个人与社会相脱离。情境主义者不会将个人与其家庭、职业和政治社会环境分离，在其他方面，也没有脱离时间背景和人性处境。该模式与以维特根斯坦为模型的现代美德伦理学一样，也有这些共同的优越性。

批判性地指出，基于社区和传统风气的道德或许很重要，因为事实上，所有人都是在社会化经历中获得道德观点、习得原则、找到道德榜样。但是，是否能因此证明，每一个规范性观点都取决于习得背景？很难说。相反，我们必须区分习得背景与证明背景（Erwerbung-und Begründungszusammenhang）。更重要的是，鉴于不同的伦理（Ethê）之间不仅不一致，而且不可调和，那么首先是什么使各个原初伦理合法化？如何证明遵守原初社区的特定风气的义务的合理性？这种进路的代表人物提出了一个符合性或连续性的规则。而在这里，我们可以清楚地看到，情境主义总是可以作为一种描述性或规范性的立场，而该立场的一个（有问题的）特征是它以某种方式跳过了这种理论上的差异。然而，对于情境主义者来说，除了可以被描述性地重构的情境资源之外，甚至不可能从其他地方获得规范性。在这里，与我们日常所说的职业或专业精神的比较，既有启发性，又充满问题：一方面，归属本身也意味着采纳了规范性观点；另一方面，这种归属是自愿的，没有人必须采纳医生伦理——除非他们意识到自己想当医生。此外，人们不禁要问，各种以伦理为基础的伦理学如何处理多元化的现象？毕竟这也是现代性的典型特征。历时性的变化也提出了一些问题，人们不知如何回答。伦理不应与多元性不相容：这就需要一种开放的精神理念，它与当前的挑战和社会变化保持一致。

然而，还有另一种与伦理学范式完全不同的，提及黑格尔及其情境主义的学说：承认的社会哲学。目前，承认范式的代表主要是阿克塞尔·霍耐特（Axel Honneth）、南希·弗雷泽（Nancy Fraser）和查尔斯·泰勒。例如，他们指出，个体或某个团体成员在各自的身份中被感知与尊重，对人类个体发展有决定性的意义。只有这样，自信、自尊和自重才能增长到有关人员能够过上自主生活的程度。这样一来，譬如从道德教育的角度来看，承认是自主行动者社会地位的前提条件。然而，它也是人类生活的一个永久性执行条件。任何时候，人都不能没有社会的关注、尊重、宽容和接受。

举例来说，这种特定的局面产生于这样一个事实，即世界上大多数国家中，不同宗教、种族渊源和身份的人生活在一起。这就必须考虑到世代扎根于此的原住少数民族的权利（和义务），以及通过移民新近构成的这类社会群体的需求（或对他们的要求）。除此之外，特殊的背景条件往往可以追溯到传统的压迫模式、传统的不尊重形式、弱势群体（Unterprivilegierung）、社会排斥或污名化。在我们的文化中，不利的社会角色被特别分配给妇女。其他持续存在的不利形式的例子是针对有不同性取向的人或有某些残障或疾病的人。最后，特殊的社会问题局面产生于这样一个事实，即个体能够对生活有大量不同的自我解释和看法。在现代国家，各种宗教、意识形态或政治上的自我理解是可以预期的。因此，在确定什么是公正、公平、合法等时，必须始终考量具体的社会问题情况，而且必须始终牢记有关个人或团体的自我理解。

一般来说，一个国家的秩序只有在该国的社会氛围允许其居民的特性凸显出来或能够促进这些特性时才是好的，这似乎是事实。阿维萨伊·马尔加利特（Avishai Margalit）大力呼吁将这一层面的问题视为决定性问题。在他的《体面的社会》（*The Decent Society*）（1996）一书中，马尔加利特认为，正义并不代表政治哲学中关键的规范性维度；一个社会首先不应该是正义的，而应是"体面的"。体面的社会避免羞辱他人，即伤害他人的自尊心。然而，最常见的羞辱、贬低或不尊重的情况与某人的性别、他（或她）的原籍身份或群体成员有关。这里所理解的"尊严"或"人的尊严"是这样一种规范性维度，即那些人们容易感到被羞辱的东西。继马尔加利特后，许多哲学家，包括拉尔夫·斯托克（R. Stoecker）①、弗兰茨·约瑟夫·维泽（F. J. Wetz）②、克里斯朵夫·蒙克（Ch. Menke）、阿恩德·波尔曼（A. Pollmann）③、彼得·沙伯（P. Schaber）④、马里奥·布兰德霍斯特和爱娃·韦伯·古斯卡尔（M. Brandhorst 和 E. Weber-Guskar）⑤ 也在这个

---

① R. Stoecker,»Selbstachtung und Menschenwürde«, *Studia Philosophica* 63, 2004, S. 107 – 109.

② F. J. Wetz, *Illusion Menschenwürde. Aufstieg und Fall eines Grundwerts*, Stuttgart, 2005.

③ Ch. Menke, A. Pollmann, （Hgg.）, *Philosophie der Menschenrechte zur Einführung*, Hamburg, 2007.

④ P. Schaber,»Menschenwürde und Selbstachtung. Ein Vorschlag zum Verständnis der Menschenwürde«, *Studia philosophica* 63, 2004, S. 93 – 106.

⑤ M. Brandhorst, E. Weber-Guskar （Hgg.）, *Menschenwürde. Eine philosophische Debatte über Dimensionen ihrer Kontingenz*, Berlin, 2017.

意义上解释"尊严"。相比之下，在绝对意义上，人的尊严也可以理解为不可剥夺和不可侵犯。①

从概念上看，"承认"包括认知和评价两个部分。那些被认可的人一方面被看到他们的品质、信念、欲望、意图和生活方式，另一方面也被接受。承认理论家现在指出，除了承认的发展心理学意义之外，这个概念还有一个基本的社会意义，即代表不同身份模式的社会群体的动态的互动问题。阿克塞尔·霍耐特区分了承认的三个不同情境或领域：爱、法权和经济。②"爱"一词指的是具有强烈情感纽带的亲密关系，当然，特别是爱欲伙伴关系和亲子关系。从霍耐特的承认理论的角度来看，这个领域的人应该在情感方面建立自信，练习社会化地采用其他观点，并学会用补偿性的方式来弥补被忽视的经历。根据霍耐特的说法，法权领域是关于获得自尊的；他把法律理解为道德判断的背景。在经济领域，个人可以通过有效利用他们的天赋和能力来学习自尊。在以上领域中，"为承认而斗争"同时发生。

这些在界定和确认历史上形成的依赖和支配关系方面发挥了重要作用。因为高度片面和不对称的承认组合经常存在，而且仍然存在。对这种不对称作为社会群体——如少数民族或移民人口群体——被忽视的原因的描述性分析是承认范式的一个重要成就。此外，这些方法往往可以非常准确地重构"争取承认的斗争"的动态过程。

此外，承认理论方法也提供了重要的规范性功能。在一个理想化的承认概念的最佳情况下，一个社会中的所有个人和团体都会相互承认对方是平等的，是完整的。那么，承认将是对等的、对称的和完整的。来自正义理论领域的竞争方法经常被承认理论家指责为"无视差异"——不允许身份和生活方式的多样性流入他们（通常是平等的）基本社会财富的分配方案。以这种方式来看，正义理论似乎跳过了一个规范性的维度。若像罗尔斯所认为的，一个社会被认为是正义的，如果基本权利和机会（以及社会

---

① Ch. Horn,»Lässt sich Menschenwürde in Begriffen von Selbstachtung und Demütigung verstehen？«, in F. Bornmüller, Th. Hoffmann, A. Pollmann（Hgg.）, *Menschenrechte und Demokratie*, Freiburg/München, 2013；v. D. Pfordten, *Menschenwürde*, München, 2016.

② A. Honneth（Hg.）, *Pathologien des Sozialen. Die Aufgaben der Sozialphilosophie*, Frankfurt, 1994：Ch. 5.

经济财富）的分配是公平的，则罗尔斯正义理论的前提忽视了这样一个事实，即某些不太受尊重的群体的成员已经从根本上处于弱势。

是否有可能从承认模式中提出一个可操作的规范性理论？例如，继罗尔斯之后，雅克布·克罗克－孔克洛维奇提出了以下两个原则来调和自由主义的正义观与承认理论：

> 1. 每个人都应被承认为平等的主体，被赋予平等的权利（＝每个人都应该被赋予平等的权利）。
>
> 2. 每个人都应该被承认为特殊的主体，具有特殊的身份和特殊的能力和目的（＝每个人都应该被赋予彰显其身份、发展其特殊能力和实现其特殊目的的可能性）。①

在内容上，克罗克－孔克洛维奇将这两个原则定性为对平等的承认和对差异的承认。

霍耐特的模式与黑格尔的伦理概念有多接近？在这个模式中，规范性究竟来自哪里？假设看到他者——例如列维纳斯意义上他者的脸——使我们认识到他或她这个人，这是否足够？或者，规范性仅仅是指传统习俗的历史上的具体规范吗？至少，霍耐特的方法远远不是一个基于道德的概念。怀着被理解的期望，霍耐特写下了关于善和伦理的概念：

> 与那些极力与康德传统拉开距离的思想运动相反，不应该把这个善的概念看作是实在的价值信念的表达。因为这些价值信念总是构成一个具体的传统共同体的习性。相反，它必须与伦理的结构要素紧密相连，从通过交往达到自我实现这样的一般视角看来，可以在规范上把它们与一切特殊的生活方式分离开来。在这个意义上，就我们把它发展成一个规范概念而言，承认理论正好居于康德传统的道德理论和社群主义伦理学的中间。与前者一致的地方在于关注最普遍的规范，而这个规范被认为是特殊可能性的条件；与后者一致的地方则是那种

---

① J. Kloc-Konkolowicz, *Anerkennung als Verpflichtung. Klassische Konzepte der Anerkennung und ihre Bedeutung für die aktuelle Debatte*, Würzburg, 2015, S. 164.

以人的自我实现为目的的取向。①

这种"后传统伦理"无疑引人注目，因为它并不涉及任何实质性价值和历史上具体生活形式。在康德哲学和社群主义之间打算采取的中间立场似乎也值得怀疑；毕竟，康德的形式普遍主义实际上是所有情境主义方法的核心对手。他们认为在抽象普遍化的"真空"中获得规范性是荒谬的。一个关于承认的理论究竟如何获得规范性？适当的、理想的或正确的承认又以什么为标准？上述所引的克罗克－孔克洛维奇和霍耐特的段落听起来像罗尔斯、像康德、像完美主义。但是，援引它们必须有具体的理由；人们还必须问，它们究竟如何相互配合，如何与承认范式配合。

这给承认理论带来了两难：要么它以非语境主义的方式进行论证，在这种情况下，它破坏了自己的基础，把"承认"变成了一个社会哲学的话题；要么它就要站到情境主义的立场之上，那么，必然就会像黑格尔之后的所有伦理学一样遭致反对，即使这一令人不快的、事实性的承认过错是可取的——因为事实，通过认可斗争的反复动态，在理论上应该产生一个可取的整体发展。然而，这似乎与西方社会的诸多发展不一致，在西方社会中经常出现新的歧视方式和承认的欠缺。一般来说，历史上的承认的欠缺也会有不断抬头的动机，如反犹太主义的历史。

---

① 译文参见〔德〕阿克塞尔·霍耐特：《为承认而斗争》，胡继华译，曹卫东校，上海人民出版社，2021，第238页。——译者注

![Logo] **Chinese Journal of German Philosophy**

Issue (2023) Vol.43

October 2023

德文、英文摘要

Studies on Leibniz and Kant

Leibniz on Possibility, Eternal Truth and the Proof of God's Existence
—Rebuttal to Russell's Critical Interpretation

Ren Ziyuan / 1

Abstract: In *Mononology* Leibniz claimed that he found a new theistic proof: if there is reality in possibility and eternal truth, then this reality must be based on a certain reality and existence, and ultimately derived from a necessary being. Russell questioned this argument, and he believed that the proof had fallen into a vicious circle. He believed that if we deduced the existence of God from the original truth, that is, the law of contradiction, we would fall into a vicious circle. However, this judgment is based on a incorrect principle, as consequence that the conclusion is trustless; Russell insists on "identity" as the fundamental principle when he interprets Leibniz's philosophy, and the principle of sufficient reason is subordinate to the law of contradiction. This view does not apply to Leibniz's theory of possibility, because when applied to the possible, the principle of sufficient reason is not the subordinate, but has its own independent status.

Keywords: Modality; Possibility; Reality; Principle of Sufficient Reason; the Existence of God

Response to Questions of Justice in *The Republic* from the Perspective of Kant's Ethics

Zhang Xiao / 12

Abstract: In *The Republic*, Plato asks, "Why should we choose justice?", and presents the "philosopher-king" paradox. This article argues that we could better understand these questions from the perspective of Kant's ethics. Kant first states that morality cannot be derived from experience. He then applies the principle of logic to infer universal moral law. By basing morality on freedom and introducing causality he infers that morality has no reason and is self-caused (i. e. , autonomous) and ends in itself, thus possessing the highest value. Whereby Kant admonishes that the limit of practical philosophy is freedom and thus the "philosopher-king" paradox has no answer. Kant's proof of freedom is often considered a failure because of a circular argument; however, from the perspective of two kinds of freedom: transcendental and practical, we can understand that through the "cognitive path", freedom is deduced from morality, while the "existential path" explains how freedom transitions to morality.

Keywords: Justice; Freedom; Morality; Causality; Philosopher-king Paradox

From Moral Education to National Education

—On Fichte's Critical Inheritance and Transformation of Kant's Philosophy of Education

Wen Jun / 27

Abstract: As two important representatives of modern German idealism philosophy, Kant and Fichte both have profound thoughts on the philosophy of education. Fichte's philosophy of education inherited Kant and at the same time critically transcended Kant. On the one hand, both of them take the philosophy of education as an important part of their practical philosophy, and take the comprehensive development of human freedom endowment with moral values as the fundamental thrust and ideal goal of education. On the other hand, Fichte critically inherited and transformed Kant's philosophy of education, directing it from simple moral education and general social enlightenment education to a more contemporary and practical value of national education. This critical inheritance and transformation not only inherently reveal the fundamental differences between the worldview and philosophical foundations held by Fichte and Kant, but also profoundly influences the educational development and national renaissance of the modern German nation.

Keywords: German Idealism; Kant; Fichte; Moral Dducation; National Education

Studies on Hegel

On the Internal Logic Power of Self-consciousness Development in Hegel's *The Phenomenology of Mind*

Deng Xiaofeng / 43

Abstract: The theme of this paper is to interpret the internal logical progress of self-consciousness chapter in Hegel's *The Phenomenology of Mind*, and show that self-consciousness is an inevitable process from low level to high level, from childish to mature, and from external to internal, and the internal motive force of this inevitable process is the active Nuss spirit hidden under each ideology. The initial logical driving force of self-awareness is "general desire". Any desire is an individual's "impulse" to survive, which constitutes the initial internal motivation of the logical process of self-awareness. In this infinite progress of desire and impulse, self-consciousness enters the second stage, that is, life itself. As the motive force of this stage, life pushes self-consciousness to universality, which is embodied in the motive force of the third stage, namely "class". Class promotes the logical motivation of self-consciousness from the biological level to the spiritual level, and enters the history. In the chapter of self-consciousness, the independence and dependence of self-consciousness on other self-consciousness, the struggle for life and death, the relationship between master and slave and mutual recognition formed from it are presented, which finally lays the foundation for the formation of universal reason according to the logical level of individual, special and universal.

Keywords: Hegel; Self-consciousness; the Logical Structure; the Internal Logic Power; *The Phenomenology of Mind*

Vanity as a Grounding Attunement
—Based on Hegel's View of "History of Being"

Xiao Peng / 67

Abstract: Attunement has existential-ontological connotation due to Heidegger's phenomenology. This article believes that in Hegel's philosophy, Pathos of ancient Greece and the vanity of modern times are attunement with ontological implication. In *The Phenomenology*

of Mind"，Hegel，based on the relationship between self-consciousness and substance，successively unfolded the three meanings of vanity in disrupt consciousness，faith and enlightenment，and morality. Since in this book Hegel is mainly based on the Enlightenment and the French Revolution to think about the development of consciousness experience and the transition of human society from tradition to modernity，the second meaning of the vanity shown in the faith and enlightenment has a dominant position in *The Phenomenology of Mind*"．But in the later period，Hegel put more emphasis on the role of German Religious Reformation in his systematical construction and reflection on social transformation. Therefore the third meaning of vanity became more prominent，and he tried to overcome vanity in reality.

Keywords：Vanity；Attunement；Enlightenment；Faith；Religious Reformation

Studies on Phenomenology and Hermeneutic

Übersteigung des Kants：Über die Ontologischen Ethik vom Heigegger

Karl Kraatz/Translated by Wang Hongjian / 83

Abstrakt：Martin Heidegger hat in seiner Philosophie immer negativ und abfällig über die Ethik gesprochen. Aber bereits in *Sein und Zeit* und insbesondere in seinen Vorlesungen zu Kant hat sich Heidegger gezielt mit ethischen Fragen beschäftigt. Ich werde zeigen，dass Heidegger an Kants praktischer Philosophie anknüpft und so die Grundzüge einer ontologischen Ethik entwickelt. Der Grundgedanke dieser ontologischen Ethik ist，dass eine Besinnung auf das Sein des Menschen der inhaltlichen Bestimmung der Ethik vorausgehen muss. Kritiker werfen Heidegger immer wieder vor，es ginge ihm dabei nur um das Leben des Einzelnen und darum，dass der Einzelne „ eigentlich "wird，aber nie um das soziale Miteinander. Als Antwort auf diese Kritik zeige ich，dass das Verhältnis des Einzelnen zu sich selbst bei Heidegger zugleich ein Verhältnis zu den Mitmenschen ist. Die „ Eigentlichkeit "betrifft nur die Art und Weise，*wie* sich der Einzelne zu der Welt verhält.

Keywords：Martin Heidegger；Immaneul Kant；Phänomenologie；Ethik；Philosophie von Praxis

The Concept of "Possibility" in Heidegger's Philosophy

Chen Meng / 100

Abstract: Possibility has a special meaning for Heidegger, but he refuses to understand possibility in terms of modal logic and instead gives it an evolving ontology meaning: early on Heidegger interprets Aristotle's notion of movement as the persistence of possibility through the activity of production, which changes the logical meaning of the unreality of possibility while making it the prescriptive nature of the being's Being; Then, in fundamental ontology, possibility becomes the prescriptiveness of Dasein within the structure of Dasein itself, the a transdental horizon for Dasein to transcend itself and for Being to reveal itself; finally, as Heidegger's thought returns from Dasein to Being, possibility is directly equated with Being itself, thus portraying Being as willing itself, as acquiring itself and as a possible being with inner dynamics. Thus, possibility is in fact a central concept throughout the development of Heidegger's thought and dominates his overcoming of the traditional entity theory of Being.

Keywords: Possibility; Movement; Ability-to-be; Temporality; Enabling

Intentionalität: Zur Transzendenz durch die Reduktion

—Ob die Phänomenologie als Internalismus aufgefasst werden kann?

Huang Ziming / 119

Abstrakte: Als Kernbegriff in der Phänomenologie bezeichnet die Intentionalität die ursprüngliche Einheit von Bewusstsein und Gegenstand, was einen Bruch der Prämisse des neuzeitlichen erkenntnistheoretischen Dualismus darstellt. Die Intentionalität als die Grundeigenschaft des Bewusstseins steht in geradehin vollzogenen erfassenden Akten, wird aber in der natürlichen Reflexion verborgen, und muss durch die Reduktion in der Reflexion der phänomenologischen Einstellung freigelegt werden. Der Begriff Intentionalität gilt als der Ausgangspunkt für den Abbau des Vorurteils des natürlichen Denkens, das sich bemüht, die Übereinstimmung zwischen dem gesonderten Bewusstsein und Gegenstand zu suchen. Die Reduktion verändert nicht die wesentliche Struktur des Bewusstseins in Wirklichkeit, sondern korrigiert nur die Auffassung der Beziehung zwischen Bewusstsein und Gegenstand in der natürlichen Reflexion. Die Bedeutung von Epoché-Vollzug liegt nicht nur in der einseitigen

Irrealität der Welt, sondern in der grundlegenden Irrealität bei der Auffassung der Beziehung zwischen Bewusstsein und Welt. Die eigentliche Wirkung der Epoché besteht nicht in der Ausschaltung der Welt, sondern in der Ausschaltung des Abgrunds zwischen Bewusstsein und Welt in der natürlichen Reflexion. Der Gegensatz zwischen Innen und Außen im Sinne der natürlichen Realität wird durch die Spannung zwischen Immanenz und Transzendenz ersetzt, um das Wesen des Bewusstseins zu erklären. Die Enthaltung von Seinssetzungen bedeutet nicht, die innere Welt durch Ausschluss der äußeren Welt abzuschließen, sondern die immanente Welt durch Anschluss der transzendenten Welt aufzuschließen. Anstatt zum Subjektzentrismus und Internalismus zu führen, gilt die Reduktion als der einzige Weg, jene zu überwinden und Transzendenz zu erreichen. Der Grund der Missdeutung der Phänomenologie als Internalismus liegt im Festhalten am natürlichen Denken bei der Auffassung der Reduktion.

Schlüsselwort: Intentionalität; Reduktion; Transzendenz; Phänomenologie; Internalismus

The Ontological Dimension and Significance of "the Logic of Question and Answer" in Hermeneutics

—From "Monologue" to "Dialogue"

Xu Peng / 141

Abstract: The investigation of the genetic formation of "the logic of question and answer" should take the dual vision of dialectic and phenomenology, so the reduction of hermeneutic logic must follow the historical development of dialectic: dialogue- "monologue" - "dialogue". The return of "monologue" to "dialogue" is Gadamer's achievement, and the logical process of this stage is the tracing of speculative logic to the original logic of question and answer. First of all, through the relationship between Hegel's "monologue" and Plato's dialogue, it shows how speculative logic returns to the logic of question and answer (dialogue logic) . Here, "monologue", as a dialogue between thought and itself, reveals the thought itself by the movement dialectic (speculative logic and formal logic) , but it also reveals the deficiency of "speculative logic" in clarifying the movement of thought itself, which needs the help of formal logic (declarative statement) . Then, Collingwood, a British New-Hegelianist, points out the deficiency of speculative logic by criticizing propositional logic with the logic of question and answer, and constructs the universality of the logic of question and answer in epistemology and methodology. Finally, Gadamer inherits and develops the logic of question and answer critically, and reveals the ontological dimension and significance of the logic of question and answer according to Heidegger's "ontological logic".

Keywords: Hermeneutics; Dialogue Dialectic; Logic of Question and Answer; Speculative Logic; Gadamer

Translations

Der Kategorische Konjunktiv Ein Versuch über die Leidenschaft

Helmuth Plessner/Übersetzt von Deng Xiaomang / 163

Abstrakt: Der Konjunktiv ist normalerweise mit einer Bedingung, ohne sie Etwas, das geschehen sollte, aber nicht geschehen könnte. Aber nach Plessner ist dieser Konjunktiv abhängig vom kategorischen Konjunktiv. Der erste kann in der Katgorie der Möglichkeit von der modalen Logik untergésucht werden, der letzte gehört aber der Positionalität der Person, welche das Leben des einzelnen Menschen zu einem speziellen und schöpferichen Risiko machen kann und dadurch das tierische Leben überhaupt übersteigt. Wege dieser Unersetztbarkeit haben die Persone zwischen Ichheit und anderen Leuten Zueinandererfassung, d. h. als ersetzbar zu erfassen, erhalten. Dieses Verhältins der Intersubjektivität ist eben augrund des kategorischen Konjunktivs: Ich wäre zu ihm werden können, aber ich bin zu ihm nicht geworden.

Diese paradoxe Gestalt der Person ist ein grundsätzlicher Unterschied zwischen Menschen und Tier. Ein Mensch ist einzig und dadurch auch gesellschaftlich, daraus es zur Kants sogennanten „ungeselligen Geselligkeit" wird. In dieser „Antimomie" sind der einzeln abweichende Schöpfergeist und die Sozialstatus betonende Stabilität die verschiedenen Organisationsformen der zwei Gesellschaften. Die ihren Prinzipien erregen, wen sie sich in der vergegenstädlichenden Tätigkeit darstellen, die verschiedene Triebfeder, d. h. die Durchbruch der Sprache und die Befolgung der vorhandene Sprache. Die beide Seiten sind aber in der aktive Struktur der menschlichen „exzentrischen Positionalität" Vor-und Rückseiten der ebenderselben Leidenschaft. Diese Leidenschaft, die die Menschheit einzig hat, und die Gefahr, die jene in sich trägt, wird in Sprache als „Der Kategorische Konjunktiv" ausgedrückt.

Einige Sprachen, wie Hebräisch, haben keinen Konjunktiv. Aber das heißt nicht, daß diese Form unbedeutend für Hebräer ist; sondern, wo sie angedeutet wird, offenbart sich eine Möglichkeit des Menschen, welche man aber nur im Spiegel des sprachlichen Ausdrucks setzen kann. Sie hat den Raum für Einbildungskraft und Phatasieren geschaffen. Diese Leidenschaft, die vom Konjunktiv erregt wird, ist andersartig als Spinosas„ amor dei intellectualis "und nicht dem Indikativ unterordnet, sondern erzeugt von sich eine einzigartige Möglichkeit des Menschen, d. h. seine Auffassungskraft für Unwirkliche. Es ist auf der Grundlage der natürlichen Unausgeglichenheit, die nur von Sprache verrät und darin das menschliche Wesen sich für Welt öffnet.

Keywords: Der Kategorische Konjunktiv; Möglichkeit; exzentrische Positionalität; Leidenschaft; Sprache

Äusserliche Reflextion und Immanente Reflexion Eine Skizze der systematischen Geschichte des Reflexionsbegriffs in Hegels Logik-Entwürfen

Walter Jaeschke（Bochum）/Überstzt von Bi Bo / 176

Abstract: Nach Hegels Methodenideal muss die Bewegung der Denkbestimmungen in der *Wissenschaft der Logik* Immanenz und Konsistenz hat, ohne Rückgriff auf äußerlichen Zutaten. Die Vermutung, dass der Prozess der reinen Denkenbestimmungen einer „ äußerlichen Reflexion "bedürfte, um voranzukommen, steht zwar im Widerspruch zu Hegels Methodenideal, findet aber in mehreren Passagen der *Logik* ihre Anhalt. Um die Beziehung zwischen dem Methodenideal und der äußerlichen Reflexion zu klären und die Gründe für Hegels Verwendung der äußerlichen Reflexion in der *Logik* anzugeben, wird in diesem Aufsatz zunächst zwischen „ äußerlicher Reflexion "als subjektiven-mentalen Akt und „ äußerer Reflexion "in der Wesenslogik unterschieden; zweitens vergleicht er die Entwicklung der Hegels Logik-Konzeptionen und die Wandlung des Reflexionsbegriffs seit der Jenaer Zeit und weist darauf hin, dass Hegel in der Frühzeit den Übergehen der logischen Denkenbestimmungen ineinander auf die äußerliche Reflexion stützte, während in den spätere Systementwürfen die Funktion der äußerliche Reflexion vollständig durch die innere Reflexion ersetzt wurde, und zwar durch die erfolgreiche Konzipieren und Ausführung einer Philosophie der Subjekt gewordenen Substanz wird. Schließlich wird durch den Vergleich von Vorlage und Überarbeitung der Seinslogik in der *Logik* deutlich, dass der späte Hegel sich bereits ausdrücklich bewusst war, dass die Verwendung der äußerlichen Reflexion mit der Immanenz des logischen Prozesses in Konflikt stand, und seine Erwähnung und Verwendung einer äußerlichen Reflexion in der *Logik* waren nur Relikt der frühen Logik-Konzeption.

Keywords: Hegel; äußerliche Reflexion; immanente Reflexion; Logik-Entwürfen; Methodeproblem

Friedrich Heinrich Jacobi

George di Giovanni and Paolo Livieri/ Translated by Cheng Shouqing / 208

Abstract: This article is an academic entry written by George di Giovanni and Paul Livieri for German thinker Friedrich Heinrich Jacobi. The article introduces Jacobi's "life and intellectual career", "main philosophical works", "literary works" and "polemical works" in turn, and makes a brief "retrospect" at the end. Finally, the article also introduces the situation of "bibliography".

Keywords: Friedrich Heinrich Jacobi; Philosophy; Literature; Critique; Polemic

Intersubjektivität und Anerkennung bei Fichte und Hegel und ihre Bedeutung für die aktuelle Sozialphilosophie

Christoph Horn/Translated by Wang Kuangrong and Xu Jiankai / 237

Abstract: Theories of recognition are prominent in current social and political philosophy. It seems that they provide a valuable instrument to identify discriminations of certain social groups, e. g. minorities, and that they are, in this respect, preferable to theories of justice of the Rawlsian type. In this article, the historical roots of the recognition accounts are analyzed, as they can be identified in Fichte and in Hegel. Starting with Kant's practical philosophy, Fichte developed and idea of intersubjectivity that can be seen as the theoretical framework of the recognition paradigm. In Hegel, we find the basic concepts of a contextualist theory of social reality and allows to draw a holistic picture of a society under given concrete circumstances. The article follows this line of thought from the beginnings to contemporary approaches.

Keywords: Fichte; Hegel; Recognition; Political Philosophy

《德国哲学》稿约

　　《德国哲学》是由湖北大学哲学学院、湖北省哲学史学会联合主办的专门研究德国哲学及相关问题的学术性刊物。《德国哲学》首任主编为张世英先生（1986～2001 年在任），洪谦先生、贺麟先生、熊伟先生为顾问；现任主编为邓晓芒教授和舒红跃教授。自 1986 年创刊以来，本刊一共出版了 42 期，对推进德国哲学乃至整个外国哲学研究作出了积极而卓有成效的贡献，在中国乃至外国哲学界都产生了广泛而重要的学术影响。

　　自创刊以来，本刊得到学术界的大力支持，编辑部希望国内外热爱德国哲学、热衷外国哲学研究的同人继续给本刊提供稿件，让《德国哲学》成为国内外同人研讨德国哲学和外国哲学的理论平台和前沿阵地。

　　本刊采取严格的三审制。

　　（一）来稿字数以 1 万至 1.5 万字为宜，优质稿件篇幅可适当放宽。

　　（二）正文请采用五号宋体字，需提供 300 字左右中英文（或德文）摘要以及英文（或德文）标题，关键词 3～5 个。文末请附作者简介，包括姓名、出生年月、性别、民族、职称、学位或工作单位等内容，请一并附上作者通信地址、邮政编码、E-mail、联系电话等。

　　（三）引文与注释采用页下注（小五号宋体），每页重新编码。具体注释方式如下。

　　江帆：《生态民俗学》，黑龙江人民出版社，2003，第 * 页。

　　孔飞力：《叫魂》，陈兼、刘昶译，上海三联书店，1999，第 * 页。

　　吴承明：《论二元经济》，《历史研究》1994 年第 2 期。

Allen Wood，*Kant's Rational Theology*，Ithaca and London：Cornell University Press，1978，p. ＊.

Zachary Calhoun，"Kant on Positing：Being as Self-determination"，*The Review of Metaphysics*，2019，p. ＊.

Theodor W. Adorno，*Gesammelte Schriften*，Band 6，*Negative Dialektik*，Frankfurt am Main：Suhrkamp Verlag，1998，p. ＊.

稿件请发至电子邮箱：hddgzx@126. com。可通过该邮箱联系我们。我们的通信地址是：湖北省武汉市友谊大道 368 号湖北大学哲学学院《德国哲学》编辑部。邮政编码：430062。

《德国哲学》编辑部

2023 年 6 月 25 日

图书在版编目（CIP）数据

德国哲学. 2023 年卷. 上：总第 43 期 / 邓晓芒，舒
红跃主编. -- 北京：社会科学文献出版社，2023.10
　　ISBN 978 - 7 - 5228 - 2491 - 8

　　Ⅰ.①德…　Ⅱ.①邓…②舒…　Ⅲ.①哲学 - 研究 -
德国 - 丛刊　Ⅳ.①B516 - 55

　　中国国家版本馆 CIP 数据核字（2023）第 204278 号

德国哲学　2023 年卷（上）总第 43 期

主　　编 / 邓晓芒　舒红跃

出 版 人 / 冀祥德
责任编辑 / 周　琼
文稿编辑 / 周浩杰
责任印制 / 王京美

出　　版 / 社会科学文献出版社 · 政法传媒分社（010）59367126
　　　　　　地址：北京市北三环中路甲 29 号院华龙大厦　邮编：100029
　　　　　　网址：www. ssap. com. cn
发　　行 / 社会科学文献出版社（010）59367028
印　　装 / 三河市东方印刷有限公司

规　　格 / 开本：787mm × 1092mm　1/16
　　　　　　印张：17.25　字数：273 千字
版　　次 / 2023 年 10 月第 1 版　2023 年 10 月第 1 次印刷
书　　号 / ISBN 978 - 7 - 5228 - 2491 - 8
定　　价 / 128.00 元

读者服务电话：4008918866